体育文化与实践研究

TIYU WENHUA
YU SHIJIAN YANJIU

主　编◎冯世勇

副主编◎（按照姓氏首字母排序）

黄瑞宇　贾海翔　黎　晨　卢春龙

孙　璐　孙显超　尹志强　恽鹏远

中国政法大学出版社

2019·北京

图书在版编目（ＣＩＰ）数据

体育文化与实践研究/冯世勇主编. —北京：中国政法大学出版社，2019.8
ISBN 978-7-5620-9174-5

Ⅰ.①体…　Ⅱ.①冯…　Ⅲ.①体育文化－研究　Ⅳ.①G80-054

中国版本图书馆 CIP 数据核字 (2019) 第 177528 号

出　版　者　　中国政法大学出版社
地　　　址　　北京市海淀区西土城路 25 号
邮寄地址　　北京 100088 信箱 8034 分箱　邮编 100088
网　　　址　　http://www.cuplpress.com（网络实名：中国政法大学出版社)
电　　　话　　010-58908285(总编室) 58908433（编辑部）58908334(邮购部)
承　　　印　　固安华明印业有限公司
开　　　本　　720mm×960mm　1/16
印　　　张　　17.75
字　　　数　　280 千字
版　　　次　　2019 年 8 月第 1 版
印　　　次　　2019 年 8 月第 1 次印刷
定　　　价　　69.00 元

前　言

　　1917 年，毛泽东在《体育之研究》中曾指出"欲文明其精神，先自野蛮其体魄；苟野蛮其体魄矣，则文明之精神随之。"20 世纪 20 年代蔡元培先生提出了"完全人格，首在体育"的号召。他认为："一切道德皆非羸弱之人所能实行者，苟欲实践道德宣力国家，以尽人生之天职，其必自体育始矣！"体育是学校教育体系中的一项重要内容，不仅能培养学生的审美能力、道德品质，提高学生的综合素养，还能够培养学生的集体荣誉感，使学生树立"终身体育"的理念。"少年强则国强，少年雄于地球则国雄于地球。"可以说倡导体育强身关乎培养人才的综合素质、关乎"双一流"建设目标的实现、关乎国家的未来。

　　随着我国教育事业的发展，教育和体育正向"同谱一首曲、同唱一台戏"转变，"体教结合"正朝"体教融合"迈进，提升运动能力、增强学生体质、培养完善人格成为高校体育三位一体的目标。然而，高校体育事业的发展依然存在诸多问题，学校体育运动缺乏顶层设计，缺乏有效的教育引导和科学合理的运行机制，缺乏合理的课程体系设置等。从大学生体质的变化情况看，更是令人担忧。2015 年《国民体质监测报告》和 2010 年对比，全国 19 至 22 岁年龄组（本科阶段）的男生的速度、爆发力、力量、耐力和柔韧性等身体素质指标全部下降，女生有升有降。高校学生视力不良检出率为 86.5%，人数在不断增长。2017 年《中国学生体质监测发展历程》显示，我国大学生体质呈下降趋势。肥胖率持续上升，每 5 年提高 2% 到 3%。党的十八大以来，习近平总书记关于体育发展做过多次重要论述，他指出："体育强则中国强，国运兴则体育兴""要把发展体育事业摆上重要日程，加快把我国建设成为体育强国"。在 2018 年 9 月全国教育大会上，习近平总书记强调，要"培养德智体美劳全面发展的社会主义建设者和接班人""要树立健康第一的教育理念，开齐开足体育课，帮助学生在体育锻炼中享受乐趣、增强体质、健全人格、锤炼意志。要努力构建德智体美劳全面培养的教育体系，形成更高水平的人才培养体系"。

习近平总书记的一系列重要讲话为体育事业发展绘就了蓝图，作出了加快推进健康中国建设重要战略部署。党和国家出台了一系列关于加强体育运动的法律、法规、规章、政策、制度、措施，诸如《中华人民共和国体育法》《国家体育锻炼标准施行办法》《学校体育工作条例》《全民健身条例》《普通高等学校健康教育指导纲要》《国家学生体质健康标准》；全民健身上升为国家战略，体育运动意识极大增强，活动形式丰富多彩。

中国政法大学始终高度重视学校体育工作，把体育教学作为实现高等教育根本任务的重要一环。2017 年，学校出台了《中共中国政法大学委员会关于加强和改进学校体育工作的若干意见》，进一步促进了学校体育事业的蓬勃发展，学校师生体育人口不断增加，师生体育意识不断增强，身体综合素质不断提高。2018 年，学校调整了运动委员会，通过多种途径加大对大众体育的投入，成功举办了首届法大人马拉松赛、首届研究生运动会、首届各学院学生运动会，目前全校性体育运动多达 13 种；学校在全国大学生乒乓球、羽毛球、中国式摔跤等项目上获得了 6 项冠军；在北京市高校男女藤球、女子羽毛球、田径、女子足球、武术比赛等 7 个项目中获得冠军；举办了"冠军之夜"——中国政法大学体育竞赛全国冠军颁奖晚会；开展了首届法大人体育理论研究。广大法大学子在增长知识、培养品德的同时，身体素质和身心适应能力，竞争、拼搏与团队精神进一步增强。

学校将进一步强化大学体育功能的体制机制建设、加强高校体育教师队伍建设，充分营造"天天锻炼、人人健康"的理念，培养体育兴趣，形成终身锻炼习惯和健康生活方式；拓展大学体育的育人功能，对大学体育育人功能进行深入挖掘，组织专门力量进行理论研究和实践探索，总结大学体育的育人经验，探索大学体育的育人规律，培育中国特色大学体育的育人品牌；深化教学改革，注重因材施教，丰富特色体育项目，弘扬体育道德风尚，促进体育与德育、智育、美育协调发展。

习近平总书记强调，"体育代表着青春、健康、活力，关乎人民幸福，关乎民族未来"。培养身心健康、体魄强健、意志坚强、充满活力的一代新人，是一个国家旺盛生命力的体现，是社会文明进步的标志，是国家综合实力的重要方面，也是实现中华民族伟大复兴的必然要求！2019 年，将是中国政法大学师生的健康年。让我们牢记总书记的嘱托，从自身做起，弘扬体育精神，展现法大特质，强身健体，勇做担当民族复兴大任的时代新人！

冯世勇

2019 年 2 月 16 日

目　录

◇ **体育教学**

◇ **体育文化**

关于引导大学生积极开展体育活动的思考

卜路军[*]

摘要：国家培养"德、智、体、美、劳"全面发展的社会主义建设者和接班人，而强健的体质更是"载知识之车""寓道德之舍"，然当代大学生的身体锻炼匮乏，危害甚大。因而，积极探究大学生体育活动开展乏力的各方面原因，并据此有针对性地提出对策，努力改变青年群体特别是大学生们的"运动乏力"态势已是一项十分紧迫的工作。

关键词：大学生　体育活动　成因　对策

一、大学生缺乏体育活动问题引入

国家培养"德、智、体、美、劳"全面发展的社会主义建设者和接班人，而"体"是能够获得良好发展的根本基础。大学生作为国家的优秀青年群体，其健康与茁壮成长直接决定着国家的未来与发展的潜力。因而，高校努力培养出健康、优秀的大学生，不仅对于国家的发展具有重大意义，更能够促进国家综合实力的持续提高。然而一直以来，我们过多关注的只是他们的智力与知识培育，而忽视了他们的身体锻炼。尤其是近年来，几乎在每年的体测季，网络、媒体等都会报道大学生在体测过程中猝死等事件，这除了反映出体测的标准制定以及体测过程中的安全保障等问题外，更是折射出了当代大学生体育活动严重缺乏的情形已成为一种常态，这值得深思与反省。

---

* 卜路军，男，法学硕士，中国政法大学学生处副处长。

大学生普遍缺乏运动的态势危害极大。首先，体育活动开展不足直接影响到大学生的体质及身体健康，进而会影响到大学生的学习状态与精神面貌，甚至会影响到顺利的就业等。其次，长期缺乏运动容易发展成运动参与心理障碍，这种情况下的大学生往往会表现出消极被动、运动紧张、人际关系处理不良等特征，这非常不利于大学生体育参与的质量以及高校顺利达成体育教学目标。最后，缺乏运动将导致作为优秀青年代表和国家未来发展攻坚力量的大学生群体的体质下降，不利于实现国家的持续、强劲发展。总之，大学生体育活动的缺乏，不仅给大学生的体质与身体健康带来消极影响，还会波及大学生的心理健康，进而不利于整个国家的未来发展。

二、大学生缺乏运动的原因探析

（一）外部客观原因

1. 高校对学生体育活动开展工作重视不够

高校往往极为重视学科与专业教育，但对体育活动等实践活动的重视不足，具体就表现在经费投入和相关政策与配套措施方面不足，如硬件设施建设缺位导致运动场地受限等。许多体育活动的开展场地位于室外，并且与环境、设施等因素关系密切。由于高校在体育活动开展方面的经费投入比较少，这直接制约了体育设施的更新和维护。再如，许多高校运动场地的使用或受到限制，或收费较高等，导致许多高校的运动场馆设施等出现了"只能看，不能用"的尴尬局面，因而运动设施不健全、使用不充分的问题是大学生运动活动受限的一个主要客观因素。此外，高校内部的运动氛围不足也是一个重要因素。高校如果能够营造出良好的体育参与氛围与环境，那么大学生的运动乐趣与积极性将会受到激发，反之很可能会受到一定程度的抑制。高校往往在体育活动的开展促进与宣传上缺乏力度与有效手段，大部分高校仅有修读体育课的学分限制及体测的限制，缺乏引导大学生积极参与体育活动的丰富形式，这导致高校的运动氛围比较差，可想而知在不积极的环境中，大学生更不乐于参与体育活动了。

2. 高校课程设置不尽科学

通过调研可以看出，目前高校大学生普遍对学校开设的体育课存在不满，对课程的开展形式、授课内容等的满意度随着年级增长而降低，这是因为大部分高校仅会在大学生入学的前两三个学期设置体育课，而往往在大三之后就没有体育课了，所以大学生在入学的前几个学期一般都会基于各种原因选择特定的体育课，一定程度上出现有些课程很受欢迎的情况，但报名人数却有限制，这导致很多大学生不能自由自主地进行选择，致使体育参与的积极性下降。究其原因，在于高校方面过于重视文化与专业课程的开设，而对体育类课程的重视与投入不足，体育相关师资力量薄弱，大学生往往难以接触到比较专业的体育指导，大学体育课项目不能满足大学生对体育活动的需要；相关体育课程的设置亦缺乏趣味，体育教师也缺乏课程创新与引导，对大学生无法形成良好的激励作用，最终导致高校的体育课程沦为鸡肋，彻底成了大学生"凑学分"的一项工具，失去了原有的体育课程开设的价值。

（二）大学生自身主观原因

1. 学生对体育课程设置的抵触心理

在应试教育制度下，一些学生一直以升学为目标，等到了大学阶段仍然保持着这种观念，从而极大忽略了运动等实践活动的开展与参与；但事实上，大学生具备良好的、正确的参与体育活动的心理是非常重要的，与参与的积极性以及获得良好的身心体验等都有很强的关联性，能够很好地提升大学生的参与效果与促进教学目标的完成。但实践中大学生由于受到自身性格、交际沟通能力、运动偏爱以及课堂开展特点等各类因素的影响，在缺乏正确引导的情况下往往不能形成良好的运动参与心理，甚至对体育课程的设置产生抵触心理，很多大学生并没有参加体育课的积极性，只是为了通过考试，缺乏正确的参与意识，即适当参与体育活动对身心健康有巨大促进作用。

2. 学生对体育活动的价值认识不清，主观上不够重视

现如今有的大学生在摆脱了高中繁重的课业压力之后，会很容易在步入大学以后滑向另一个极端——极度的放松与懈怠状态，这间接导致了大学生养成了诸多的不良生活方式与习惯。如有的大学生因为爱睡懒觉而没有时间吃早餐或只进食少量零食，这非常不利于大学生的身体健康；再如生活作息严重不规律，在大学生活中有的同学该休息的时候不休息，而经常为了打游戏、追剧或者聊天而熬到深夜，这导致大学生免疫力急剧下降，严重影响了

身体健康。归结起来，原因在于大学生自身未能对运动的价值与意义形成客观的认识，未能对长期缺乏运动以及不良生活习惯的危害形成足够重视甚至存在一些认知误区。如一些大学生往往认为自己还年轻而不需要身体的锻炼，或认为只要平时在饮食上多用些营养品，即使不做运动也能够保持身体健康等。这是大学生运动活动参加乏力的一个重要的主观原因。

当然，还有部分大学生不愿参与体育活动是由于存在若干心理问题。首先，自信心不足。大学生在练习一些难度较高的体育动作时，由于反复练习而不见成效就会产生畏惧心理，并且随着失败的积累而加深，最终形成体育运动心理障碍。其次，胆怯心理较重，意志品质较差。一些大学生由于缺乏顽强的意志力，倾向于在体育活动中受挫后对体育活动产生抗拒感，长期下去易引发运动方面的心理障碍，只要是遇到体育运动的场合就感到胆怯等。最后，学习动机错误。如部分大学生对教师的讲解反应迟钝，甚至以沉默来应对。学生对练习没有兴趣，加之一些老师缺乏正确的引导等，最终导致大学生可能会持一种不屑一顾的态度；而学生对教师的抵触心理，甚至导致大学生对参与体育活动产生厌恶。[1]

三、引导大学生积极开展体育运动的具体路径

(一) 高校层面

首先，高校需要转变思维，充分认识到积极开展体育活动对大学生成才与发展的基础性、保障性作用，并积极出台相关政策，保障在体育活动开展方面的经费投入，完善高校的运动场地与设施，降低场馆的收费，提高场地设施的利用效率，充分保障大学生开展体育活动的客观条件。

其次，坚持体育教学改进，提升教研质量。高校应着力构建层次分明的多元化的体育教学目标，重新对体育课与体测活动进行定位，积极引导大学生对体育活动形成正确的、积极的认识。在课程设置方面，除了对专业课严格要求外，也要格外重视体育类课程的设置与投入，大力引进专业的体育教

---

〔1〕 参见杨聪俊、闫巧珍："高校大学生运动参与心理障碍的成因及对策"，载《体育科技文献通报》2018 年第 7 期。

师等，合理设置科学的、符合高校实际情况和大学生个人特色的体育课课程选课模式，坚持以大学生为主体，构建科学、实用、系统的教学体系。此外，在体育教学中还要考虑到每个大学生个体特征，实现个性化的、因材施教式的教学方式，密切师生互动，激发大学生参与积极性与运动潜质，强化对学生科学锻炼方法的指导，着力提升体育课程的趣味性与吸引力，避免体育课程沦为鸡肋，从而达到促进大学生全面均衡发展的目标。

再次，合理组织开展体测活动。2014 年教育部修订了《国家学生体质健康标准》，把大学生的体育测试结果引入档案，并把体育测试结果和评优评奖甚至获取毕业证联系起来。应当说，高校组织体测活动，严格把握体测的标准，是符合大学生们的根本利益的。但强行把体测结果和获取毕业证绑定，确实会致使很多平时缺乏锻炼的学生在体测时进行"冲刺"，不顾自己的身体状况强行测试，加剧了人身损害风险。因而一方面应当强调功在平时，引导大学生平时就要加强锻炼；另一方面，还要完善定期体检与体测前的身体状态监测等，并且制定完善、有效、迅速的人身安全事件处置机制。

最后，高校应大力完善学生开展体育活动的风险防控措施，防止因运动产生的各种安全隐患给大学生带来危险乃至人身伤害。运动不仅需要兴趣，还需要相关的专业知识，错误的运动方式可能会给大学生的人身安全带来巨大的不稳定因素，因而高校应高度注意运动安全防护知识的普及，如定期开展相关运动安全讲座，设置相关的运动安全知识有奖竞赛等活动。此外，高校应着力提升校医院的相关紧急处置能力，配备必要的安全保障措施，如配备 AED（心脏自动体外除颤仪）等重要的设备，避免高校的校医院形同虚设，对运动中身体出现问题的大学生能够及时、有效施救。

（二）学生组织层面

相关学生组织可以积极探索开展相关的、形式更加多元的体育活动，使得形式更加多元与充满趣味的体育活动开展出来，提高同学们的体育活动参与积极性。如创新体育运动形式，开展登山、长走、体育活动竞赛等，并积极探索体育课与运动俱乐部相结合的方式。再如，可以考虑将参与体育活动与志愿活动认证相结合等方式，有效激发大学生参与活动的积极性。

（三）学生层面

大学生应进一步提升健康意识与体育意识，从思想上肯定参与体育活动的巨大价值，充分认识到运动在学习教育与提升个人的心理素质和精神面貌等方面不可替代的积极作用。

在强化运动与健康意识的同时，还要明确自己在生活中有哪些不良生活习惯，并充分认识到这些不良习惯会给自身带来的危害，制定科学合理的、循序渐进的改进方案和运动计划。

最后，大学生要对学校体育课程的设置形成正确的观念，即其不仅仅是为了通过课程考核获取学分，更在于通过参与体育活动培养强健的体魄，养成健康的运动方式与生活习惯，克服身体惰性，提升意志品质等。学习不单单依赖智力，更需要具备坚韧的意志。坚强的意志对克服困难有着决定性的作用，而积极开展体育活动正是培养坚强的体质与意志的最好途径。

总之，体育锻炼不仅能够增强体质，更能促进心理健康，利于大学生心理的健康发展。经常参加体育运动不仅能提升大学生的记忆力、反应力、思维活跃度等，还可以使其情绪稳定、性格开朗，增强自信心，培养出独立和处事果断等优秀品质。正所谓"生命在于运动"，强健的体质乃"载知识之车""寓道德之舍"，为了祖国的未来，愿大学生能够更加热爱体育、重视体育，体育育人，成就未来。

参考文献

［1］杨聪俊、闫巧珍："高校大学生运动参与心理障碍的成因及对策"，载《体育科技文献通报》2018 年第 7 期。

［2］马洪涛："素质教育视野下的大学体育教学改革刍探"，载《成才之路》2019 年第 21 期。

［3］毕秀淑、彭延春："体育锻炼对大学生心理健康的影响"，载《中国体育科技》2003 年第 3 期。

［4］司琦："大学生体育锻炼行为的阶段变化与心理因素研究"，载《体育科学》2005 年第 12 期。

［5］冯晓玲："我国青少年身体素质下降的成因分析与对策研究"，北京体育大学 2012 年博士学位论文。

社会心理因素与初中生运动行为关系
的文献浅谈

于　佳*

摘要：社会心理因素一直是与运动行为相关的国际讨论热点，理清其相关性，明确其重要性能够更好地研究运动行为的趋向。本次浅谈主要是何为社会心理因素，哪些研究者已有相关研究，并对其进行筛选及对比，经推论社会心理因素与运动行为是密切相关的。

关键词：社会心理因素　运动行为

前　言

　　青少年是民族的传承者，是国家的希望。青少年期是整个生命周期中非常重要的一个阶段，为公共卫生行动提供了重要视角。青少年阶段的行为影响着其他阶段，也被其他阶段所影响。因此，生命早期发生的事情影响青少年时期的健康和发展；青少年时期的健康和发展也影响成年时期，并最终影响下一代的健康和发展。因本研究者在 2010～2014 年于北京市海淀区某中学担任体育教师，故对青少年的运动行为十分关切，希望能通过对已有文献推论了解与探讨其运动行为及社会心理因素之间的关系。

　　社会心理因素主要包括运动自我效能、运动社会支持、运动结果期望、运动享乐感四大类别。

---

　　* 于佳，中国政法大学体育教学部综合办公室科员。

一、运动自我效能

自我效能是指人们对自身能否利用所拥有的技能去完成某项工作行为的自信程度，这是美国斯坦福大学（Stanford University）心理学家 Bandura 在 1977 年提出的一个重要概念。Bandura 凭借着他对人性及其因果决定模式的理智把握，在认知心理学的影响下，提出了自我效能的概念。有意义的自我效能主要包括三个方面：①强度（Strength）指确认个人是否能完成特定行为的把握度。自我效能程度越低的人，其自我效能容易因为是失败的经验结果而降低；自我效能程度高的人，其遇到困难亦能努力克服。②一般性（Generality）是指个人对某情境评估的自我效能，是否可以类化到其他相似的情景。③程度（Magnitude）是指事情的困难程度，同一类事情但难度不同的时候，每个人有不一样的效能行为的表现。Bandura 认为人们的行为会受到效能期待（Efficacy Expectancy）及结果期望（Outcome Expectancy）的影响；效能期待是指个体认为从事某项行为能力之期望；结果期望是指个人对从事某项行为能够导致某特定结果的期望。[1]而对预测行为较准确的是效能期望，是最大的决定变项。

陈美昭、赖香如针对中学生的研究指出运动自我效能与运动行为有显著相关，且无论男女其有规律运动者的运动自我效能皆高于没有规律运动者。[2]陈德璘研究中学生的运动行为所得数据结果证明研究对象的运动自我效能得分越高，运动行为阶段的表现越好。[3]林碧莲的研究发现中学生会因为觉得懒得动、有更想做的事、天气不好等原因运动自我效能较低。[4]温密欣指出中学男生之自觉健康状态愈好者，社团参与经验及课后补习愈多者在

---

〔1〕 参见 Albert Bandura, "Self-efficacy: Toward a Unifying Theory of Behavioral Change," *Psychological Review*, 84（1977）, pp. 191~215.

〔2〕 参见陈美昭、赖香如："台北市某初中学生运动社会心理、身体意象与规律运动相关研究"，载《卫生教育学报》2006 年第 2 期。

〔3〕 参见陈德璘："2009 年高雄市运会对初中生运动行为及习惯影响之研究"，长荣大学 2011 年硕士学位论文。

〔4〕 参见林碧莲："台北市某初中学生规律运动行为相关因素之研究"，台湾师范大学 2011 年硕士学位论文。

运动自我效能上愈高；研究对象的运动自我效能与课后规律运动行为皆呈正相关。[1]司琦根据研究结果认为运动自我效能对青少年在校内闲暇时间参加身体活动有帮助。[2]

二、运动社会支持

社会支持在运动鼓励方面有七种形式（Rosenfeld & Richman，1997）。①倾听支持：一个人或其他人在倾听但没有给予意见或者给予判断的感觉。②情绪上的支持：感觉到其他人提供的关怀及舒适感，并且表示与其有相同感受。③情绪—挑战的支持：感受到他人挑战支持自己，也就是在评价自己的情感、态度及价值观，以便挑起积极运动的情绪。④现实—确认的支持：感受到自己鼓励着他人并以相似的方法看待事物，帮助自己确认观点，透过会议、面谈来分享经验或者调节问题。⑤工作—欣赏的支持：感受到其他人了解自己的努力和自己所做的改变并表达欣赏。⑥工作—挑战的支持：感受到其他人在挑战支持自己思考事情或者活动的方式，为了促进动机以及让自己更有创造力、涉及感和兴奋感。⑦个人—协助的支持：感受到其他人提供的帮助和服务。[3]20世纪70年代，Raschke提出社会支持是指人们感受到的来自他人的关心和支持。[4]此外，还有一些心理学家也对社会支持的定义提出自己的看法。Wellman和Wortley（1989）认为社会支持包括：情感支持、小宗服务、大宗服务、经济支持和陪伴支持。[5]Cutrona和Russell将社会支持区分为情感性支持、社会整合或网络支持、满足自尊的支持、物质性支持和

〔1〕 参见温密欣："高雄县某初中影响课后规律运动行为相关因素之研究"，台湾师范大学2008年硕士学位论文。

〔2〕 参见司琦等："青少年校内闲暇时间身体活动影响因素研究"，载《首都体育学院学报》2015年第4期。

〔3〕 参见 L. B. Rosenfeld, J. M. Richman, "Development Effective Social Support: Team Building and the Social Support Process", *Journal of Applied Sport Psychologist*, 9 (1997), pp. 133~153.

〔4〕 参见 H. J. Raschke, "The Role of Social Participation in Postseparation and Postdivorce Adjustment", *Journal of Divorce*, 1 (1998), 2.

〔5〕 参见 Barry Wellman Scot Wortley, "'Brothers' Keepers: Situating Kinship Relations in Broader Networks of Social Support", *Sociological Perspectives*, 32 (1989), pp. 273~306.

信息支持。[1]张郁芬对社会支持的理解是个人借由与环境中人、事、物的互动，获得社会网络中重要他人（如配偶、父母、朋友或师长等）所提供的各种形式协助，而能够让个体处理所面临的压力、促进身心健康、生活适应良好。[2]其中社会联系指来自家庭成员、亲友、同事、团体、组织和小区的精神上和物质上的支持和帮助。程虹娟、张春和、龚永辉从三个角度归纳了对社会支持的定义。①从社会互动关系来定义社会支持：社会支持不仅仅是种单向的关怀或帮助，它在多数情形下是一种社会交换，是人与人之间的一种社会互动关系；②从社会行为性质来定义社会支持；③从社会资源的作用来定义：来自社会关系的说明、人们联系的方式以及支持网络中成员间的资源交换。[3]运动社会支持，也就是运用社会支持的力量促使个体从事运动，是指研究对象自己对家人、同侪、老师对其从事运动行为给予或多或少支持的感觉评量。

林贞吟的研究也证明中学生不同运动社会支持的学生规律运动行为上有明显的差异存在，其中运动社会支持越高的学生规律运动行为越好。[4]林碧莲的调查研究指出影响其从事运动行为之社会支持多来自家人及同侪的建议及鼓励、同侪陪伴（人际），可看出社会支持大多以口头方面的支持为主（建议及鼓励）；而同侪陪伴亦具有相当影响力。[5]温密欣的研究指出初二年级的同侪运动社会支持对初三年级的规律运动行为具有影响力，对于运动社会心理变项不具影响力。[6]宋晓东认为社会支持在从事运动上是十分重要的，家庭成员之间的锻炼行为会相互影响，当有家里人支持运动的时候，人们更可

〔1〕 参见 C. E. Cutrona, D. W Russell, "Type of Social Support and Specific Stress: Toward a theory of optimal matching", 1990.

〔2〕 参见张郁芬："小学教师工作压力、社会支持与身心健康之研究"，嘉义大学教育研究所2001 年硕士学位论文。

〔3〕 参见程虹娟等："大学生社会支持的研究综述"，《成都理工大学学报（社会科学版）》2004年第 1 期。

〔4〕 参见林贞吟："影响中学学生规律运动行为因素之研究"，淡江大学 2015 年硕士学位论文。

〔5〕 参见林碧莲："台北市某初中学生规律运动行为相关因素之研究"，台湾师范大学 2011 年硕士学位论文。

〔6〕 参见温密欣："高雄县某初中影响课后规律运动行为相关因素之研究"，台湾师范大学 2008年硕士学位论文。

能参加运动，家里其他成员经常参加运动也更有助于其好友也能参加运动。[1]有研究指出影响大陆青少年运动行为的主要因素，其中就包括家长、同伴的影响。[2]姜焕尧的研究显示山东省初中学生的运动行为影响因素中最重要的是家长。[3]侯改霞、习雪峰、冯守东认为家庭成员的运动行为对青少年早期的运动行为有着至关重要的影响作用。[4]司琦的研究也指出老师的运动社会支持对青少年在校内闲暇时间参加身体活动是有帮助的。[5]

三、运动结果期望

Strecher，Devellis，Becker 和 Rosentock 指出结果期望对引发健康行为动机及决定从事健康行为有着重要的影响。[6]Bandura 指出结果期望是社会认知理论中的重要概念之一，健康行为的形成受到人们期望行为产生之结果的影响。[7]结果期望有三种形式：①个体结果，行为产生后所带来的厌恶感或喜悦感，以及行为产生后所伴随的失落感或幸福感；②社会结果，是指个人感觉到在社会网络中的成员对该行为是否欣赏、支持；③自我评价结果是个人对于某个健康状态或者行为所造成的正面或负面影响有什么自我评价，这个感受与个人过去的经验及经由观察所习得的学习有关。结果期望的定义是认为自己执行某项行为之后，可能产生的所有结果。它主要应用在强化执行某项行为之后的正向结果。[8]

Dzewaltowski 的研究指出运动结果期望是学生运动行为的显著预测因子，

---

〔1〕 参见宋晓东："论影响体育锻炼行为的因素"，载《成都体育学院学报》2001 年第 2 期。

〔2〕 参见高泳："我国青少年体育参与动力机制研究——以河南省为例"，北京体育大学 2013 年博士学位论文。

〔3〕 参见姜焕尧："山东省初中生体质健康影响因素研究"，鲁东大学 2014 年硕士学位论文。

〔4〕 参见侯改霞等："青少年体育锻炼习惯培养模式研究"，载《山东体育科技》2015 年第 3 期。

〔5〕 参见司琦等："青少年校内闲暇时间身体活动影响因素研究"，载《首都体育学院学报》2015 年第 4 期。

〔6〕 参见 Strecher V. J.，Devellis B. M.，Becker M. H.，Rosentock，I. M.，*Health Education Quarierly*，1986，13（1），73 – 91.

〔7〕 参见 A. Bandura，"Health Promotion by Social Cognitive Means"，*Health Education and Behavior*，31（2004），pp. 143 ~ 164.

〔8〕 参见李兰等：《健康行为与健康教育》，台北巨流图书有限公司 2010 年版，第 106 ~ 107 页。

运动结果期望越正向，运动行为表现越好。[1]林碧莲的调查研究发现在运动结果重要性上，中学生认为从事规律运动将会使得自己体力变好是最重要的，研究结果表明运动结果期望是正向的。[2]林贞吟针对中学生的研究中指出在不同社会心理变项中，中学生最认同运动结果期望；不同运动结果期望的学生在规律运动行为上有明显差异，其中运动结果期望越高的学生规律运动行为越好。[3]殷恒婵等研究显示，北京青少年认为运动能够令人更加健康，能够令人开心自信，能够令人更好、更有活力。[4]

四、运动享乐感

Scanlan 和 Simons 将运动享乐感定义为身体活动的一种价值期待，是一种使运动者感受到欣喜、快乐、愉悦等正面情绪的感受。[5]Boyd 和 Yin 发表了对于运动享乐感的言论，他们认为享乐感是对运动经验的积极情感响应，反映出了个人如有趣快乐的情感。[6]而黄金柱认为运动享乐感是指从事运动行为时研究对象所感受到的乐趣，也是支持其持续运动的重要变项之一。[7]

研究显示，运动享乐感是青少年参与运动的动机之一；[8]陈美昭、赖香如指出，中学男生是否有规律运动与运动享乐感有相关性；[9]而温密欣发现，运动享乐感是影响课后规律运动行为、每日及每周累积运动时间的显著预测

〔1〕 参见 D. A. Dzewaltowski，"Toward a Model of Exercise Motivation"，*Journal of Sport and Exercise Psychology*，11（1989），pp. 251~269.

〔2〕 参见林碧莲："台北市某初中学生规律运动行为相关因素之研究"，台湾师范大学 2011 年硕士学位论文。

〔3〕 参见林贞吟："影响中学学生规律运动行为因素之研究"，淡江大学 2015 年硕士学位论文。

〔4〕 参见殷恒婵等："京港青少年参加体育运动类型及运动动机的对比研究"，载《体育与科学》1999 年第 1 期。

〔5〕 参见 T. K. Scanlan，J. P. Simons，"The Construct of Sport Enjoyment"，*Motivation in Sport and Exercise*，1992，pp. 119~215.

〔6〕 参见 M. P. Boyd，Z. Yin，"Cognitive-affective Source of Sport Enjoyment in Adolescent Sport Participants"，*Adolescence*，31（1996），pp. 383~395.

〔7〕 参见黄金柱："职前体育师资培育应有的适能教育"，载《研习信息》2002 年第 19 期。

〔8〕 参见陈智仁等："青少年运动参与动机与策略"，载《南亚学报》2004 年第 24 期。

〔9〕 参见陈美昭、赖香如："台北市某初中学生运动社会心理、身体意象与规律运动相关研究"，载《卫生教育学报》2006 年第 2 期。

变项;[1]另外，陈子怡的研究发现中学女生的运动享乐感与规律运动行为呈正相关。[2]关北光在他撰写的中学生锻炼习惯形成的心理轨迹及引导方法一文中提到当学生内心产生喜悦、快乐时将促进其运动行为的发生。[3]谢龙、赵东平、严进洪认为情感体验越丰富会愈加促进运动行为习惯的形成。[4]研究指出男性青少年在身体锻炼中体验到的情感比女性青少年丰富和强烈；男生锻炼态度更积极，但女生的情感体验更深刻，更有可能进行身体锻炼。[5]张厚臣以文献回顾的形式进行研究后提出社会心理因素对促进运动行为的转变、形成运动行为习惯具有积极的推动作用，是运动行为的重要影响因素。[6]

综上所述，我们可以通过国内外已有文献的研究推论出运动自我效能、运动社会支持、运动结果期望、运动享乐感是初中生运动行为的重要相关因素。

〔1〕 参见温密欣："高雄县某初中影响课后规律运动行为相关因素之研究"，台湾师范大学 2008 年硕士学位论文。

〔2〕 参见陈子怡："台北市中学生规律运动行为及其相关因素之研究——以台北市立长安中学为例"，台湾师范大学 2011 年硕士学位论文。

〔3〕 参见关北光："中学生锻炼习惯形成的心理轨迹及引导方法"，载《体育与科学》1997 年第 5 期。

〔4〕 参见谢龙等："青少年体育锻炼态度与行为的关系性研究"，载《天津体育学院院报》2009 年第 1 期。

〔5〕 参见王慧君："对青少年学生锻炼态度与行为控制的调查分析"，载《山西师大体育学院学报》2010 年第 3 期。

〔6〕 参见张厚臣："影响体育锻炼习惯形成的社会心理因素分析"，载《体育世界（学术版）》2010 年第 3 期。

高校女生形体课的多元化功能探讨

王 莉[*]

摘要： 该研究从高校开设形体课的意义和目的出发，探讨了高校女生形体课的多元化功能：形体塑造、审美能力培养、改善心智、提升心理品质、人际交往能力提升等。通过对个人的实践教学经验的总结，肯定了形体课在上述方面的功能和意义。最后，对于未来高校形体课的功能和教学形式进行了理论探讨。

关键词： 形体课　心智　心理品质　功能

一、高校女生形体课开设的目的、意义与现状

形体课是高校体育课与公共艺术课程的有机结合。它是以培养学生良好体态为主要目的的教学活动，通过身体练习和形体基础知识的学习，促使学生掌握形体练习的内容，矫正身体的不良姿态，形成健美的体态，从而达到形体美和良好内在气质的统一。高校形体课的开设，既有利于大学生综合素质的全面提升，也高度契合国家艺术教育的目标。从个体的层面而言，形体练习可以让学习者身体健美、仪态优雅、自尊自信。在强身健体的同时，掌握身心自我调节能力，提升心理健康水平。

目前，在全国大多数高校和职业院校中都开设了形体课或公共舞蹈形体课，但教学内容、教学形式以及考核标准却并不统一。主要问题如下：第一，

---

　*　王莉，中国政法大学体育教学部。

专业化的形体课教师较缺乏。由于形体课是艺术与体育的结合，对教师的专业化水平要求较高，但目前的形体课师资多是从其他专业方向转行而来，如有些教师原来的专业是球类或田径类，缺乏舞蹈和艺术的专门化训练。甚至有些教师是凭兴趣和工作的需要自学成才。这种师资状况导致高校的形体课教学内容良莠不齐，无法实现对学生综合艺术素养的全面培育，也直接影响形体课的教学效果。第二，重视技能训练，缺乏对艺术素养的整体培育。当前的形体课教学内容，偏重于形体训练和身体姿态的训练，但忽视音乐、舞蹈、文学等基础理论知识的学习，无法实现对于学生艺术素养的整体培育与促进。第三，重视外在形体的塑造，忽略对学生心理健康的关注与促进。在教学过程中，教师注重讲解外在的身姿体态、舞蹈动作的节奏等要求，较少从心理上、情感上对大学生进行引导。但在现实层面，学习者在这方面存在较多的需求。尤其是对自我身体形象的接纳与自信，克服自卑、羞怯等不良性格因素，形体教师的作用非常重要。

二、当前体育学界对形体课功能的探讨

对于形体课的功能与效果，无论是教师还是练习者都有切身感受，充分认可其正向功能。但至今并未看到学界对此问题进行全面的总结分析和验证。将学者们的观点整理之后，大体有如下观点。

（一）改善身体素质和身体形态

形体课的基本功能是形体塑造和身体保健。通过形体课教学，学生在方位感、平衡感、动作的准确性等方面得到提升，身体基本姿态有明显的改善，学生的坐、立、行的基本姿态更加挺拔、轻盈，精神面貌与气质会得到显著改善。

王欣等人用实证方法研究了形体课对女生形体改变的积极作用，证明：在身体形态方面，女生的身体更具曲线美；在身体基本姿态方面，练习者对自己的身体姿态更具控制性；在基本身体素质方面，练习者的力量、柔韧性和协调性等素质都有明显提高。[1]形体课教学对于练习者的影响是全面和积极的。

---

〔1〕 参见王欣、肖明："形体课对北京广播学院女生形体改变的积极作用与效果的实验研究"，载《北京体育大学学报》2001 年第 3 期。

（二）对形体美的正确认识

多位研究者对此具有共识，认为形体课教学可以培养学生的审美意识和审美能力，从而促进学习者内在气质的提升和综合素质的完善。但学习者在此方面存在认知偏差。许多学习者追求骨感美，以为瘦就是美，严格控制饮食，对身体造成很大的伤害，甚至有的学生由于营养不良晕倒在课堂上。

傅梦巧在研究中指出，在高校开设舞蹈形体课，"其目的并不是为了让每个学生成为舞蹈工作者，也不是要求学生掌握舞蹈的专业技能，而是把舞蹈艺术作为一种审美教育，目的在于树立正确的审美观念，提高学生的审美能力、艺术鉴赏能力、创造美的能力"。[1]

王欣的研究证明，形体课教学的理论内容，有助于女大学生掌握形体美的相关知识，形成正确的形体美认识，促进正确的审美追求，最终指导其在课内外的形体训练实践活动。[2]

（三）对心智的改善

形体课的学习过程可以培养学生的视觉、听觉和其他感觉的敏锐度和表现力，提高自我体察和监控的能力，培养集中和稳定注意力的能力。在这种有计划的练习中，可促使学习者的心智能力和个性特征得到改善和提高。比如，由于形体训练提升了精、气、神，它会间接提高诸如"健美操""体育舞蹈""球类"等其他体育项目的动作完成质量，从而提高相关课程的学习效率。再比如，形体课上所发展起来的对音乐的理解和认知能力，以及对音乐节奏的把握能力，会提升大脑的创造力和想象力，提升身体的表现力。

（四）塑造良好心理品质，提升心理能力

形体课可以改善人的情绪和意志品质，提升练习者多方面的心理能力。

有研究表明，人体运动能够促进人脑释放一种称之为"内啡肽"的化学物质，它不仅能改善人体中枢神经系统的调节能力，还能够提高人们对精神紧张和对外界刺激的忍受力。许多体育实践活动均证实了这一点。比如，长

---

〔1〕 傅梦巧："普通高校公共舞蹈形体课现状分析与教学设计"，载《北京舞蹈学院学报》2017年第6期。

〔2〕 参见王欣、肖明："形体课对北京广播学院女生形体改变的积极作用与效果的实验研究"，载《北京体育大学学报》2001年第3期。

跑练习者在每次跑步之后不仅身体轻盈，而且情绪愉悦。形体训练后，练习者往往感觉心情舒畅、轻松愉快，说明舞蹈训练的确能改善心情、稳定情绪。

人们普遍认为，舞蹈学习能使人通过身体运动感觉体察自我、关心他人、增强自我控制能力、增强耐力与韧性、提高纪律性和团队精神，能使人善于情感交流、积极向上、勇于进取，并理解生命、提高表现自我的欲望和能力。这说明，舞蹈和形体训练对于提高情商也是有积极作用的。

舞蹈教育对人的意志品质的培养，是任何一门艺术都不及的。舞蹈家乌兰诺娃曾说舞蹈是最美的艺术、也是最残酷的艺术。与所有的体育运动一样，学生在从未接触过专业的形体、舞蹈训练时，刚介入形体训练会出现因跟不上而产生的心理落差和因运动量多于日常而产生的腰酸腿疼。在这个过程中，需要有顽强的意志力，首先接受自己在该项体育运动中的弱势、不足，进而努力克服困难，通过刻苦训练达成学习目标。这一过程会极大提高学习者的坚持性和克服困难的勇气。

（五）改善社交能力，提升人际合作水平

形体是外在语言，是一种生活状态。挺拔舒展的身姿、矫健敏捷的动作，给人以阳光快乐的感受，富有朝气和活力，释放出一种向上的力量。这种力量会影响到身边的人，容易给人以亲近和好相处的感觉。端庄优雅气质，不仅让人赏心悦目，而且极具有亲和力。形体课可以从内在改善人们的社会交往能力，提升人际合作水平。

形体课教学是将外在的形体训练与内在的气质培养相结合的过程，在此基础上提高学生的身体语言表达能力，进而提高情商，改善人际交往能力。实践已经充分地证明，经常进行舞蹈和体育训练，能够使人完善躯体的自我保健，提升情绪的自我调节能力，最终实现对生活方式的自我控制，改善人际关系。

三、个人对我校女生形体课教学内容和形式的探索

（一）身体姿态的练习

身体姿态的练习主要包括：芭蕾把杆练习、基本手位和脚位练习、芭蕾的组合练习以及成套舞蹈动作的练习。主要目的是使练习者获得挺拔舒展的

身姿、矫健敏捷的动作，富有朝气和活力，释放出一种向上的积极力量。

（二）心理素质的培养

形体的塑造不是一朝一夕就可以得来的，要通过长期的站姿、坐姿、步态以及舞蹈动作的练习，慢慢地改变身体形态。在这个过程中需要学生不断地克服困难，坚持练习。没有良好的意志品质是不能够坚持下来的，也就不能达到预期的效果。这个过程不单纯是身体训练带来的酸痛，还要学生面对自己的心理压力，如害羞、恐慌、不相信自己能行、一遇到难点就想放弃、怕吃苦等，克服自己心理的障碍，一步一步成长。教师要看到学生的进步，哪怕是一点点进步都要鼓励。只有这样才能真正做到更好，使学生收获得体优雅的气质，心理上战胜困难，特别是战胜自己内心的障碍，培养学生意志品质、锻炼毅力、提高心智。

（三）小组练习

通过小组练习培养学生互相帮助交流、共同提高的能力。通常的做法是：一个舞蹈基础好的学生和相对较差的学生放在一个小组，课后一起练习。优秀舞蹈学生负责教好基础较差的学生，一招一式分解动作，配合音乐。在练习的过程中学生结交了新朋友，在教和学的同时培养了学生的责任心和开放性态度。比如，许多帮助过他人的同学会为同学的进步而由衷地高兴，得到帮助的同学则看到了自己的潜力，产生"付出就会有收获"的认知，在感谢帮助过自己的同学之余，获得感恩的体验。小组学习以一种合作的方式提高了学习效率，并让练习者在学习过程中获得积极的情绪和认知体验，有效地改善了学生们的人际交往模式，留下了美好的回忆。

（四）教师榜样作用

作为形体课的教师，一定要注重自身的修养，特别是身体姿态要端庄，动作要优雅大方得体，授课时的穿着要适合上课内容，坚持锻炼，保持良好的体态，真正做到"我运动我青春"，让学生真正看到体育运动的魅力所在。

四、改革形体课教学，实现形体课的多元化功能

（一）加强形体课理论教学

有意识地在课堂里加入形体理论课的内容，让学生真正了解形体锻炼的

目的、方法、手段，自觉地主动练习，融入自己的生活当中，真正地喜欢形体课。

（二） 间接实现心理疏导功能

如今，许多艺术和体育项目都与心理治疗相结合，如舞动治疗、音乐治疗等。在授课过程中，可以有针对性地选择有治疗作用的音乐和舞蹈动作，将其融入形体课中，有意识地进行心理疏导，起到预防学生心理疾病的作用。

（三） 让形体课堂成为学生减压和释放情绪的课堂

形体课不单纯是身体锻炼和形体塑造，它在改善心智、强化心理素质等方面存在巨大作用。在形体课的练习过程中，学生可以随着优美的音乐翩翩起舞，身体得到舒展，通过身体排汗疏泄身心垃圾。此外，教师使用激情的口令，引导学生绽放笑容，抒发情绪，使学生身心愉悦，利用形体课这个平台起到对学生进行减压和情绪放松的作用。

（四） 调整选课时间，适应形体改变规律

形体的改变和效果维持需要一定的时间来保障，训练和改变原始身体姿态需要一定的时间并有一定的规律。因此，在形体课的设置上，以学年选课为好，这样可以使学生获得更为系统的身体练习，获得形体塑造的最佳效果。

参考文献

［1］傅梦巧："普通高校公共舞蹈形体课现状分析与教学设计"，载《北京舞蹈学院学报》2017 年第 6 期。

［2］王欣、肖明："形体课对北京广播学院女生形体改变的积极作用与效果的实验研究"，载《北京体育大学学报》2001 年第 3 期。

［3］吕艺生等：《舞蹈学基础》，上海音乐出版社 2013 年版。

［4］孙建立、李秀玲："高师院校应重视形体课教学"，载《山西师大学报（社会科学版）》2006 年第 S1 期。

［5］黄龚："论心智能力的培养与女生形体课教学效果的提高"，载《教育与职业》2008 年第 8 期。

附录：学生的毕业感言

形体课学习对我的改变

　　我曾有幸选修了形体课，原因十分简单，哪个女生不喜欢优雅健康的体态呢？现在想来，这应该是我大学阶段作出的最正确的决定之一。形体课的教学比我想象中更加生动，每节课伊始的压腿踢腿基本练习，在锻炼我们柔韧性的同时，更为重要的是让我们对自我有了更为清晰的认知，从一开始站在镜子前的不自在，到后来大方直视镜中的自己，我更加自信，从外到内。形体训练带给我的不仅仅是健康的锻炼习惯，更多的是在潜移默化中改变我的坐立行方式。在连续完成了两个学期的形体课程后，我成了学生会"返聘"指导新生礼仪仪态的"小老师"；而得体大方的表现，更帮助我在之后的"理律杯"全国大学生模拟法庭决赛中，获得来自评委和现场观众的一致认可。由衷地感谢带给我这一切改变的形体课，以及最亲爱的王莉老师！附照以怀念那段最美好的日子。

浅谈"大众体育"在高校教育中的发展

——以中国政法大学为例

刘　凯*

摘要：发展"大众体育"，推动高校师生积极参与体育活动，是高校人才培养的重要内容。但是由于组织形式单一、体育资源缺乏、师生参与意识不足、组织宣传不到位等原因，"大众体育"的观念和活动在高校教育中的贯彻落实还有待进一步加强，具体做法主要有加强宣传动员、完善教学目标和内容、改善活动组织形式、充分利用新媒体资源等。

关键词："大众体育"　发展现状　改进建议

2018 年 9 月 10 日，在第三十四个教师节到来之际，全国教育大会在北京召开。习近平总书记出席会议并发表了重要讲话。他强调，要在党的领导下，全面贯彻党的教育方针，立足基本国情，遵循教育规律，坚持改革创新，培养德智体美劳全面发展的社会主义建设者和接班人，加快推进教育现代化、建设教育强国、办好人民满意的教育。习总书记提出了"六处'下功夫'、三个'要'"的教育指导方针，并对"体育教育"进行了着重强调：要树立健康第一的教育理念，开齐开足体育课，帮助学生在教育锻炼中享受乐趣、增强体质、健全人格、锤炼意志。这一目标和要求，对国家、社会和个人都提出了巨大的挑战。

---

* 刘凯，男，1978 年 4 月，博士，中国政法大学国际法学院副教授，主要研究方向是大学生思想政治教育。

一、高校发展"大众体育"的重要性

体育能给人们带来力量、拼搏等美好的感受。荆门的运动员何军权在第12届希腊残奥会上一个人独揽4枚金牌，为荆门赢得了荣誉，被市政府授予"无臂英雄"等光荣称号。被誉为"现代奥运之父"的法国人顾拜旦，也曾经热烈地讴歌过体育。体育曾是历史长河的汇注中不可或缺的洪流。

党的十八大以来，我国在教育方面，尤其是体育教育方面，已经取得了相当大的进步。然而，随着全面建成小康社会进入攻坚时期，中华民族伟大复兴中国梦的实现、综合国力的提高等均对人民群众的体质健康提高提出了更高的要求，"全民健身"已经成为并且也应当成为我国的重大发展战略。高校作为体育教育的先锋，应积极响应国家的号召，贯彻落实国家方针要求，坚定不移地发展"大众体育"教育，促进大众体育的长足进步和创新发展。

另外，随着高校扩招后学生数量的急剧增长，学生对体育教育、体育运动的多样化和个性化需求越来越高，高校面临着由于教师资源不足、运动器材紧张、运动场地短缺等一系列因素而导致的学生群体对体育活动积极性、参与度不高的重大问题。各高校体测信息等相关数据显示，当下高校学生的身体素质明显下滑，由此导致的教学过程中由于身体素质原因发生的突发事件更加频繁。不得不说，发展体育教育、提高学生的身体素质，已经成为当下各高校教育的重中之重。

二、我校目前"大众体育"教育发展的现状

如何克服当下高校体育教育中的困难，寻找到恰当的方式让"大众体育"的概念真真正正地贯彻落实到我们的高校教育中去呢？我们以中国政法大学体育教育发展为例简要说明一下具体情况。

目前而言，中国政法大学的"大众体育"在体育赛事开展形式方面主要有两种，一种是竞技体育活动，主要有校级运动会、球类赛事、马拉松比赛等形式，以国际法学院为例，竞技类赛事活动主要包括新生运动会、校运动会、院运动会、国经杯篮球赛、足球赛等；另一种是趣味性体育活动，主要

是学校和各院主办的各种趣味运动会，如健走、骑行、拔河比赛等体育活动。近年以来，我校的各种体育活动举办呈现出多元化、大众化的态势，师生们对于体育活动参与的积极性有很大提升，各个学院以及学校对于体育活动举办也加大了支持力度，积极践习近平总书记着重强调的"大众体育"理念。"大众体育"呈现上升发展的态势，这是好的方面，但同时也存在一些问题，需要关注。

首先是体育教学资源的匮乏。随着我国高等教育事业的发展，进入大学工作的教师和接受高等教育的学生数量逐年增长，他们接受的教育也更加全面化、多元化，这决定了师生对于高校体育教学器材的数量和种类、教学场地的数量和面积、教师的数量和专业水平等方面的要求的不断提高。而我校，由于学校校园面积和办学经费的有限，在体育活动场地、体育器材等方面往往有所欠缺，使得师生们对于体育多元化、个性化的需求在一定程度上不能得到满足。

其次是对于体育活动的宣传以及动员程度不够。我校的体育活动种类多元，从趣味性到竞技性，从院级到校级，以及由学生兴趣社团组织发起的，其丰富多彩程度不亚于任何高校。但是有知名度的体育活动屈指可数，一般而言校级的体育活动的共同特点是学校体育部或各个部门以及学生组织的宣传和动员力度较大，能够更加有效地提高师生对于体育活动的参与程度和关注度，从而使得师生重视体育、热爱体育、参与体育。而一些院级体育活动或者其他一些由学生社团组织发起的趣味性体育活动，宣传力度以及动员强度不能很好地使大部分师生对其有一个基本的了解，这也使得师生对于这样的一些体育活动关注度有所降低或者参与的积极性不高。

最后是学生组织层面对于体育活动举办的资源不足和专业化的欠缺。目前而言，我校各个层级的学生组织设立的体育活动部门包括校学生会的体育部以及各个学院的体委会等，负责校级以及院级体育活动，但是由于各层级学生组织的体育部门都存在资金不足、部门分工模糊等问题，导致举办活动工作量大，往往难以在较短时间内完成较多的组织服务工作。以国际法学院为例，院体委会下设两个部门——办公室和发展部，办公室集组织策划、外联工作、宣传推广、服务后勤等工作于一体，发展部兼顾组织策划和后勤服务工作，在十一月运动周时期，接连举办拔河联赛、法大马拉松、趣味运动会、院运动会等多个活动。而体育活动对于策划的精细度、物资的充分准备程度以及后勤保障工作都具有较高的要求，这使得学生组织人员一段时间内的工作量巨大。另外，学生组织存在对体育运动知识的缺乏，这使得其和运动队的对接工作存在一定的困难，可能呈现出一种不专业的状态。

三、对我校发展"大众体育"的建议

要想在高校中倡导并践行"大众体育"，除了引导师生积极参与锻炼，最重要的应该是推动师生养成积极锻炼的良好习惯，从而达到提高身体素质和传承中华民族的优秀体育文化的双重目的。但大多高校偏于注重单一化的课内教学，对课外锻炼的关注与投入相对较少。即使少数高校建立了较多的体育交流学习平台，但一般的学校因受到场地、师资力量、筹划资金的限制，并没有取得良好的效果。为了推动"大众体育"事业的发展，倡导我校师生都能够形成积极健康的生活方式，提高身体素质，使积极锻炼的理念能渗透到生活和学习中去，我校可采取以下具体措施来推动"大众体育"的发展。

（一）强化宣传，提高锻炼意识

倡导"大众体育"，离不开学校对师生体育活动参与的推动。我校应该强化对体育锻炼的宣传，在潜移默化的过程中让师生意识到体育锻炼的必要性和重要性，达到让师生主动接触运动的目的，使他们养成一种良好的习惯。习近平总书记指出："全民健身是全体人民增强体魄、健康生活的基本保障，是每一个人成长和实现幸福生活的重要基础。"在此号召下，我校应建立体育健康服务的平台，通过校园广播站、标语海报等方式加强宣传；还可以开设一些关于体育健康类的讲座，给师生讲解一些关于体育锻炼的基础知识，从而提高师生对体育锻炼的积极性，在口口相传中树立"生命在于运动"的健康意识，并鼓励师生积极参加到体育运动中去。

（二）制定多元化的教学内容与目标

我校体育最为主要的就是体育教学，除了加强宣传之外，也应当实现体育教学目标的多元化。虽然我校体育课程类型众多，但教学内容相对比较单一，体育教学的目标也往往是针对最后的考核。但从长远的角度来看，丰富

教学内容与目标才能真正达到体育课的目的，才能真正提高学生了解体育的积极性、激发他们体育锻炼的潜力、培养他们终身体育锻炼的意识。因此，体育老师在课堂上可以将素质发展、体育文化以及体育游戏结合起来，同时穿插一些体测项目的训练，让学生在课堂和课后都能将所学体育知识与技能运用起来，而不是单单完成90分钟的课时。

（三）完善体育组织和社团的建设、提高运作效率

高校在开展体育社团活动的过程中面对的是师生，我校可适当增加体育组织和社团的数量，引导体育组织和社团建立更为完善的管理与运行机制，鼓励体育组织和社团负责人开展多层次、全方位的体育活动，充分利用举办活动所具有的组织性和规律性，吸引师生主动参与到体育活动中，从集体中感受体育的魅力。体育活动领导者应当明确工作范围与工作职能，逐步落实确立的制度，在切实了解同学对体育运动的看法与需求后，定期举办更贴近校园生活的体育活动，提高师生对体育的关注程度。除此之外，在网络时代的背景下，各组织和社团应充分利用网络平台的作用，与其他高校的相关组织和社团进行交流，借鉴他们可行的运行机制与管理方式，从而提高自身的运作效率。

（四）充分利用手机APP等的优势

中国互联网络信息中心发布的第39次《中国互联网络发展状况统计报告》显示，我国手机网民数量高达6.95亿。当下流行的锻炼类APP或程序（如KEEP、微信运动等）也掀起了新的运动风尚，师生可利用其所具有的打卡等功能来监督自己进行锻炼。我们可以利用这些运动软件的智能与方便，建立多个"运动圈"，通过打卡与上传数据的方式实时了解师生们的运动情况。同时还可以设置排行榜，从而在师生中间形成良性竞争，使其在运动的过程中互相激励。

我国的高校体育教育一直以来都是教育发展过程中的难题，要将大众体育真正融入高校教育体系中去，还需要我们继续努力。但我们相信，在发展"大众体育"的理念引导下，随着国家对高校体育教育的重视程度升高，未来的高校体育必然呈现专业性、多元化、个性化和自觉性的全民参与模式，届时高校将充满体育运动的活力和魅力。

高校开展五人制足球运动 SWOT 分析

——以中国政法大学为例

李明霞*　　陈南褰**

摘要： 五人制足球是足球运动的一项分支运动，1930 年源自乌拉圭，目前已发展近 90 年的时间。五人制足球以其灵活性、技术性的特点不断吸引众人的眼球，并随着"校园足球"活动的开展不断进驻我国各大高校，但是由于五人制足球运动在高校中发展时间相对较短，仍然存在不少问题。本文立足于个案分析，以中国政法大学为例，通过运用 SWOT 分析法研究该校开展五人制足球的合理性与可行性，并提出相应的解决对策，以此提供借鉴。

关键词： 高校　五人制足球运动　SWOT 分析

引　言

近年来，随着校园足球政策在全国的推行，足球运动在青少年中的普及和推广程度日益得到重视，从最初的"飞利浦杯"到后来的"李宁杯"，再到"特步大学生五人制足球联赛"，各大媒体与高校都愈加关注校园足球开展。因此，五人制足球运动在经过近一个世纪的发展后，也已成为足球比赛

　＊　李明霞，中国政法大学政治与公共管理学院 2015 级本科生辅导员。

　＊＊　陈南褰，中国政法大学政治与公共管理学院 2015 级本科生，中国政法大学女足成员，政治与公共管理学院女足主力队员。

中必不可少的一部分，因其具有的趣味性、灵活性深受广大学生以及足球爱好者的喜爱。

中国政法大学作为北京校际联赛与全国联赛的参与方，在参与足球竞技的同时开展校内五人制足球运动的教学与普及是推广校园足球政策的实践性探索。通过 SWOT 分析法发现，该校拥有开展五人制足球运动的有利条件，但同时也存在着许多问题与不足，如何健康有序开展五人制足球运动值得深入探讨和研究。

一、中国政法大学开展五人制足球运动的 SWOT 分析

SWOT 分析法是一种企业制定发展战略时常用的分析法，是通过对完成部门目标的人力、财务、政策资源进行重新组合并合理分配的动态决策过程。SWOT 由四个英文单词组成，即 strength（优势）、weakness（劣势）、opportunity（机会）、threat（威胁）。其核心是围绕组织当前确立的战略目标，分析组织面临的外部环境及其变化，结合自身的资源组合情况，确定组织的核心能力和关键约束。

在研究中国政法大学五人制足球运动开展研究中运用 SWOT 分析工具，可有效识别该校五人制足球的竞争优势与不利环节，并客观评价外部机遇与威胁，得出与其发展相适应的战略方向。

表 1　SWOT 矩阵结构示意表

		内部因素	
		优势 Strength	劣势 Weakness
外部因素	机会 Opportunity	SO 战略	WO 战略
	威胁 Threats	ST 战略	WT 战略

（一）优势分析

1. 优秀的师资与运动员队伍

该校为教育部直属高校，在全国具有较大影响力，无论是在招聘足球教师或教练，还是在选拔体育特长生方面都具有较多自主权与优先权。同

时该校选拔各院足球队精英成员进入校级足球队，代表学校参加北京市级、国家级足球比赛以及全国高校间的交流赛，都取得了较好的成绩，对形成高水平五人制足球队有较大帮助。该校女子足球队参与 2016 年至 2018 年三届全国大学生女子组室内五人制足球锦标赛均获得校园组冠军，实现三连冠。[1]

学校利用自身的优势争取到优秀教练与突出运动员，优秀的足球团队争创佳绩，由此形成的良性循环在校内形成带动效应，进而扩大了五人制足球的影响力并提高了普及度。

2. 校内五人制足球联赛每年开展两次

该校本科生共 12 个院系，各院下辖的男子、女子足球队以及联合队伍总共可达 20 支队伍以上。学校每年由学生组织足球协会组织 2 次院际五人制足球比赛，以女子足球比赛为例，秋季学期组织由大一大二新生参加的新生杯赛，紧接着举办全队队员均可参与的冠军赛。各个学院的足球队积极参与与配合五人制足球比赛的开展，使得五人制足球比赛每年稳定举行并且吸引了更多的参与者。各院不断迎来新足球队员，甚至组成两支队伍参与比赛，使得这项体育运动在我校开展得越来越广泛。

3. 五人制足球运动自身特点

与十一人制足球运动相比，五人制足球运动具有场地需求小、运动量适中、普及范围广的特点。[2]十一人制足球的场地标准为 $7km^2$，五人制足球所需场地仅 $1km^2$；且五人制足球运动标准比赛时间仅 40 分钟，队员上下场换人灵活，比赛中严禁肢体冲撞等危险行为，学生体力与安全可得到保障；另外学校体育课时时长为 90 分钟，同样时间内五人制足球参与人数可达十一人制足球 3 倍之多，这极大提高了学生参与度与该运动的普及度。

4. 五人制足球运动潜在价值

五人制足球运动除具有一般意义上的竞赛价值外，还对促进大学生的身心健康发展具有重要作用。五人制足球运动迅速的攻防转换，需要队友间不

---

〔1〕 中国政法大学："我校女足实现全国大学生女子室内五人制足球锦标赛校园组三连冠"，载 http://news.cupl.edu.cn/info/1011/26164.htm，最后访问时间：2017 年 12 月 29 日。

〔2〕 参见刘杰先："高校足球课中开展'五人制足球'的可行性分析"，载《当代体育科技》2018 年第 19 期。

断地协调配合，推进进攻步伐，同时由于时间短、场地小等特点，比赛结果通常出现戏剧性翻转，在输赢转换间学生得到成长。一个不可回避的现象是，许多大学生进入大学校园后就沉迷在上网和游戏中，导致身体素质普遍不够高。五人制足球运动可以有效改善大学生的身心素质，不断训练学生的受挫能力与应对能力，对未来发展有着很大帮助。

（二）劣势分析

1. 足球教学课程设置滞后

普遍推行五人制足球运动的一个重要途径是在体育课程设置中加入五人制足球教学，就该校目前足球课程的设置情况与五人制足球运动在全国的普及程度来看还稍显滞后。其一是体育课程仅在大一和大二学年开展，每周一节仅 90 分钟。教学内容仍然教授十一人制足球运动，学生在较长的课程周期内仅掌握基本的技能，直到大二下学期才系统学习战术比赛。较长的课程周期中教师仍然采用讲解理论、演示步骤、学生反复练习模仿等传统的足球课形式，难以适应新形势下的学生需要。其二是由于北京的空气质量较差，重度雾霾天气下室外运动通常遭遇停课的尴尬处境。以 2015 年北京天气为例，有 46 天北京空气达到重污染程度。[1]这在无形中缩减了足球课程的教学时间。

2. 学校宣传太少

在校五人制足球联赛进行过程中，本人通过参加比赛以及现场观察与访谈了解到，观众一般都为球队队友或是体育部部员，受众面仍然较为狭小。同时五人制足球比赛虽由体育教学部和足球协会举办，但由于足球协会成立时间短、经验不足，使得五人制足球运动尚未在学校内形成规模。另外，通过对学校网页有关足球信息与宣传的检索发现，2011～2018 年与足球相关的信息仅 8 条，其中 5 条是有关球队代表人物、2 条有关女足夺冠新闻、1 条仅为信息，与其他新闻相比实在相形见绌。该校体育教学部网页是该校体育教学与运动竞赛宣传语推广的第一窗口，但是通过浏览发现相关信息较少、更新较慢、学生关注度也不高。学校的宣传面决定了校园足球文化的受众面，

---

〔1〕 参见央广网："2015 年北京过半天数空气质量达标　共 46 天重污染"，载 http://news.cnr.cn/native/gd/20160104/t20160104_521016826.shtml，最后访问时间：2016 年 1 月 4 日。

宣传不足对校园足球文化的构建非常不利。

(三) 机遇分析

1. 部门预算每年增加

中国政法大学为教育部直属的 211 高校,具有雄厚的经济实力,2012 ~ 2016 年度部门预算处于增长态势,对该校体育运动进行有力的财政支持。如图 1 所示,折线图表示该校部门总预算呈现增长状态,柱形图表示几乎每年

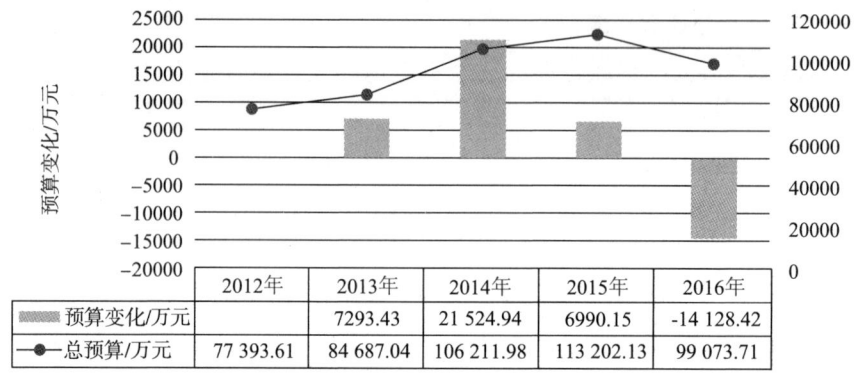

	2012年	2013年	2014年	2015年	2016年
预算变化/万元		7293.43	21 524.94	6990.15	-14 128.42
总预算/万元	77 393.61	84 687.04	106 211.98	113 202.13	99 073.71

图1 中国政法大学 2012 ~ 2016 年度部门预算

(数据整理自中国政法大学财务处:"预算情况公开",载 http://cwc. cupl. edu. cn/cwgk/ysqkgk. htm)

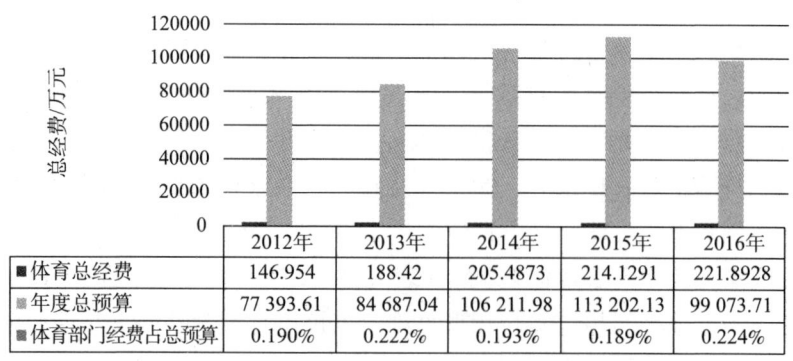

	2012年	2013年	2014年	2015年	2016年
体育总经费	146.954	188.42	205.4873	214.1291	221.8928
年度总预算	77 393.61	84 687.04	106 211.98	113 202.13	99 073.71
体育部门经费占总预算	0.190%	0.222%	0.193%	0.189%	0.224%

图2 中国政法大学 2012 ~ 2016 年体育使用经费

(数据整理自中国政法大学体育教学部:"中国政法大学高水平运动队建设足球项目自评报告",载 http://tyb. cupl. cn/info/1010/1291. htm)

的部门预算都有所增长且 2016 年度部门总预算达 99 073.71 万元，较 2012 年的 77 393.61 万元，近四年共增长 21 680.1 万元。如图 2 所示，在部门预算中体育部门的经费每年也缓慢增长，足见领导对体育教学的大力支持，而且体育部门的经费支出占部门总预算之比虽然较小，但是每年比重都在提高，在 2016 年度已突破 0.2%。

根据图表可以得出结论，高校年度总预算的增加以及体育部门经费支出数额与比重增加，对五人制足球的发展能给予重要的财政支持。

2. 学生体质健康状况的提升空间较大

2012 ~ 2016 年学生体质健康测试的结果显示学生体质健康状况仍有较大提升空间，这为五人制足球教学提供了很好的机遇。具体来说，表 2 测试综合结果等级评价显示可知该校约 50% 的学生体质健康以良好等级为主，仍有约 30% 的学生处于及格等级，优秀仅占 5% 左右。近几年体质健康测试达标率约为 85%，也就是说仍有 15% 的学生体质健康测试不达标。再如表 3 所示，测试结果男生平均分普遍低于女生平均分并低于总体的平均分，虽然从近几年学生总体体测综合结果的平均分显示总分每年都有所提升，但是仍未突破 70 分大关（满分为 100 分），总分还是有所偏低。

根据表格可得出结论，学生体质健康水平仍有较大提升空间，这为发展五人制足球运动提供了机遇。五人制足球通过学生的带球跑动、点球、任意球等训练充分提升自身身体素质，锻炼体魄，同时拉球、急停、颠球、跳跃等动作也能有效提高学生身体的协调性和力量性，强化学生各方面身体系统功能。而且五人制足球运动全面结合了十一人制足球运动的优点，并改善了十一人制足球运动的缺点，为改善学生体质，发展五人制足球运动势在必行。

表 2 《学生体质健康标准》测试综合结果等级评价

年度	总人数	优秀		良好		及格		达标人数	达标率
		人数	比率	人数	比率	人数	比率		
2012 ~ 2013	7808	383	4.90%	4006	51.30%	2256	28.90%	6645	85.10%
2013 ~ 2014	7733	418	5.40%	3805	49.20%	2489	32.20%	6712	86.80%

年度	总人数	优秀		良好		及格		达标人数	达标率
		人数	比率	人数	比率	人数	比率		
2014~2015	7505	390	5.20%	3738	49.80%	2334	31.10%	6462	86.10%
2015~2016	7664	391	5.10%	3840	50.10%	2306	30.10%	6537	85.30%
总计	30 710	1582	5.20%	15389	50.10%	9385	30.60%	26356	85.80%

表3　《学生体质健康标准》测试综合结果平均分统计

年度	男生		女生		总计	
	人数	平均分	人数	平均分	人数	平均分
2012~2013	2712	61.81	5096	69.2	7808	66.51
2013~2014	2670	60.59	5063	67.9	7733	65.25
2014~2015	2697	70.75	4808	74.84	7505	73.37
2015~2016	2678	68.96	4986	74.18	7664	72.42
总计	10 757	65.23	19 953	71.39	30 710	69.2

（表引自中国政法大学体育教学部："中国政法大学高水平运动队建设足球项目自评报告"，载 http://tyb.cupl.edu.cn/info/1010/1291.htm.）

（四）威胁分析

1. 目前我国足球大环境不佳的影响

目前我国足球运动正处于一段低谷期，世界杯、奥运会、亚洲杯等赛事的接连失利使得脆弱的中国球迷备受打击。图3表示2004~2013年近十年国家男子足球队和国家女子足球队的世界排名走势图，2013年男子足球队排名创历史最低，至109名。国家队的成绩下滑侧面影响了学生参与足球运动的积极性。其次是前几年媒体曝光的一系列足球丑闻也使得球迷对中国足球的发展前景倍感绝望，如果缺少球迷对足球的支持，五人制足球运动作为足球运动的衍生品必然受到威胁。另外我国一些足球俱乐部的发展还存在急功近利、不关心球员成长的问题。因此缺少生气的足球大环境也会威胁到五人制足球运动在高校的开展，这是一个不可忽略的因素。

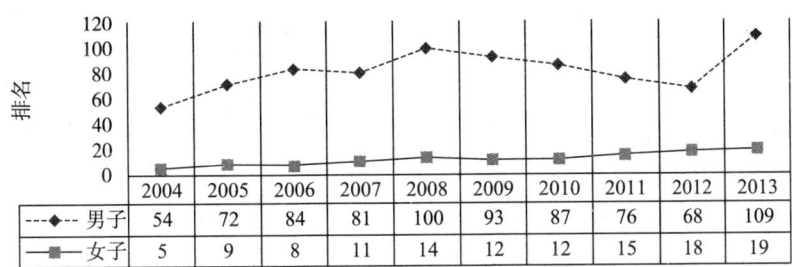

	2004	2005	2006	2007	2008	2009	2010	2011	2012	2013
--◆-- 男子	54	72	84	81	100	93	87	76	68	109
—■— 女子	5	9	8	11	14	12	12	15	18	19

图 3　国家男子足球队和女子足球队近十年世界排名

（图引自"我国高校高水平女子足球运动可持续发展的 SWOT 分析"，江西师范大学，2013 年。）

2. 校内其他体育项目与体育赛事的威胁

中国政法大学成立有篮球协会、乒乓球协会、跆拳道社、网球协会、藤球协会等学生体育社团，每个学期都举办有篮球赛、藤球赛、网球赛等校内联赛，这些社团成立时间大多比足球协会时间早，在赛事举办上具有较高成熟度，赛事规模与水平也高于五人制足球联赛，赛事之间的竞争性对五人制足球运动的发展存在威胁。

另外，学校在体育课程的设置上开设了藤球、跆拳道、定向越野、体育舞蹈等体育项目，这些项目以自身的魅力吸引了大批感兴趣的学生。相较而言，这些项目规则简单、场地器械受限小、比较容易开展教学，一般会成为高校学生体育课的首选。

二、中国政法大学五人制足球发展对策 SWOT 矩阵分析

表 4　中国政法大学五人制足球运动开展的 SWOT 矩阵分析

优势 S（内因）	劣势 W（内因）
1. 优秀的师资与运动员队伍； 2. 校内五人制足球比赛每年开展两次； 3. 五人制足球运动自身特点； 4. 五人制足球运动潜在价值。	1. 足球教学课程设置落后； 2. 学校宣传太少。

机遇 O（外因）	威胁 T（外因）
1. 部门预算每年增加； 2. 学生体质健康状况的提升空间较大。	1. 目前我国足球大环境不好的影响； 2. 校内其他体育项目与体育赛事的威胁。

综合上表中的各种因素对中国政法大学五人制足球运动的开展作 SWOT 矩阵分析。将优势、劣势、机遇、威胁四个方面相结合提出中国政法大学五人制足球运动的开展的四种相应策略，即利用机会发扬自身优势的增长型发展战略 SO、克服自身弱点并利用机会的扭转型战略 WO、利用自身优点规避威胁的多种经营战略 ST 以及减少自身弱点规避威胁的防御型战略 WT。

（一）增长型战略（SO）分析

从该校五人制足球发展的一些优势因素与机遇来看，首先，应该充分发挥五人制足球运动的内在特点与潜在价值，继续推动五人制足球赛事在学校内的开展，并鼓励各院学生参与、体验五人制足球运动；同时长期稳定的赛制有利于各院足球队在五人制足球上的训练频率，提升学生的体质健康状况。其次，随着高校预算与体育部门预算每年增加，该校应充分利用经济优势，充分调动本校师资力量，发挥优秀教师的创造性与主观能动性，建立适合该校五人制足球运动发展的教师培训机制以及一支高素质的五人制足球运动员队伍。

（二）扭转型战略（WO）分析

关于足球课程设置，足球教学是推广五人制足球运动的基础，首先尽可能在学校选修课上开设五人制足球课程，增加足球运动的受众面，给予普通同学尝试的机会；其次是顺应体育教学改革的趋势，在足球课程的授课中引入教学比赛的方式以替代原有传统的"讲授—模仿"教学方式，提高学生的学习积极性、提高五人制足球运动的参与度、完善技术能力；另外考虑到北京地区空气污染状况，利用该校预算建立室内五人制足球场对发展该项目也有较大帮助。

关于学校宣传，首先应加强足球与体育教学部的联合，公布关于校内各种联赛策划与竞赛章程，并对足球协会的工作及时进行指导与总结，从顶层设计层面完善五人制足球运动的框架；其次是利用一部分预算，完善学校网站建设，为五人制足球运动提供宣传媒介，例如设置五人制足球运动专栏，介绍学校足球五人制足球发展史、相关荣誉以及各团队等，提高五人制足球运动在校园内的知名度以及扩大受众面，完善校园足球文化。

（三）多种经营战略（ST）分析

在校内组织的各种体育赛事中，只有篮球、田径、足球（十一人制）等主流运动项目具有较大影响力，诸如五人制足球这一类的新兴体育项目则很少被人关注。为更好开展五人制足球这一年轻运动，多种经营战略要求：首先，足协充分利用每年两次的比赛时间，运用媒体宣传手段，吸引更多的观众与球员，扩大五人制足球运动的影响力；其次，在每年新生运动会与校运动会等时机，体育教学部与足球协会可以组织多种形式的活动，开发五人制足球的趣味项目，扩大五人制足球的校园普及度。只有通过以上措施扬长避短，才能削弱其他体育项目与赛事的威胁，使五人制足球运动取得进一步新发展。

（四）防御型战略（WT）分析

中国武术运动有上千年的历史，但是直至 2009 年 7 月 26 日，国家才举办第一届正式的全国职业武术联赛，武术运动得以在中国重新流行起来。而其他如跆拳道、篮球运动进入中国市场短短几年就发展壮大，可见体育项目的推广离不开机遇。

由此，防御型战略的重心是改善五人制足球运动在该校的生存现状，首先，校足球协会规定了每年 2 场五人制足球比赛任务，这就确保了五人制足球在该校的生存。其次，利用足球协会的办赛契机，充分利用校园媒体，扩大五人制足球的参与人数，提升五人制足球的影响力。

结　论

通过对中国政法大学开展五人制足球运动的 SWOT 综合分析，发现除五人制足球运动自身拥有的运动需求小、运动量适中、普及范围广的特点与潜在的促进学生身心健康价值外，该校还拥有优秀的师资与运动员队伍、校内联赛每年固定开展的优势，对五人制足球运动的发展具有重要作用；但是该校同时也存在足球课程设置落后、教学方法与内容亟需改革、学校对五人制足球运动宣传不足的劣势；面临着目前我国足球大环境不好的影响，校内其他体育项目和赛事的威胁；该校部门预算每年增加以及学生体质健康状况较大的提升空间为五人制足球运动的开展提供了良好的机遇。

因此，为在该校更好开展五人制足球运动，在学校体育方面应积极响应体育教学改革，完善五人制足球课程设置，同时发挥体育教学部与足球协会作用，开展多种形式的五人制足球活动。在体育赛事方面，除定期开展五人制足球赛事外，还应充分利用校园媒体，积极宣传比赛，扩大五人制足球运动的受众面。

参考文献

［1］董峰、高朝阳："足球运动对大学体育精神文化的影响探述"，载《青少年体育》2018 年第 9 期。

［2］李夐乐："新时代校园足球教学改革的思考"，载《大学教育》2018 年第 9 期。

［3］王东辉："新形势下高校足球教学改革及对策"，载《科技经济导刊》2018 年第 24 期。

［4］李锋："基于我国高校足球现存主要问题及改进策略的研究"，载《当代体育科技》2018 年第 24 期。

［5］王海鑫："我国高校足球教学开展困境及其改革对策研究"，载《当代体育科技》2018 年第 23 期。

［6］赵志明："教学比赛在高校足球教学中的应用策略分析"，载《当代体育科技》2018 年第 21 期。

［7］金雄哲："高校足球教研改革对策探究"，载《当代体育科技》2018 年第 20 期。

［8］陈烨青："高校足球文化构建的理性思考"，载《体育科技文献通报》2018 年第 7 期。

［9］刘杰先："高校足球课中开展'五人制足球'的可行性分析"，载《当代体育科技》2018 年第 19 期。

［10］邱礼强、高磊："江西省青少年五人制足球现状 SWOT 分析及对策"，载《当代体育科技》2018 年第 5 期。

［11］陈陆隆："基于 SWOT 视角下的西安市高校五人制足球运动开展现状及对策研究"，西安体育学院 2016 年硕士学位论文。

［12］赵云龙："高校开展五人制足球运动的思考"，《长春中医药大学学报》2016 年第 2 期。

［13］徐媛媛："我国高校高水平女子足球运动可持续发展的 SWOT 分析"，江西师范大学 2013 年硕士学位论文。

［14］李昆："北京市高校五人制足球运动开展现状分析与发展对策研究"，北京体育大学 2011 年硕士学位论文。

［15］中国政法大学体育教学部："中国政法大学高水平运动队建设足球项目自评报告"，载 http://tyb. cupl. edu. cn/info/1010/1291. htm。

［16］中国政法大学财务处："预算情况公开"，载 http://cwc. cupl. edu. cn/cwgk/ysqkgk. htm。

［17］央广网："2015 年北京过半天数空气质量达标　共 46 天重污染"，载 http://news. cnr. cn/native/gd/20160104/t20160104_521016826. shtml。

［18］中国政法大学："我校女足实现全国大学生女子室内五人制足球锦标赛校园组三连冠"，载 http://news. cupl. edu. cn/info/1011/26164. htm。

高校体育课考试评价制度改革与创新研究

李宝庆*

摘要：受传统习惯思维的影响，我们的高校体育考试评价机制长期以来都是援用一贯的做法，即以学生的身体素质和体育竞技能力作为主要考查指标，再辅以课堂出勤表现及体育理论测试等。但学校体育和竞技体育毕竟是不一样的，竞技体育以创造优异成绩或争取竞赛胜利为主要目的，学校体育则以培养学生的体育热情和体育习惯及一定的体育技能为主要目标。显然，以竞技体育的评价机制来确定学生体育成绩的做法是不妥当的。体育课成绩考评机制应改变以身体素质和竞技技能一统天下的局面，而采用多元化的体育考评机制，最大程度地调动学生学习体育的热情与积极性，培养学生终身体育的观念，并使其养成终身锻炼的习惯，从而达到体育教学以兴趣和娱乐为根本。这对于学校体育特别是高校体育而言，不失为一种有益的尝试和新兴的体验。

关键词：学校体育　考试评价机制　体育成绩　终身体育

长期以来，我们的体育考试评价机制都是援用一贯的做法，即以学生的身体素质和体育竞技能力作为主要考查指标，再辅以课堂出勤表现及体育理论测试等。但学校体育和竞技体育毕竟是不一样的，竞技体育以创造优异成绩或争取竞赛胜利为主要目的，学校体育则以培养学生的体育热情和体育习惯及一定的体育技能为主要目标。显然，以竞技体育成绩的评价机制来确定学生体育成绩的做法是不完全妥当的。本文希望通过对现行体育课考试评价

---

* 李宝庆，男，中国政法大学体育部教授。

制度现状与弊端进行分析，并试图对此做出一定的改革与创新，以调动更多同学学习体育、参与体育的积极性和热情。

一、现行体育课考试评价制度的现状与弊端

受传统体育思维习惯的影响，我们的各级学校体育课考核基本是遵循体育技能及身体测试成绩加出勤和课堂表现而定，而出勤和课堂表现除了极个别同学长期不出勤或课堂表现极差以外，大部分同学仍然只能是靠竞技技能和身体素质来最终决定体育成绩。[1]比如我们曾去厦门大学和集美大学进行调研，了解到他们学校对于体育成绩考核的基本做法就是身体素质占 40%，竞技技能占 50%，考勤和课堂表现占 10%。其结果可想而知，学生体育成绩的好坏，几乎完全由其先天禀赋和身体条件来决定，除了少数先天禀赋较好的学生以外，大多数同学特别是以文化课成绩著称的高校学生而言，很难在体育考核中取得较为满意的成绩。[2]这不仅会影响其继续留学、考研等未来走向，更会对其造成极大的心理压力和阴影，从而影响其学习和喜欢体育的积极性与主动性。

现行体育课考试评价制度以学生的身体素质和体育竞技能力作为主要考查指标的做法，主要是沿用了传统竞技体育以人体自身的身体素质和竞技能力决定竞技体育成绩高低的惯性思维，这看似天经地义，没有任何问题，但如果仔细考量，则会发现诸多问题。[3]

---

〔1〕 参见周红律："我校大学生体育成绩不及格现状的调查与分析"，载《体育科研》1994 年第 4 期；王立红、王建军、张晓莹、张德新、赵元祥："我国普通高等院校体育教育效果调查与分析"，载《北京体育大学学报》2005 年第 3 期；段成武、杨玉田："高校学生体育成绩综合评价研究"，载《当代体育科技》2014 年第 1 期；侯高建："初级中学学生体育成绩评价体系的构建"，载《当代体育科技》2014 年第 29 期；张波："高职院校学生体育成绩评价体系的构建"，载《中国成人教育》2014 年第 24 期；陈元福："浅谈影响学生体育成绩的几点因素"，载《青少年体育》2017 年第 1 期等。

〔2〕 当然也有学者提出了相反的观点，但笔者仍然觉得其因采集研究的样本数据过于狭窄而缺乏说服力。参见邹玉艳："大学生体育成绩与文化成绩的相关分析"，载《南昌大学学报（理科版）》1994 年第 1 期。

〔3〕 除本文观点外，尚可参考周红律："我校大学生体育成绩不及格现状的调查与分析"，载《体育科研》1994 年第 4 期；段成武、杨玉田："高校学生体育成绩综合评价研究"，载《当代体育科技》2014 年第 1 期；侯高建："初级中学学生体育成绩评价体系的构建"，载《当代体育科技》2014 年第 29 期；张波："高职院校学生体育成绩评价体系的构建"，载《中国成人教育》2014 年第 24 期；陈元福："浅谈影响学生体育成绩的几点因素"，载《青少年体育》2017 年第 1 期等。

首先，学校体育与竞技体育的目标完全不同。竞技体育以更高、更快、更强为宗旨，比拼的是运动员挑战身体极限的能力，因此竞技体育衡量比赛胜负的唯一标准就是竞赛成绩，除非你违反了竞赛规则。学校教育是以培养德、智、体、美的社会栋梁之材为终极目标，作为学校教育之重要组成部分的学校体育教育不以培养竞技体育人才为目标，而应该以培养学生的体育热情和体育锻炼习惯及一定的体育技能为主，养成终身体育的观念和终身从事体育锻炼的习惯，从而为其作为社会栋梁之材拥有最基本的体格和体能打下良好的基础。因此，作为目标完全不同的两种事物，却采用相同或相似的标准来确定其考核水平，显然是不妥的。

其次，会造成学生体育成绩两极分化，不利于鼓励学生积极进取。以学生身体素质和体育竞技能力作为考核标准，会使先天身体素质好、竞技能力强的学生极易获得高分，而先天身体素质不好、竞技能力不强的学生会分数偏低，造成学生体育成绩两极分化严重。尤其是对自身身体条件不好的同学而言，容易丧失其学习体育的积极性和热情。

再次，不能反映学生勤奋努力的进步程度。如果只是以竞技能力来确定体育成绩，对先天条件差的同学而言，不能充分反映其勤奋努力的程度，这也是导致其容易丧失学习积极性的重要原因。比如对于一个从小就练习轮滑或乒乓球的同学而言，在大学体育课上，可能完全不用上课或努力，考试的技能成绩还是会很高，而对于从小没有练习过的同学来说，其尽管很努力，最后从完全不会到基本可以掌握技术要领，其实进步是很大的，但是和从小就练习的同学相比，则他的技术水平还是远远达不到。如果单以竞技能力定成绩，则先天条件差的同学无论如何努力都拿不到好成绩，既打击其学习的积极性，也会导致同学们在选课时不敢接受和学习新项目。

最后，不利于培养学生养成终身体育的兴趣爱好及习惯。[1]学校体育，尤其是大学体育，绝不仅仅是靠一周两堂体育课教同学们锻炼身体那么简单，况且这几十分钟是达不到锻炼身体的作用的。更重要的是，通过课堂上这几十分钟使同学们懂得终身体育锻炼的重要性，养成体育锻炼的兴趣爱好和习

---

〔1〕 参见〔苏联〕В·А.苏霍姆林斯基，李子卓译："学习兴趣是学生学习活动的重要动力"，载《比较教育研究》1981年第2期。

惯并初步掌握一至两项体育专项技能，以使其未来几十年都喜欢和热爱体育，并知道如何科学地锻炼身体并付诸实践。如果我们的学校体育考核机制让相当一部分同学畏惧体育，那还谈何让其喜欢体育并养成终身体育锻炼的习惯呢？

二、体育课考试成绩分值认定的改进研究

近一二十年来，随着终身体育理念的推广，学校体育特别是高校体育，在体育考核方面做了一些有益的尝试和改革，使得体育课考核制度有所改进。比如笔者所在的中国政法大学即已增加体育理论知识的考核，将体育课出勤与课堂表现具体量化为体育成绩的一部分。这些尝试与改进，确实使得体育课成绩考核一改过去单纯以身体素质和竞技能力一统天下的做法，也得到了学生们的喜爱与肯定。但就现状而言，其改革力度还是不够，不能从根本上解决学校体育，尤其是高校体育教育的弊端。因此，如何继续加大学校体育考核机制的改革，完善体育成绩考核机制，值得我们深入考察和研究。[1]

笔者通过对学生老师的走访调研，并结合教学实践，尝试对体育课考试成绩的认定做一些有益的改进探索。这些改进在一定程度上确实能够解决单一以学生身体素质好坏和体育竞技技能高低决定体育成绩的做法，从而有效提升学生学习体育的热情和兴趣爱好。

（一）尽量降低身体素质分的占比

基于目前国家教委对于学生身体素质考核有专门的认定程序，如果学生没有达标是不能顺利毕业的，因此体育课尤其是专项体育课没有必要再把学生身体素质高低作为体育课成绩考核的重要标准，而应该尽量降低身体素质分在整个体育成绩中的比重。本文建议身体素质占比分最高不能超出10%为

---

[1] 在这方面也有不少学者曾做出过一些有益的探索和改进。参见龚成太、王怀虎："多元智能理论下构建学生体育课成绩评价的探讨"，载《首都体育学院学报》2005年第6期；段成武、杨玉田："高校学生体育成绩综合评价研究"，载《当代体育科技》2014年第1期；侯高建："初级中学学生体育成绩评价体系的构建"，载《当代体育科技》2014年第29期；张波："高职院校学生体育成绩评价体系的构建"，载《中国成人教育》2014年第24期等。

宜。否则如果学生身体素质先天禀赋不是太好的话，不仅仅要担心体能测试过不了关，还会担心每一门体育专项课是否能够及格，则无异于整个体育课程都会是自己的噩梦，哪里还谈得上体育的乐趣所在？可能有的人会说，将身体素质作为体育课的考核中心，就是要求身体素质不好的人多多锻炼身体，从而达到提高身体素质的目的。不错，身体素质确实可以通过体育锻炼得到提高，但这种提高只能是在自身身体条件基础上的提高，对于先天身体条件如肌肉类型、身高体重、弹跳力、爆发力等不同的人来说，你无论如何锻炼，其提高的程度和空间是完全不同的。对于先天条件好的人来说，可能稍加锻炼，就可以有很大的提升空间；而对于先天条件不好的人而言，则无论如何锻炼，其在短期内提高的程度都会很有限。既然国家已经对学生的体能测试成绩做了基本的要求，这就已经足以达到督促同学们积极锻炼的目的，专项体育课再以身体素质作为考核要求不仅是不合理的，还是很不公平的，对身体素质不好的同学来说是很残忍的。因此，体育专项课应该尽力取消身体素质考核，或将其分值降到最低。

（二）大幅提升体育理论知识考核占比

高校体育课成绩中，体育理论知识的考核还是一直都占据着一席之地的，但目前存在的问题一是所占比例偏低，二是考核内容以体育项目的基本知识和技能战术为主。本文以为，大学生作为拥有较高知识的人群，对体育的了解不能仅仅满足于最基本的体育常识，而应该对体育的美具有更高的欣赏水准，这对其养成终身体育的观念及培养终身体育的习惯具有重要的意义。因此，体育课考核，尤其是专项体育课考核中，应该大幅提升体育理论知识的占比，可以考虑提升到20%～30%以上，并且考核的内容应该大量增加体育项目欣赏和体育美学的内容。这对改变以单一身体素质及竞技技能决定体育课成绩的现状和提升同学们对体育课的兴趣都具有很大的作用。

（三）固定并分设出勤率和课堂表现分值

出勤率和课堂表现虽然一直是学校体育课成绩的重要参考值，但由于其"参考性"，所以经常是"参"而不"考"，没有真正起到确定学生体育成绩的有效分值的作用。尤其是课堂表现，往往将其和出勤率相合并考核，所以实际上就基本忽略不计了。为了鼓励认真学习的同学，本文建议应该将出勤率和课堂表现固定并分开设置分值，这样可以有效避免只是参考，而最后则是参而不考了。可以考虑将出勤率和课堂表现分别设置 10% 左右的分值。

（四）增设学习进步程度分值

学习进步的程度，这在过去是从来没有纳入体育课成绩考核的范畴的。在其他学者的相关研究文献中也尚未发现有类似的成绩分值设置。但本文研究认为，将学习进步的程度纳入体育课成绩考核具有很重要的意义。

首先，它有利于鼓励同学们在选课时多选自己不曾学习过或不太擅长的项目。经过中学阶段的基本体育素质教育，大多数同学对基本的跑、跳等体育活动都有了一定的涉足。[1]进入大学后，学校提供的体育教学项目有了更多的扩展，大多数同学其实都非常希望能够选学一些自己未曾涉足过的新项目，以扩大自己的兴趣范围和体育技能。但一个非常现实的问题是，选学新项目，很难在短短一个学期的有限学习中达到较高的竞技技能和水平，从而会较大地影响到自己的体育成绩。而体育成绩的高低又直接会影响到未来评奖学金、考研、出国留学，等等。因此，在现有体育课成绩考核标准下，绝大多数同学最后还是会转而选择自己曾经练习过或比较擅长的项目，遗憾地放弃自己心仪多时的新项目。但如果我们改变目前主要以技能高低作为体育课的评分标准，增加对学习进步程度的考核评分标准，则无疑对鼓励同学们多选新项目学习具有很大的促进作用。

其次，它有利于调动体育先天禀赋不够强的同学学习体育的积极性。前面已经多次述及，对于先天禀赋不够好的同学而言，可能从小体育就是他们的梦魇。但恰恰是这部分同学更需要体育锻炼来增强他们的体质，如何调动他们学习体育的热情和积极性，也正是我们的学校体育教育应该反思的课题。体育的最终本质就是娱乐，无论自身的体育天赋是否足够好，都可以从体育中得到快乐！如果我们的体育教育不仅不能够让受教育者感受到快乐，受教育者得到的反而是失败的沮丧和由衷的恐惧，那我们的体育教育一定是失败

---

〔1〕 大多数学生认为，从小到大历经 12 年的体育课年年都跑步，"体育课＝跑步"，其枯燥与乏味已深入人心。参见胡琪琦："高校公共体育课的成绩分析"，载学术杂志网，www.zhazhi.com/lunwen/jy/tyjy/138581.html，最后访问日期：2018 年 11 月 25 日。

的。而这其中很大的原因是我们的学校体育考核标准出了问题，以竞技体育的考核标准替代学校体育的考核标准，当然会使大多数普通学生承受失败的苦楚。而我们如果以娱乐和兴趣为目标，则大多数学生会从体育锻炼中得到乐趣，因为只要你认真地练习了，你就一定会有所收获，你就一定会在原有基础上得到极大的提高。尽管你可能不管怎样练也达不到较高的竞技水平，但那不会影响你对体育的喜欢，因为你虽然没有可能去竞技比赛中拿到好的名次，但你完全可以在自娱自乐中感受体育的美和获得健康，在自己一点一滴的进步中欣喜若狂。因此，增设体育进步程度分值，对于提高学生尤其是先天禀赋不够高的学生学习体育的积极性和热情具有不可估量的作用。

最后，它还可以作为考核同学们课后练习的重要指标。体育锻炼仅靠体育课上短短的几十分钟是远远不够的，必须在老师课上讲解的基础上进行课后的坚持训练。为了鼓励课后训练，体育课成绩考核应该纳入这一环节，但如何实现这一环节的考核又是一个很难实际操作的问题。而学生掌握体育项目技能的进步程度却可以在较大层面反映其课后练习的频度。

因此，我们强烈建议将学生学习进步的程度纳入体育课考核的重要内容和指标，其分值至少应该占到20%～30%以上，这样才能充分调动同学们学习体育尤其是学习体育新项目的积极性。

三、体育课考试成绩改进的实验效果

从2017年开始，笔者即在所承担的乒乓球、轮滑两大项目共6个班，计200余人的课堂教学中进行了充分的实验。经过两个学期的实验，其实验效果较为理想，基本达到了本文研究预设的标准，同时也得到了同学们的欢迎和喜欢。

（一）改进和提升学生对学习体育的固有认知

学生选课之初，即开展更新固有体育观念的教育，推行快乐体育、终身体育的理念，提升学生学习体育的热情和积极性，打消害怕体育、畏惧体育的不良情绪，使得每个学生都对学习体育充满了信心和期待。通过这种新型体育观念的认知教育，使得大多数同学都明白了学校体育的主要目的和功用即是获得身心的快乐和身体的强健，不仅为本专业学习储备良好的体能，更是为今后的终身体育培养良好的习惯和基本技能；学校体育绝对不是为了培养竞技体育人才，更不是为了体育成绩或分数而存在。由此，同学们能够完全抛弃后顾之忧，明白只要自己足够努力就不用再担心体育成绩会不过关，从而大幅提升对学习体育的积极性和热情，从而建立对体育的极大兴趣。

（二）对体育课考核成绩认定标准进行问卷调查

在提升对体育学习观念认知的基础上，再通过问卷调查了解同学们对体育课考核成绩认定标准的意见和建议，结果大多数同学都认可多元化的体育成绩考核标准比单一以身体素质好坏和竞技能力高低来决定体育成绩更为可取。在这一问卷项下，本课题研究共发放问卷调查表218份，回收有效问卷198份，肯定支持实施多元化体育成绩考核标准的共187份，反对8份，弃权3份，占比高达94.4%。同时，支持扩大理论知识占比，缩小或取消体能测试占比的168份，反对17份，弃权13份，支持率高达84.8%；支持设置学习进步程度分值的163份，反对16份，弃权19份，支持率82.32%；支持分设出勤率和课堂表现分值的156份，反对19份，弃权23份，支持率78.79%。因此，从整个问卷调查结果来看，同学们普遍都是支持体育课成绩改进方案的，少数不支持或弃权的理由也多集中在具体给分标准不好设定等方面，而非彻底反对改革方案本身。

（三）确定体育课考核成绩认定标准

在问卷调查的基础之上，确定了体育课考核成绩认定的构成要素和分值比例。最后整个课程成绩的分值基本确定如下：身体素质10%，理论知识分值20%，运动技能30%，出勤率10%，课堂表现10%，学习进步程度20%。这样的分值比例，既可以较好地体现前面所述的各项目标和意义，也能同时兼顾身体素质和竞技能力因素本身对体育成绩构成的影响。

（四）体育课考核成绩改进后的直接效果

按照这个新改进的方案对体育成绩进行考核以后，实际情况基本能够达到预先设想的效果。

其一，对于原来身体素质强、体育竞技能力高的这部分学生，其实际成绩不会受到太大影响，仍然能够保持在优秀的水平，只是极个别人因为上课认真程度不够，导致出勤率、课堂表现和理论课成绩等偏低从而会影响到整体成绩，但这不正是我们预想中希望达到的吗？对于身体素质好、竞技能力强的同学而言不能仅仅凭借这些天赋好条件就可以获得好成绩了，仍然要更加努力学习才行。

其二，对于大多数原本身体素质和竞技能力处于中游的同学而言，按照新的成绩考核要求，其通过自身努力，体育课成绩和原来相比会有所提高，甚至个别同学还有希望进入到优秀的行列，而这是按传统的考核标准根本不可能的事情。即使对大多数同学而言虽然不能得到优秀，但也可以从原来的六七十分提升到八十分以上，这样的成绩对于他们而言也是相当满意的了，至少评定奖学金、考研、留学等不会因为体育成绩过低而受到影响了。

其三，对于少部分自身身体素质欠佳，竞技能力不强的同学而言，新的评分方案对他们而言是最受欢迎的。按过去的做法，他们往往体育成绩不及格或勉强能够拿到六十分。但按照改进后的考核规则，只要他们能够认真上课，努力训练，最后成绩都可以提升到七十分以上，甚至争取拿到良好的成绩也不再是奢望。比如有不少同学选课之初根本就没有接触过乒乓球和轮滑，身体素质也不够好，但经过一个学期的学习和训练，最后都基本能够掌握乒乓球或轮滑的技术要领了。如果就竞技能力而言可能还是相差甚远，然而作为一项兴趣爱好而言，这足以奠定他今后终身喜爱和从事这项运动了。

综上所述，通过体育课成绩考评机制的改革与创新，改变传统学校教育成绩考核以身体素质和竞技技能一统天下的局面，而采用多元化的体育考评机制，尽最大能力地调动学生学习体育的热情与积极性，培养学生终身体育的观念，并使其养成终身锻炼的习惯，达到体育教学以兴趣和娱乐为根本。这对于学校体育特别是高校体育而言，不失为一种有益的尝试和新兴的体验。本文研究只是在这方面先行进行了一定的尝试和体验，希望能够抛砖引玉，在更大范围内带动此项改革。特别是在确定学生体育成绩的考核评价机制中引进各种数理统计、多元智能理论、关联规则挖掘算法等不同理论体系和测试分析方法将具有更多的研究意义和价值。[1]这也是本文写作的初衷和学界同仁今后努力奋斗的方向！

参考文献

［1］段成武、杨玉田："高校学生体育成绩综合评价研究"，载《当代体育科技》2014 年第 1 期。

［2］陈元福："浅谈影响学生体育成绩的几点因素"，载《青少年体育》2017 年第 1 期。

［3］王晶："基于机器学习的大学体育成绩预测与分析"，载《现代电子技术》2017 年第 17 期。

［4］董潇潇等："关联规则挖掘算法在大学生体育成绩分析中的应用"，载《自动化与仪器仪表》2017 年第 8 期。

［5］侯高建："初级中学学生体育成绩评价体系的构建"，载《当代体育科技》2014 年第 29 期。

［6］张波："高职院校学生体育成绩评价体系的构建"，载《中国成人教育》2014 年第 24 期。

［7］王立红、王建军、张晓莹、张德新、赵元祥："我国普通高等院校体育教育效果调查与分析"，载《北京体育大学学报》2005 年第 3 期。

［8］龚成太、王怀虎："多元智能理论下构建学生体育课成绩评价的探讨"，载《首都体育学院学报》2005 年第 6 期。

［9］邹玉艳："大学生体育成绩与文化成绩的相关分析"，载《南昌大学学报（理科版）》1994 年第 1 期。

［10］周红律："我校大学生体育成绩不及格现状的调查与分析"，载《体育科研》1994 年第 4 期。

---

〔1〕 参见廖开华："运用数理统计制定体育课考核标准"，载《成都体育学院学报》1981 年第 3 期；龚成太、王怀虎："多元智能理论下构建学生体育课成绩评价的探讨"，载《首都体育学院学报》2005 年第 6 期；王晶："基于机器学习的大学体育成绩预测与分析"，载《现代电子技术》2017 年第 17 期；董潇潇等："关联规则挖掘算法在大学生体育成绩分析中的运用"，载《自动化与仪器仪表》2017 年第 8 期等。

［11］廖开华：“运用数理统计制定体育课考核标准”，载《成都体院学报》1981年第3期。

［12］［苏联］B·A.苏霍姆林斯基，李子卓译：“学习兴趣是学生学习活动的重要动力”，载《比较教育研究》1981年第2期。

［13］胡琪琦：“高校公共体育课的成绩分析”，载学术杂志网，https：//www.zhazhi.com/ lunwen/jy/tyjy/138581. html.

"互联网+"视域下高校体育教学的困境与纾解

杨佩琳 *

摘要： 在"互联网+"时代，越来越多的行业、产业和社会组织搭载着移动互联网、云计算、大数据、物联网，纷纷加入到互联网体系之中，实现着从传统模式向新型模式的转型，借此获得更多的发展机会和更高的发展绩效。在这一过程中，将互联网与教育融合在一起，能够在很大程度上改变教育行业的现状，将教育事业推向新的高度。文章以此为视角，运用文献资料法、访谈法等对我国高校体育教育的发展现状进行分析，阐述了"互联网+"对高校体育教学的影响，并讨论了高校体育教学的困境，最后从多个层面给出了困境纾解的路径。

关键词： 互联网+　高校体育教学　教学困境　困境纾解

在"互联网+"时代，不同行业、不同产业之间互相叠加，不同社会组织、不同社会领域之间跨界融合，很大程度上改变了社会发展的范式，对传统思维观念造成了前所未有的冲击[1]。毫无疑问，"互联网+教育"能够在很大程度上改变教育行业的现状，将教育事业推向新的高度。在这一崭新的模式下，传统的教育状况会被改变，教学内容和教学形式都将更加丰富，更

＊ 杨佩琳，中国政法大学法学院 2018 级法律（法学）体育法方向硕士研究生。

〔1〕 参见孟欣欣："移动互联网时代 O2O 营销模式对体育市场的影响研究"，载《吉林体育学院学报》2016 年第 1 期。

能切合时代发展的要求。在传统的互联网教学中，需要搭建网络教学平台，教师借助后台管理将教学资料上传至网络，学生借助客户端进行学习。但是，在"互联网＋"模式下，教学活动更加注重教师和学生的线上、线下互动，借助互联网（尤其是移动互联网）的信息和工具完成教学互动和互助，所使用的工具也以移动终端的智能应用或者即时通信工具（微信、QQ 等）为主，实现即时化、体验化、碎片化的学习[1]。文章以此为视角，在对我国高校体育教育的发展现状进行分析的基础上，阐述了"互联网＋"对高校体育教学的影响，并讨论了高校体育教学的困境，最后从多个层面给出了困境纾解的路径，希望借此为高校体育教学事业的进步贡献可供参考的信息。

一、我国高校体育教育的发展现状

自改革开放之后，我国高校都把体育教学提上了日程，不但将其上升到公共课的范围，并使之成为当代大学生的"必修课"，这在一定程度上提升了体育教学中师生的主体性和积极性。虽然我国高校体育教育不断取得新的成绩，大学生的身体素质也在近年来得到了稳步提升。但不可否认的是，由于教育教学工作的"历史惯性"，高校体育教学工作还延续传统的教学模式，较少有改变，这与大学生对知识的接受范式和心理诉求存在显著差异，主要体现在以下方面：（1）在很多高校中，体育教师的教学方法粗放，强调教学的可达性，只要完成了教学大纲中的既定内容，就算完成了教学任务，而对学生的业余爱好、特长和其他合理需求则并不过问；（2）在一些高校中，体育教学虽然有专业教材，但由于体育的实践性极强，单纯依靠课堂上老师的讲解是难以收到既定效果的。如果缺乏实践，就难以达到理想的教学目标。比如，很多高校开设了网球课程。但是由于缺少实践，很多学生最终只学会了简单的动作要领，对于简单的击球都难以完成，教学效果可想而知；（3）一些高校的体育教学活动在内容选择和形式方面都相对简单，教育教学改革效果不明显。除了一些基本的球类运动与健身操类运动外，较少涉及更多新的

---

[1] 参见任彦军、李大威："互联网＋时代的体育教学新思考"，载《当代体育科技》2015 年第 31 期。

体育教学项目[1]。实际上，体育教学也应该因材施教，否则会阻碍学生个性的发展，也会限制、打消学生的兴趣爱好以及学习的积极性；（4）在对一些高校的体育教学课程进行调查之后发现，有相当比例的大学生认为体育教学课程内容所占的学时较少，难以达到锻炼身体、培养身心的目的，而当体育教学课程难以满足学生的诉求时，就说明体育教学工作已经成为高校人才培养的短板。

二、"互联网＋"对高校体育教学的影响

从分析中发现，目前我国高校的体育教学工作存在一些亟待解决的问题。虽然这些问题的成因是多方面的，但从另一个方面讲，高校体育教学工作需要"与时俱进"，迎合互联网时代的要求，将移动互联网、智能移动终端等融入体育教学工作中，借助"互联网＋"提升教学质量。选择这一策略是由于"互联网＋"已经对高校体育教学产生了十分显著的影响，主要体现在以下方面：

（一）推动体育教育的创新和改革

"互联网＋体育教学"的模式不但能够促进师生之间的学习交流，强化教育主体和教育客体之间的情感交互，还能在参与者之间建立信任和理解，减少体育教学的矛盾，规避体育教学的误区，提升教学质量。[2]更为重要的是，"互联网＋"时代的氛围更加适合体育教育教学的创新和改革。这是因为，基于互联网的新型体育教学关系可以很好地提升教育主体和客体的自主意识，让教师和学生都能够在网络教学实践中最大限度地发挥其积极性、主动性、自觉性、能动性与创造性，而这将极大推进体育教学的创新自觉和改革自觉。[3]此外，基于互联网的体育教学能够为教学双方创造更为广阔的教

---

〔1〕 参见肖亚玲："'互联网＋'视域下的高校体育新格局"，载《广州航海学院学报》2016 年第 1 期。

〔2〕 参见邵晓春："互动式网络教育对体育教学的影响研究"，载《辽宁农业职业技术学院学报》2015 年第 5 期。

〔3〕 参见崔安福："网络教育技术在高校体育教学中的应用"，载《体育研究与教育（研究生论文专刊）》2015 年第 S1 期。

学平台，实现"线上＋线下"（O2O）的"实时＋非实时"相结合的教育教学关系，原有的单向教学关系也向双向互动转变，教学效果会更加显著。

（二）触发大学生个性的发展

对传统课堂教学来说，其模式是以传授程序性知识为主，教与学的界限十分明显，教师对学生的理解十分有限，向学生提供的知识、传递知识的形式也受到多种因素的限制。实际上，自互联网出现，大学生对这一事物的追求就一刻也没有停歇。尤其当移动互联网伴随着即时通讯工具出现之后，他们在面对枯燥的课堂教学时，自然而然地想到了要借助其它平台获取自己想要获得的知识。在这种情况下，"互联网＋体育教学"的模式恰好迎合了大学生的这一诉求。在这类"课堂"上，教师不但可以传播书本知识，还能够借助网络资源将更多的实践知识放到网络平台，让手持智能手机、上网设备的大学生能够"无缝连接"，从中浏览和学习体育知识，并以此指导自己的体育实践。可以说，将体育教学工作和互联网结合在一起，恰到好处地满足了学生们的学习诉求，使其主体地位得以彰显：能够按照自己的偏好、个性和价值取向自由选择适合自己发展的体育信息，这为实现"人的全面发展"创造了一个自由宽松而资源丰富的平台。

（三）拓展体育教学的范围和内容

将互联网资源引入到高校的体育教学活动中，不但能够进行针对性的教学，因材施教、因人施教，还能为大学生提供种类繁多的教学内容，拓展体育教学的范围，让大学生可以按照自身条件自主选择学习方式和学习内容。"互联网＋体育教学"的模式能够在很大程度上突破传统体育教学的瓶颈，打破时空的界限，使课堂教学得到延伸。同时，教师可以将更多的互联网资源与传统教育教学进行结合，在优势互补的过程中，让教学活动更加便捷和高效。[1]此外，由于越来越多的大学生都能够认知和接受"互联网＋"时代的体育教育，因此从中学习到更多知识、增加参与实践的机会成为可能。当然，受体育教学资源的限制，一些高校的体育教学经常捉

---

〔1〕参见王云升："网络教育技术与高校体育教学整合的探索研究"，载《中国教育技术装备》2015年第14期。

襟见肘；融入互联网之后，学校的体育教学规模不但可以进一步扩大，教学成本也会因规模经济的作用而得到显著降低。这是因为，在"互联网＋体育教学"的过程中，大学生能够借助网络资源进行自主学习和实践，自主选择时间、地点进行体育锻炼，这对提升体育教学的针对性、目的性和有效性是大有裨益的。

（四）加强师生之间的互动与交流

在传统体育教学活动中，教学资源的有限性制约了新型教学活动的开展。将互联网融入体育教学之后，不但能够激发大学生的学习兴趣，还能使之获取更多有关体育运动的知识，从而更从容地面对困境，培养其坚韧的品格和高尚的情操。[1]此外，在传统体育教学实践中，教师为了激发学生的学习兴趣，往往以十分功利的姿态展开，而这种行为难以获得持久的动力，当学生产生了学习倦怠之后，就难以进一步自我强化学习兴趣。但是，在"互联网＋"时代，接入互联网的体育教学可以持续激发学生的学习热情。其中的原因在于，与互联网相连的体育教学活动可以有多种新颖的形式，能够激发大学生学习兴趣；同时，这种教学范式能够很好地迎合大学生个性强的特点，能够有针对性地向学生传递其"喜欢"的教学内容，从而显著提升学生的参与度。[2]更为重要的是，"互联网＋体育教学"具有可持续性和动态变化性，大学生可在这一场域中持续地保持对教学内容的关注；当一些教学内容或者教学方法过时之后，会有更多更新颖的教学模式和教学内容呈现在他们面前，使他们能够保持持续不断的学习兴趣，这对培养他们的体育能力与终身体育意识、体育学习能力是有明显帮助的。

三、"互联网＋"视域下高校体育教学的困境与短板

体育教学是高校教育和人才培养不可分割的一部分。尤其在当前时期，

---

〔1〕 参见徐柏杨、杨小帆："移动互联网对学生体育学习影响的研究"，载《浙江体育科学》2015 年第 1 期。

〔2〕 参见姜勇、王东海："移动互联网对高校体育教学影响的研究"，载《南京体育学院学报（自然科学版）》2015 年第 5 期。

大学生更应通过"体魄与人格并重"体育学习，保障在未来社会更好地为社会公众服务，体现更多、更大的社会价值和自我价值。但是，实现这一点不能一蹴而就。由于历史和现实因素的影响，"互联网+"视域下的高校体育教学工作还存在很多困境，比如，信息处理能力和体育教育理念缺位、体育教师的网络素养和网络教育环境建设缺位等，这些短板都需要在"互联网+"时代尽快克服，以便更好地为大学生提供体育教学服务。

（一）信息处理能力缺位

"互联网"时代的体育教学资料库的建设和传统社会中的不同在于需要借助教育教学主体的共同努力，才能打破信息资源的不对称性，保证教学资料的收集和整理能够符合时代发展的要求。在互联网时代，要想将体育教学工作融入其中，需要全面调动教师和学生的积极性，共同参与到信息库和资料库的建设之中。但是，在面对新事物时，教师群体较之于学生群体会更加排斥对教学模式的更改。加之基于"互联网+体育教学"的教学资料库建设需要海量信息，且种类繁多、形式多样，这种"无边界"的体育教学资源形态给习惯了传统体育教学的教师带来了难以想象的压力。

（二）体育教育教学理念缺位

近年来，智能移动设备的普及速度越来越快，加之我国移动互联网的建设水平越来越高，以此为基础的新媒体不断涌现，使得越来越多的大学生成为智能移动终端最大规模的拥有者。[1]他们借此进行信息传播与交流，网络成为他们学习与生活不可或缺的关键组成部分。但另一方面，很多高校体育教师在年龄、个人爱好等多种因素的制约下，其使用智能移动终端、借助互联网络进行学习和工作的比重远低于学生群体。两个群体之间的这种落差势必会影响到"互联网+体育教学"的应用进程。

（三）体育教师的网络素养缺位

"互联网+体育教学"作为一种崭新的教学模式，对教师的网络素养提出了较高要求。参与教学的教师不但要能熟练地使用计算机，基于网络进行文

---

〔1〕 参见孔凡敏、杨乃：："移动互联网时代政府公共信息服务方式展望"，载《中国地质大学学报：社会科学版》2013 年第 S1 期。

件的上传和下载，还应对新媒体环境下的即时通讯工具和移动互联网的相关知识和技能有所掌握，起码达到比大多数学生更为熟练的程度。但现实表明，很多从事体育教学的教师认为这一要求太高了，其中很少有教师能够在短时间内达到。当前，一个基本情况是，很多教师对"互联网＋"时代的特征理解不够透彻，对网络教育技术的认识程度较低，对"互联网＋体育教学"在互联网资源和高校体育教学资源整合的重要性认识不够，在资源整合方面也缺乏必要的动力和技能。[1]可以说，在国内很多高校中，体育教师队伍里可以熟练掌握、应用互联网进行教育教学工作的少之又少，绝大多数只能借助计算机或者手机简单的上网，而要求其借助网络进行教学则十分困难，甚至有些教师会由此产生排斥心理，对"互联网＋"的新模式产生抵触情绪。在这种情况下，如果教师不能主动学习和更新互联网教学的理念，不去主动提升自己的网络教育知识与技能，最终将与学生的学习诉求相脱节，以此为基础进行的教育教学改革和创新也就无从谈起了。

（四）网络教育环境建设缺位

按照教育部的有关要求，高校在人才培养的过程中，需要根据时代发展的要求，不断强化网络教育的硬件和基础设施建设，有条件的学校要开发电子图书馆、数字图书馆，并将这些资源和能力融入高校的体育教育教学实践之中。在"互联网＋"时代，高校的体育教育教学工作除了要按照教育部的要求不断提升其网络教学的层次外，还应在移动互联网络、即时通讯等方面做出更多努力。但是，不可否认的是，在传统教学理念的"惯性"下，很多高校体育教育教学工作并未对网络给予应有的重视，体育教学的信息化水平长期处于低位。可以说，在很多高校中，体育课还一直采用"粗放式"的教学方式，学校层面上对其进行的网络软硬件支持力度十分有限，不但 WIFI 网络受到了教育主体的抵制，宽带网络也未能实现完全通达。这在很大程度上阻碍了优质教学资源的共享和校际资源的融通使用，"互联网＋体育教学"的整合有很大难度。

---

[1] 参见王建民等："影响体育教育专业实践教学资源开发与利用的因素分析"，载《南京体育学院学报：社会科学版》2013 年第 4 期。

四、"互联网+"视域下高校体育教学困境的纾解

在前文的分析中指出，基于"互联网+"时代的高校体育教育教学工作既面临着前所未有的机遇，也遭遇着亟待解决的挑战。而为了纾解以上所提及的各类困境，协助高校体育教学借助互联网走出传统教学的低谷，注重教育范式从静态到动态的转变、教育维度从单向到多向的拓展是必经之路。此外，还应强化体育教学的信息化建设，实现传统理念的更新和跨越，使传统体育教学和互联网体育学习融合在一起（图1）。

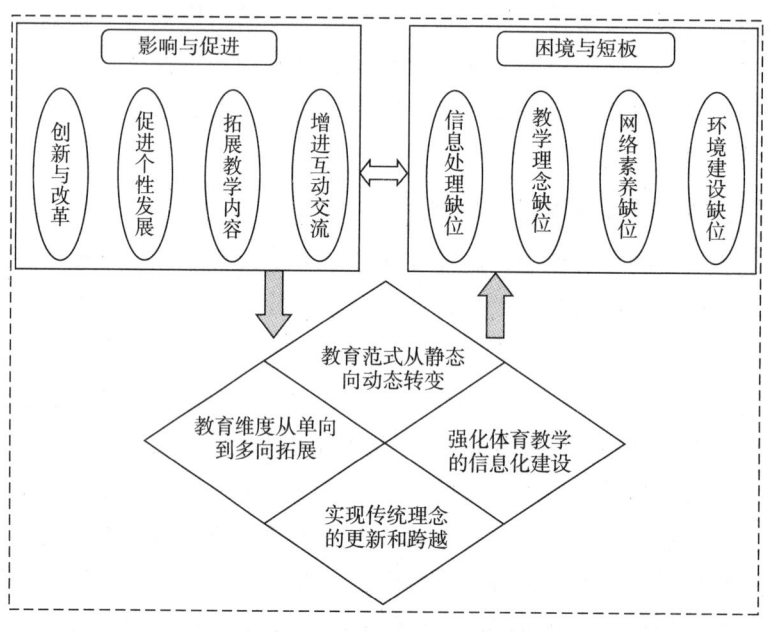

图1 "互联网+"视域下高校体育教学的困境与纾解

（一）教育范式从静态到动态的转变

在"互联网+"时代，无论是教师的教学环境还是学生的学习环境，都得到了极大改善，学习地点更加灵活、学习时间更加自由，"泛学习"和"碎片化学习"为"互联网+体育教学"提供了可行性。在这种情况下，为了适应新的体育教学模式，要求教育范式要完成从静态到动态的转变，使学生可

以打破时空限制去获取知识和信息，利用"碎片化"的时间借助互联网络学习体育技能。这样一来，高校体育教师和学生就能够对教学时间与地点进行灵活掌握。比如，通过在线视频挖掘体育教育的潜在价值，提升体育教学的现场性、实践性和直观性等。

（二）教育维度从单向到多向的拓展

随着"互联网＋"时代的到来，以移动互联网络为代表的各类虚拟网络为高校体育教学搭建了全新平台。在这一平台之上，教师可以借助网络开展各类教学活动，学生也可以针对某些问题和教师一起进行探讨、思考，并寻找解决问题的路径。为了更好地实现这一点，让同一平台的教与学更加顺畅，需要拉伸体育教育教学的维度，使之从单向到多向进行拓展。这样一来，借助互联网的互通互联功能，学生能够针对学习过程中遭遇的问题和困境向其他同学或者教师进行询问，甚至可以跨学科、跨国界地与其他平台上的讨论者进行实时交流，不断扩展解决问题的思路与视角。

（三）强化体育教学的信息化建设

随着"互联网＋"战略的进一步推进，互联网技术在高校体育教学的应用将会越来越深入，范围也会越来越广泛。而这将促进高校体育教育教学的创新和改革实践，为高校体育教学质量的提升提供有效支撑与保障。因此，高校体育教学工作要以前瞻性的眼光进行信息化建设，使之能够更好地适应互联网体育教学的新范式。比如，在体育教学的技术标准方面，依靠传统的教学模式很难让学生达标，但在互联网模式下，就可以借助高校的信息标准化技术对标准化动作进行分解，并借助互联网呈现在学生面前，提升教学效率和效果。

（四）实现传统理念的更新和跨越

在"互联网＋"时代，无论是体育教师还是学生，都应该为了实现传统理念的更新和跨越，通过学习、钻研和实践，感受现代科技成果，尽量弥补自身的意识形态缺陷与思维模式的惰性。为此，在"互联网＋体育教学"的范式里，教师要努力赶上时代发展的步伐，通过实验和实践，制定出让学生喜闻乐见的教学内容，并借助实践教学和"互联网＋"背景下的"虚拟教学"，让这种新的教学模式深入人心，也使学生能够从中获得真知灼见。当然，为了实现这一点，需要寻找互联网与高校体育教学的"接口"，只有找对了"接口"，才能使两者真正融合在一起。

五、结束语

"互联网+"是借助互联网平台与信息通信技术，将互联网与传统行业结合在一起，选择一种新的领域创造出的一种全新的生态。在"互联网+"时代，高校的体育教学工作也应该适时制定"互联网+"的行动规划，将移动互联网、云计算、大数据技术和物联网等融入其中，不断拓展体育教育教学的内容和范畴，提升教育教学质量，提高人才培养的层次，实现"人的全面发展"。当然，将互联网融入高校体育教学工作中，还只是个尝试，无论是在理论支撑还是经验借鉴方面都十分匮乏，需要在后续的实践中，不断发现问题和总结经验，寻找适合高校教育教学工作的全新的模式，更好地促进教育教学效率和效果的提升。

大数据智能分析系统在高校体育教育中的应用

吴文影*

摘要： 随着互联网和手机等智能数字终端的迅猛发展，目前大数据智能分析系统在诸多行业领域发挥着重要作用。高校在体育教学过程中产生了海量信息和数据，可以借助大数据智能分析系统，帮助我们准确把握高校体育教学的特点和方向，指导高校体育教育决策，提升高校体育教育的信息化、科学化水平，有效推动高校体育教育的创新和发展。

关键词： 大数据　智能分析　高校体育教育

大数据（big data），指的是所涉及的数据量规模巨大到无法通过目前传统软件工具，在合理时间内达到撷取、管理、处理、并整理成为帮助企业经营决策更积极目的的信息。[1]大数据泛指在信息爆炸的时代所产生的海量数据，利用对信息的有效分析，从而提高工作效率、提高科学决策、正确预测未来。[2]当前大数据席卷全球众多领域，犹如一个巨大的"风暴眼"正变革着我们的学习、生活、工作、思维等领域。随着各种智能设备包括智能手机、可佩带智能设备等的广泛应用，我们的各种身体及生理数据、位置信息、习惯、兴趣喜好等日常行为的细微变化都成为可被记录乃至进一步分析的海量

---

　*　吴文影，女，1969 年生，中国政法大学环境与资源保护法学硕士，现就职于中国政法大学网络安全和信息化办公室，长期从事高校学生管理和行政管理工作。

〔1〕　参见［英］维克托·迈尔·舍恩伯格（Viktor Mayer-Schönberger）著，周涛译：《大数据时代》，浙江人民出版社 2012 年版。

〔2〕　参见张佳佳："大数据背景下高校体育管理的创新思考"，载《运动》2018 年第 13 期。

数据。2015 年"十三五"规划中大数据战略已经被提出,从国家层面不断推动大数据的应用。随着目前大数据在教育领域的不断推广应用,"智慧校园""智慧教室"等大家已逐步不再陌生。

一、大数据智能分析系统

大数据分为结构化数据和非结构化数据,通过人工录入或各类传感器自动采集。[1]采集的海量数据通过分类筛选、整理处理后整合为数据集合,在各种各样类型的数据中快速获得有价值信息。[2]大数据的存储更需要高性能的计算和分析方法,"云计算"应运而生,云计算是通过网络访问可扩展的、灵活的、可共享的资源池,并按需自助获取和管理这些资源的模式。[3]大数据的核心便是预测。[4]随着大数据的不断推广,我们不再依赖于随机采样,可以分析更多的数据,甚至可以从某个切口入手分析与之相关的所有数据,获取我们所需要的有价值的资料。大数据的推广使我们摆脱了以往耗费人力、时间推演数据资料也不容易获得最真实信息的窘境。大数据平台使我们获得更深的洞察力,为决策的精准化提供支持。大数据为我们提供的海量数据,为数据的进一步挖掘研究、人工智能等科技提供了基础条件。

二、高校建立大数据智能分析系统的必要性

目前互联网和手机等移动数字终端在高校师生中的普及率是相当高的,尤其大学生是使用新媒体包括 QQ、微信、微博等各类社交 APP 最广泛的群体之一,其中记录了学生的大量身体及生理数据、体育活动项目、运动习惯等数据信息。这些数据包含了学生在体育教学、体育活动、学生体能测试等过程中产生的海量信息,比如一些可穿戴设备中的对心率、速度、距离等学生

〔1〕 参见秦晋:"高校体育大数据智能分析系统研究",载《体育科技文献通报》2018 年第 12 期。
〔2〕 参见秦晋:"高校体育大数据智能分析系统研究",载《体育科技文献通报》2018 年第 12 期。
〔3〕 参见秦晋:"高校体育大数据智能分析系统研究",载《体育科技文献通报》2018 年第 12 期。
〔4〕 参见［英］维克托·迈尔·舍恩伯格（Viktor Mayer-Schönberger）著,周涛译:《大数据时代》,浙江人民出版社 2012 年版。

运动情况的监控数据，但目前这些信息大都碎片化地分布、散落在各个群落，很少或几乎没有一个综合功效平台共享这些数据，造成了大量数据资源的浪费。

当今社会，随着新媒体的发展，各类有关体育的项目解说、资讯新闻、广告信息层出不穷，高校学生在接触这些信息时会在学习、选择以及利用方面产生选择困难，甚至出现偏差、误解，需要体育教育者的正确教育和引导，但是学生个体情况差异性导致了教育者无从下手。大数据正是从方方面面收集学生身体及生理状况、舆论关注点等，为高校体育教育者提供可供参考的数据来源，通过数据分析和研究，更加方便教育者根据实际情况变革教学方案、创新教育方法，方便教育者根据个体差异"因材施教"，为高校体育管理者提供教学管理政策、制度等方面可供参考的建议。

近现代历史上我国在数次技术变革中并没有获得先机，甚至是落后的，而在这次大数据变革中，我国与世界的距离可谓最小，需要我们以开放的心态，抓住此次历史机遇。高校是科技研发、创新、实践的前沿阵地，需要我们以足够的勇气抓住这次新变革，创新高校体育管理和高校体育教育。

三、大数据智能分析系统在高校体育教育中的应用

大数据智能分析系统在大量可靠数据的基础上，通过数据存储、数据筛选形成高校大数据"智慧"平台，通过"云计算"服务把信息数据进行整理分析，得出可供高校管理层参考应用的有效数据信息。大数据智能分析系统在高校体育教学中的应用主要体现在高校体育课程、"智慧体育教学"、学生体育活动的智能导向。

（一）高校体育课程智能分析和决策

在大数据时代的发展潮流下，高校的体育教育也在追赶新的发展机遇。大数据智能分析系统在优化课程改革、创新课程教学、引导学生价值观等方面都可以给出智能的分析成果和可行性建议。受新媒体的冲击，高校学生的思想价值观容易受到各种信息价值的影响，增大了价值观扭曲的风险。各类体育新闻报道容易产生误导，例如唯金牌论、体育娱乐化、投机取巧等思想。

在新闻媒体的各类报道推送下，容易产生信息崇拜，尤其对体育明星的崇拜。但是当体育明星出轨门、打假球等各类负面新闻扑面而来，名人的人品和道德在学生心中大打折扣，有时还容易对学生产生误导，学生在意志不坚定的时候容易产生迷茫。

"高校体育大数据智能分析系统"以高校学生为主体，通过收集 APP 后台数据、网页点击和评论等信息数据呈现高校学生的兴趣点、舆论、观点等价值观念，及时准确地为决策者提供下一步引导高校学生价值导向的流量信息。决策者可以通过创新课程教学，利用学生关心的热点信息引入课程教学以达到教学目标，在课程教学以外，可以通过 APP、微信公众号、微信企业号、官方微博等发布文章、文字、图片、表情包、短视频等贴近学生群体的新媒体信息，引导学生回归高校价值导向，弘扬体育教学正能量。

（二）大数据建立"智慧体育教学"

高校体育教育中会产生大量数据，这些数据信息包括高校教师资源、教学活动数据、学校体育馆、运动场地、运动器械使用信息等，如果这些数据可以分门别类集中在大数据"云平台"，就可以分别按照所存储的数据类型选择提供有价值的服务，如有关场地、器械的体育教学管理服务和学生教学运动相关的体育教学课程服务，从而形成大数据管理下的"智慧体育教学"。

（三）学生体育活动的智能导向

高校大数据智能分析系统通过对学生课程出勤率、课程活跃程度、器材损耗程度等数据分析、了解学生的课程喜好、体育项目兴趣，根据这些有价值的数据信息，通过学校专属新媒体订制、推送符合学生个体兴趣的 APP、公众号网文、图片、视频等，引导学生从感兴趣到逐步了解，再到指引学生进行实践活动，达到为高校学生培养至少两个体育项目的兴趣爱好的目标，为受教育者提供受用一生的体育思想教育。

高校新媒体可实现为每位体育教育活动参与者个体建模。高校专属新媒体与个体佩戴设备互通信息数据，收集心律、距离、步数等活动情况的数据，进行对比分析，判断参与者的活动进度、目标量、是否懈怠等体育活动情况，对个体参与者进行一定频次的督促、激励。另外还可以通过海量数据形成学生自身、学生之间、师生之间的兴趣群落，通过运动里程、日常健走步数、运动项目的评比等，以达成一定目标量奖励、MVP 奖励等方式，形成体育教学活动延伸，激发师生参与体育活动的积极性，形成良好的体育文化生态圈，也契合了高校全员德育的教育理念。

四、小结

大数据已经成为一种新的资源。随着大数据浪潮的推进，高校体育的大数据智能分析系统必然会得到更加深入的发展，为高校师生提供更加便利的教育体验和服务，也必将引起高校体育教学的不断创新。

参考文献

［1］［英］维克托·迈尔·舍恩伯格（Viktor Mayer-Schönberger）著，周涛译：《大数据时代》，浙江人民出版社 2012 年版。

［2］张佳佳："大数据背景下高校体育管理的创新思考"，载《运动》2018 年第 13 期。

［3］秦晋："高校体育大数据智能分析系统研究"，载《体育科技文献通报》2018 年第 12 期。

［4］刘玉红、邓永兴："高校体育文化建设的创新路径——基于新媒体的视角"，载《体育科技文献通报》2018 年第 12 期。

开展中国政法大学研究生体育工作的
思考和探索

张永然*

摘要：体育教育作为研究生人才培养的重要组成部分，对促进研究生德智体美劳全面发展具有重要意义。由于历史等因素中国政法大学研究生体育工作已经成为人才培养的短板，对此，笔者提出，要高度重视研究生体育工作开展，积极推进体育进研究生课堂，大力开展群众性体育活动，充分发挥研究生自我教育作用，不断提升中国政法大学研究生体育工作的实效性和针对性。

关键词：研究生　体育工作　探索

习近平总书记在全国教育大会上指出，要培养德智体美劳全面发展的社会主义建设者和接班人，并强调要树立健康第一的教育理念，开齐开足体育课，帮助学生在体育锻炼中享受乐趣、增强体质、健全人格、锤炼意志。研究生教育作为国民教育的顶端和国家创新体系的重要组成部分，其培养的专门型、研究型人才是未来国家的栋梁，具备健康的身心素质是最基本要求。体育运动是促进学生养成健康的身体、具有健康积极的生活态度、充沛的精力和精神面貌的重要途径。

加强研究生体育工作，促进研究生群体身心健康发展，未来能够胜任国家社会和发展需求，已经成为研究生人才培养中不可或缺的部分。

---

* 张永然，男，山东薛城人，汉，研究生工作办公室主任兼学生处副处长、研究生院副院长、法学博士、副教授。

但从当前的研究生整体培养来看，体育课程缺席研究生人才培养的情况已经成为各高校研究生教育教学中普遍现象。据相关调查显示，仅以北京市为例，具有研究生培养资格的高校超过 70% 未开设体育课。研究生体育工作得不到充分重视，研究生培养过程中缺乏强制性的体育考核标准，加之部分研究生缺乏体育锻炼的意识，这对当前研究生人才培养带来不少负面影响，这种情况在中国政法大学当前表现得尤为突出。

据不完全统计，法大研究生群体心理健康问题呈持续上升趋势，研究生群体的抑郁、焦虑症状呈快速上升状态，心理抗压、受挫折能力明显不足，而且各类精神疾病的发病率也呈上升态势，突发事件时有发生，仅 2018 春季学期就有近 10 起转介事件。而另一突出表现就是近年来研究生群体得疑难杂症的情况越来越多，癌症等此类在年轻学生群体少发的重症近两年在法大研究生中屡见不鲜。当然，无论是心理健康问题还是各种重大疾病，都有着源于社会、家庭因素和个人生理等复杂的成因，但是我们确实也从中看到了当前研究生群体堪忧的身心健康状况。

同时，从研究生群体的整体身体素质情况来看，情况也并非乐观。目前笔者虽然未对研究生群体的身体健康素质做整体全面调查，但从日常组织学生活动和学生座谈中得出的结论是，研究生中亚健康状态群体不在少数。以研究生工作办公室组织的奥林匹克公园春季长走为例，报名参加的 40 余名同学在走完五公里后，绝大多数都出现了不同程度劳累，还有个别同学中途放弃。而经过询问才得知，大部分参与同学平时没有定期的体育锻炼，参加长走活动已经属于近期很大量的活动。由此可见，无论是从研究生个人还是群体，身体健康状况确实令人担忧。可见加强研究生的体育工作也是势在必行。

但因为种种原因，法大研究生体育工作的开展确实有诸多困难。体育工作是我们当前研究生人才培养中一个重大短板。

首先，法大研究生体育工作开展设施严重短缺。由于历史原因，我校是两校区办学，研究生培养主要集中在学院路校区，约有 6000 余名研究生就读在 10 公顷左右的校园。由于校区资源有限，体育设施严重短缺，只有两个户外篮球场以及少部分地下羽毛球场和健身器材。校内没有专门的足球场和跑道，学生的日常锻炼很难得到保障。而昌平校区由于路程遥远和资源相对有限，研究生也很难加以利用。笔者在各类学生座谈中，多次听到学生反映学院路校区没有运动场所的意见，提到自己在校内体育锻炼的计划难以实现，只能选择前往土城公园等处，存在着安全隐患。

其次，从当前法大研究生专业特点和培养模式来看，研究生体育工作的开展存在着不小难度。除了我校非常有限的客观条件之外，研究生面临着学业和就业的巨大压力，研一阶段是要上大量的专业课，进行大量的阅读，研二阶段则是忙于各类实习实践以及考证，而毕业季则是论文写作和求职就业的叠加期，学生业余时间确实较少。另外，我校在研究生人才培养方面，也并没涉及体育锻炼相关课程以及相关体质方面的要求。就此，很多研究生缺乏体育锻炼的主动性，很少参加体育锻炼。

另外，部分研究生同学缺乏开展体育锻炼的正确认识和理念。有些同学忽视体育锻炼，认为不需要体育锻炼，采用诸如逛街、听音乐等休闲娱乐的方式就可以保持身体健康。一些同学没有养成良好的生活习惯，如通宵熬夜，饮食不规律等，尤其一些女同学对于科学瘦身健体没有科学的理解，缺乏运动还不合理地节食，这些都给研究生群体的身体健康状况带来了不小的隐患。

从目前来看，学校也充分认识到了体育作为研究生人才培养中重要的环节，已经在努力克服困难，创造条件开展各类研究生体育活动，丰富校园体育文化。尤其在群众体育方面，各部门、各单位积极想办法，大力开展各种活动丰富校园文化。笔者所在研究生工作办公室近年来开展了一系列群众性体育活动，每年春季和秋季学期分两次推出"健康法大·研究生师生趣味运动会"系列活动，运动会选取踢毽子、跳绳子等传统项目，如单摇、双摇、集体跳绳、花式踢毽等，项目灵活多样而且对场地要求比较低。研究生工作办公室还提前向各二级培养单位发放运动器材，组织训练，全面普及，每年参加的研究生师生达到400多人次，受到了广泛好评。研究生工作办公室还组织健康长走、毕业参观、素质拓展等一系列活动引导师生积极参与，关注健康，如在研究生素质拓展课程中，就设立瑜伽、中医养生等课程，让同学们树立科学的理念。团委等相关部门也通过学生组织开展篮球比赛等一系列活动。

而针对学院路校区体育设施严重缺乏的情况，学校也积极协调，和首都体育学院达成合作协议，实现法大师生优惠使用对方体育设施，方便了师生日常锻炼。经过研究生院的协调，首体一些体育课程选修上实现了两校通选。而就在前段时间，相关部门通力配合，学校举办了首届研究生田径运动会，极大地鼓舞了研究生群体参加体育活动的热情。

当然，由于法大研究生体育工作历史欠账多、基础差、底子薄，目前工作虽然有了些成绩，但确实和师生需求仍有着不小差距，和学校目前建设世界一流学科，培养德法兼修的法治高素质人才培养目标更是相去甚远。对此，立足现有实际情况，进一步整合资源，创新方式方法，提升研究生体育工作的实效，为全面提升研究生人才培养提供强有力支持已经成为必然要求。

第一，高度重视研究生体育工作的开展。学校第八次党代会报告中明确指出，加强体育文化建设，用体育观念、体育精神和体育道德塑造健康的身心素质和坚强的意志品质。学校领导、相关部门和学院都应当高度重视研究生体育工作的开展，充分发挥学校体育工作委员会的领导协调统筹作用，完善体制机制，明确目标责任，全面落实第八次党代会精神要求，营造健康向上的校园体育文化，切实加强体育这一研究生人才培养环节的短板，增强研究生的健康身心素质。

第二，积极推进研究生体育进课堂。根据《全国普通高等学校体育课程教学指导纲要》《高等学校体育工作基本标准》中关于"各高校要把体育课程作为学生毕业、评奖、获得学位的必要条件之一纳入到学校课程体系之中。普通高校要对三年级以上学生（包括研究生）开设体育选修课，修课不少于40学时，选修课成绩计入学生学分。每节体育课学生人数原则上不超过30人"等明确要求，在研究生中开设体育选修课，作为通选课程纳入研究生培养方案。当然考虑到学校场地实际情况以及学生的具体需求，在开课形式上可以灵活多样，一是可以采取当前和首都体育学院课程共享的方式，另一种方式就是自设羽毛球、乒乓球、瑜伽等现有场地能够满足的课程，还有可以尝试采取购买服务形式，和有关社会机构合作，解决场地和师资方面的不足。

第三，大力开展研究生群众性体育运动。学校相关部门和各二级培养单位应当积极开展各类体育活动，鼓励引导研究生开展日常体育锻炼。面对学校的当前情况，可以采用跳绳、踢毽子、拔河等传统项目来克服场地限制，采用广泛激励的形式引导研究生走出宿舍，走下网络，走向运动场。另外还可以结合学校信息化建设，采用学生喜闻乐见的形式，推出健步走网络评比等活动。另外，宣传、研工、校医院等部门应当按照《普通高等学校健康教育指导纲要》的要求，通过讲座、宣传等形式在研究生中宣传体育运动和身体健康知识，倡导科学锻炼，健康生活。

第四，充分发挥研究生群体自我教育作用。开展研究生体育工作其宗旨在于塑造研究生的健康身心素质，而其关键就在让研究生形成终身体育的观念、养成健康的自我锻炼体育观，能够找到适合自己锻炼的健康活动的方式方法。[1]因此要注重发挥研究生自我教育作用，如鼓励研究生组织体育类社团，如健走、马拉松等时下较为流行的运动形式，学校可以给予专项经费支持。研究生会、班级、党支部等学生组织也普遍开展篮球比赛、登山等活动，寓教于乐，切实让每个学生都能参与进来。

参考文献

[1] 武玟斌、樊晓婕："高校引进研究生体育课程的可行性分析"，载《当代体育科技》2017 年第 16 期。

[2] 朱静等："研究生体育课'三自主'教学模式发展对策研究"，载《中国学校体育》2014 年第 S2 期。

[3] 李晓甜、董菲："论体育课如何提升研究生健康素质"，载《当代体育科技》2014 年第 1 期。

[4] 李效辉："普通高校硕士研究生体育课程设置现状的调查研究——以北京市普通高校为例"，载《国家教育行政学院学报》2009 年第 5 期。

---

〔1〕 参见翟德忠："硕士研究生开设体育俱乐部式教学的探讨"，载《科教导刊（中间刊）》2013 年第 4 期。

突出对抗性运动课程在高校体育教学中育人教育的意义及实践

——以跆拳道项目为例

贾　涛*

摘要：对抗性项目在普通高校的发展中应当重"道"轻"术"，注重体验性的学习，强调学生在习练过程中自我修养的提高和对正确的运动价值观的培养。在训练方法上应鼓励学生突破现有水平，塑造和完善性格特点为主，在评判方法上要因人而异设定不同的标准，从"身、心、群"三方面进行全面考核。

关键词：跆拳道　体育教育　德育教育

一、前言

跆拳道以技击格斗为基础，以修身养性为核心，以磨练人的意志、振奋人的内在精神气质、培训练习者良好的礼仪及道德为目标。就像所有对抗性项目一样，跆拳道在习练形式上，追求的是最大化的攻击力度和最优化的防守效果，自身对对手的攻击力度越大越有可能帮助自己获胜，对对手的伤害程度越高所得分值也就越高。换言之，跆拳道运动的练习形式就是在鼓励运

---

　　* 贾涛，副教授，2003年毕业于北京体育大学民族传统体育专业，获得硕士学位。同年到中国政法大学工作。在体育教学理论研究、对抗性运动法律问题研究、专项运动技术研究等方面发表过多篇论文。

动员攻击、伤害对手，这似乎与教育的导向功能完全背离了。既然如此，对抗性项目在高校教育中的地位和意义何在？应该如何在高校中开展对抗性运动才符合当代高校教育的目的？运用什么方式教学才会对大学生达到教学目标有更合理、高效、全面的帮助？对于以上三个问题的正确认识将帮助我们认清对抗性运动在高校中的发展动力、发展方向，为此类运动项目的教学提供指导。

二、研究方法

（一）文献资料法（略）

（二）逻辑推理法（略）

三、研究结果

（一）对抗性项目在普通高校教学中应轻"术"，重"道"，注重对大学生德育的培养

对抗性项目中的技术教学是实现高校教育目标的桥梁，而非教学目的。中国社会主义的教育目的在《中华人民共和国宪法》中被明确规定，是"国家培养青年、少年、儿童在品德、智力、体质等方面全面发展"，成为有社会主义觉悟的有文化的劳动者。任何课程的设置和实施都应当体现教育的目的，并以此制定相应的教育方针。教育目的中的"品德、智力、体质"三方面的培养在教学过程中往往是相互联系、不可分割的，但又是相互独立、可以有所侧重的。因此我们在普通高校中开展对抗性项目就应当以增强学生体质为主，而非以提高技能为主。应当突出对学生品德的培养，以技术教学为桥梁，完成对学生品德的教育目的。例如在跆拳道的教学中首先要教会学生"尊重对手"。在本人的跆拳道教学课程中，先要为每位学生确定一位"对手"，让大家对"对手"有一个实际有感性的体验。然后告诉学生，你们两人互为对手，同时又是搭档，在今后的练习和考试中都需要你们两人共同合作才能完成任务。这一教学方法将会产生以下几方面的作用：（1）使学生实际体会到

与"对手"之间既是竞争又是合作的关系。自己所进行的练习和取得的进步只有通过与"对手"努力无私的合作、监督才能达到，从而明白为什么要尊重"对手"。（2）在练习的过程中每个人都会发现"对手"的水平越高，自己的进步就会越快。相应的如果自己由于旷课、懈怠或是先天运动能力较差等原因造成无法跟上"对手"的节奏，就只能从"对手"那里获得更多帮助而无法为"对手"提供对等的帮助，这会对练习者产生更大的压力与动力，使自己感受到练习的紧迫感从而主动增加练习的时间与次数。这就在不知不觉中建立了一种良性的激励机制，这种机制会极大地提高同学的练习热情，帮助学生培养"终身体育"的习惯。（3）在进行教学比赛时，自己战胜的"对手"水平越高，带给自己的喜悦就越大，受关注的程度也就越高。从而明白自己胜利的"含金量"就是对手的运动水平，自己取得的荣誉与"对手"的水平密切相关。这会让每个人明白尊重对手就是在尊重自己的荣誉，就是在尊重自己的胜利。（4）在进行对抗技术的练习过程中，"对手"又会转变为自己的陪练，负责拿靶，模拟攻防动作，甚至挨打。在自己动作不到位时又会担当教练的角色，为自己指出问题所在，因此在这一过程中，练习者也会因感激而尊重"对手"。

通过这一教学方法使学生学会"尊重对手"的同时也就学会了"尊重"。在这个基础之上就可以教学生怎么样表达自己的尊重，也就是跆拳道鞠躬礼的规范和要求。大家由于已经理解了"尊重"的意义，对跆拳道礼节的执行就会水到渠成。这时就可以对学生提出第二个要求："不要局限于课堂的范围，要在日常的学习和生活中对他人表达你的尊重"。尝试引导学生将"鞠躬礼"逐渐运用到其它环境，对其他教师、长辈和需要感谢之人表达自己的尊重。不是仅象征性地问好，而应该发自内心地表达自己的尊重。这会逐渐地帮助学生做到由内而外的自律，提高学生的自我修养。

（二）对抗性项目在普通高校教学中应不回避"对抗"，注重"挫折教育"

所谓耐挫力，是指当个体遇到挫折时，能积极自主地摆脱困境并使其心理和行为免于失常的能力。对抗性项目在这一点上具有特有的优势，我们应当发挥它"对抗"的特点，让大家实际感受到压力、紧张、恐惧、焦虑等情绪，并逐渐适应它们，进而战胜这些负面情绪，提高自身的抗压、抗挫折的能力。例如在本人的跆拳道教学课程中会安排两个内容的比赛，一是品势比赛；二是竞技比赛。具体的教学手段如下：（1）品势比赛参加人员不会局限在本班，还会扩大到全校范围，只在学期即将结束时开展；在比赛开始前会先在班级内进行模拟比赛，学生被随机分成三组，分别担任裁判员、运动员、教练员的角色，相互体验不同角色的技能和压力，如此一来，大家不但对比赛的各个环节有了清楚的了解，对跆拳道品势有了全面的认识，而且还增加了对赛场上不同角色的理解，不会将自己比赛的失利归为裁判员或是其他人的失职，从内心增强了对失败的承受力，有了客观评价胜负、分析"对手"的基础。（2）竞技比赛仅在各个班内进行，并且在一学期教学的中后期都会举行，会严格按照所学内容进行对抗，不得使用教学之外的技术动作，不得击打头部等，会最大限度的保护每位学生的安全。选择竞技内容进行比赛的原因如下：①跆拳道竞技是以腿法为基础的，讲究腿法的变化多样和灵活多端，对人体的柔韧性、大脑反应的灵敏性、身体运动的稳定性都有很高的要求，它是对人体机能和体能的综合考验。学生在比赛过程中需要大声呐喊或发出声音，通过声音激荡肺腑、振奋精神、提高注意力、稳定情绪、增强自信心和胆量。这些声音还可以干扰对方情绪、刺激对方心里、降低对方自信心、使其战术不能正常发挥，为战胜对方创造条件。因此跆拳道竞技不仅仅是体力上的对抗，更重要的是智力上的对抗，以及战术的合理运用。②跆拳道竞技比赛可以增强练习者的意志力、克服困难的勇气、顽强拼搏的精神。尤其是一些性格内向、自信心不足、耐挫力较差的学生通过一段时间的训练会在自信心、耐挫力等方面得到明显的提高。而另外一些性格急躁、易冲动、不善于交往、沉迷于游戏的学生，训练会帮助他们释放多余的心理能量、提高身体素质、改善人际关系、树立正确的人生目标。

（三）对抗性项目在普通高校教学中应注重"合作能力"的培养

受科技发展和社会大环境的影响，人与人的交流量越来越少，不少学生的孤僻、畏缩、羞涩、执拗等心理异常现象越来越多，而且呈增长的态势，因此，教师要强化学生的集体意识，促进同学之间和师生之间的交流，提高学生的集体主义精神，培养学生的合作能力。这需要教师借助专项教学解决两个问题：一是沟通；二是适应。在跆拳道课的教学中，我通常不会直接解答学生的问题，而是鼓励学生先去寻求自己搭档的帮助。例如在品势教学中，学生做动作不到位，不能兼顾手脚，重心偏移等问题非常常见，此时我会安排一组训练来帮助大家在练习的同时解决这些问题，具体方法如下：（1）每人寻找一位同学作为自己的搭档；（2）每组练习5分钟后一人轮换到下一组；（3）5～6组后开始汇总没有解决的问题由老师统一回复。在进行过程中要做到以下要求：①在练习过程中，每组学生每次只能一位学生练习，另一位学生负责纠错；②负责纠错的学生每次只能指出最多两处错误；③每组学生要留至少一分钟相互讨论自己有疑惑的问题。

实际运用的效果证实，最后真正需要老师明确的问题实际上并不多，大多数的问题都已经在循环练习的过程中就已经被解决了。这一方法不但提高了授课的效率，减少了重复解决同一问题的症结，还帮助学生找到了主动解决问题的方法，最重要的是在这一过程中，学生既是帮助者，也是被帮助者，相互之间增进了交流，领会了沟通的重要性。另一方面，不同的学生对同一动作的练习经历不同，沟通的侧重点不同，每人又都需要适应不同的练习风格，使自己的练习更加全面。这一过程对于大学生个体来说，具有极其重要的心理保健功能，也为当代大学生建立良好的人际关系奠定了基础，从而有利于改善人际交往能力，增强社交水平。

四、结论与建议

（一）对抗性项目在普通高校教学中应轻"术"，重"道"，注重对大学生德育的培养

（二）对抗性项目在普通高校教学中应不避讳"对抗"，注重"挫折教育"

（三）对抗性项目在普通高校教学中应注重"合作能力"的培养

参考文献

[1] 陈海等："关于我国普通高校体育课程评价的几点建议"，载《浙江

体育科学》2003 年第 5 期。

　　[2] 薛兴华：“高校体育教学评价的发展现状及改进策略”，载《体育世界（学术版）》2017 年第 6 期。

　　[3] 姚蕾、闻勇：“对我国体育教学评价的理论思考”，载《北京体育大学学报》2002 年第 1 期。

　　[4] 高贺：“高校体育在新教学理念下的教学评价分析”，载《当代体育科技》2017 年第 23 期。

　　[5] 闻兰：“普通高校体育课程评价目的”，载《上海体育学院学报》2007 年第 4 期。

中国政法大学体育法学学科建设刍议

詹小弦[*]

摘要： 习近平同志关于体育的论述，是从国家治理的高度来审视体育的价值，可从体育强国、健康中国、推动体育产业发展、筹办北京冬奥会、冬残奥会予以具体解读；依法治体也是法治思想的应有之义。立足我国实际，重视体育法理论研究，建设完善的体育法学科体系是完善中国特色社会主义法治体系，丰富中国特色社会主义法治内容的现实举措。在新时代体育思想、法治思想的指引下，我校体育法学科建设应当立足当下，综合利用自身特点与优势，整合已有的学科优势资源，设置独立的体育法硕士生培养方案，重视体育法学科师资队伍建设和体育法理论问题的研究，优化教学体系等角度来完善我校体育法学学科建设。

关键词： 体育法治　体育法学　学科建设　培养方案

一、新时代体育思想解读

（一）新时代体育思想的重要性和具体体现

习近平新时代中国特色社会主义思想在十九大被写入党章，习近平新时代中国特色社会主义思想包含了治国理政的各个方面，包括新时代体育思想。十九大报告指出，在新时期，社会的主要矛盾已经转化为人民日益增长的美

---

    * 詹小弦，男，中国政法大学 2017 级宪法学与行政法学硕士研究生。

好生活需求和不平衡发展之间的矛盾。同时体育作为人民追求美好生活的重要形式和手段，在实现中华民族伟大复兴中国梦和全面建成小康社会进程中发挥着越来越重要的作用。

从习近平出席国内外各种会议或活动上有关体育的讲话内容中我们可以归纳出以下几点：他从国家治理的高度来审视体育的价值，以大局观来评判体育发展。例如：习近平主持政治局会议审议通过的《"健康中国 2030" 规划纲要》纳入了体育元素，这是对中国健康观念的巨大改进[1]。习近平把体育强国梦，视为实现中国梦、实现中华民族伟大复兴的不可或缺的有机组成部分。习近平在会见国际奥委会主席巴赫时曾说："中国政府高度重视发展体育事业，重视奥林匹克运动在社会发展中的重要作用，从而实现全面建成小康社会、实现中华民族伟大复兴的伟大战略。"习近平在十九大报告中提出"推动文化事业和文化产业发展。广泛开展全民健身活动，加快推进体育强国建设，筹办好北京冬奥会、冬残奥会"，[2]是新时代体育思想的具体体现。

（二）新时代体育思想的形成过程及功能

体育强国，一方面来自于对自身体育实践的深刻思考，另一方面源于对国家政治实践的成功经验。习近平本身即是一位"体育迷"，儿时喜欢游泳、滑冰，青年时热爱足球，现在也常从事散步、游泳等体育锻炼，且酷爱观看速滑、花样滑冰等竞技运动。[3]除此以外，习近平一贯高度重视体育，多次就体育事业的发展作出重要论述，对体育价值有着自己深刻、独到的见解。2008 年习近平作为分管体育工作的中央领导，全面指挥了北京奥运会的筹办过程，且习近平审时度势，作出了申办 2022 年冬奥会的战略决策，亲自谋划并积极推动了北京的成功申办。[4]

---

[1] 参见丁永亮、杨国庆："习近平总书记关于体育工作重要论述的丰富内涵和主要渊源"，载《北京体育大学学报》2018 年第 10 期。

[2] 人民网：《习近平在中国共产党第十九次全国代表大会上的报告》，载 http://cpc. people. com. cn/n1/2017/1028/c64094－29613660. html，最后访问日期：2017 年 10 月 28 日。

[3] 参见柳鸣毅等："'体育强、中国强'的学理阐述——习近平总书记体育思想初探"，载《武汉体育学院学报》2018 年第 1 期。

[4] 参见胡敏："习近平新时代体育强国思想内涵及高校的任务"，载《体育学刊》2018 年第 4 期。

在新时代体育强国思想的引领下，近年来，中国体育文化事业得到迅速发展，全民健身活动蓬勃发展，体育产业正在崛起。首先，体育不仅是个人休闲娱乐、强健体魄的方式，也是衡量一国是否富强的重要指标。其次，体育发展当以人为本，将满足人民日益增长的对美好生活的需求作为根本价值追求。再者，体育应当协调发展，在传统竞技体育强的基础上，还必须有广泛参与的群众体育和具备相当规模效益的体育产业，实现体育产业、竞技体育、群众体育协调发展。

二、新时代法治思想解读

（一）依法治体是全面依法治国的应有之义

法者，治之端也[1]。全面依法治国，需要在不断深化改革前进的过程中，通过法治和制度的现代化为体育事业发展提供有力保障，全面依法治国作为"四个全面"战略布局的重要一步，要求我们以法治的角度和思维来为经济社会的各方面发展寻求和提供最有效的制度化解决方案。体育的发展也离不开法治，体育法治是发展体育事业的必然要求。诸如，以习近平为核心的党中央做出的一些关于进一步推进体育法治的实践：《国务院关于加快发展体育产业促进体育消费的若干意见》（国发〔2014〕46号），明确提出了："全面清理不利于体育产业发展的有关规定，取消不合理的行政审批事项。""加快推动修订《中华人民共和国体育法》，清理和废除不符合改革要求的法规和制度。"[2]习近平主持、审议通过的《中国足球改革发展总体方案》（国办发〔2015〕11号）提出："完善国家相关法律法规和足球行业规范规则，打牢足球治理的制度基础。"《体育发展"十三五"规划》更是明确指出要"推进依法治体，提升体育法治化水平。"

（二）关注法治理论的引领作用及基础性问题的研究

重视法治理论引领作用，通过对基础性问题的研究，提炼出部门法学发

---

[1] 《荀子·君道篇第十二》中载："法者，治之端也，君子者，法之原也。故有君子，则法虽省，足以遍矣；无君子，则法虽具，失先后之施，不能应事之变，足以乱矣。"

[2] 《国务院关于加快发展体育产业促进体育消费的若干意见》，载 http://tyj. gzlps. gov. cn/zwgk/zcfg/zcjd/201709/t20170928_1537928. html，最后访问日期：2017年09月28日。

展的规律，进一步完善中国特色社会主义法治的体系，丰富中国特色社会主义法治的内容。习近平在视察中国政法大学时曾谈到，缺乏正确的法治理论指引，则很难形成正确的法治实践。高校作为中国法治人才培养的主要阵地，需充分利用人才密集、学科齐全等优势，重视法治和相关领域基础性问题的研究，深入分析对复杂现实，科学总结，提炼规律性认知，为完善中国特色社会主义法治体系、建设社会主义法治国家提供理论支撑。

（三）重视各法学学科体系建设，立足本土实际，兼收并蓄

重视各法学学科体系建设，树立文化自信，从本国实际出发去借鉴吸收世界各地的优秀法治文明成果。习近平在视察中国政法大学时指出，法学学科体系建设对于法治人才培养至关重要。我们有我们的历史文化，有我们的体制机制，有我们的国情，我们的国家治理有其他国家不可比拟的特殊性和复杂性，也有我们自己长期积累的经验和优势，在法学学科体系建设上要有底气、有自信。要以我为主、兼收并蓄、突出特色，深入研究和解决好为谁教、教什么、教给谁、怎样教的问题，努力以中国智慧、中国实践为世界法治文明建设作出贡献。对世界上的优秀法治文明成果，要积极吸收借鉴，也要加以甄别，有选择地吸收和转化，不能囫囵吞枣、照搬照抄。[1]

三、我校体育法学科发展存在的特点

（一）走在前列的体育法学科体系建设

中国政法大学是全国第一所在本科阶段开设体育法学课程的高校，且招收体育法专业的硕士、博士研究生，硕士在宪法学与行政法学专业下设置体育法方向，形成了本、硕、博自下而上的较为完整的学科建设模式，就其学科体系建设而言走在了全国的前列。清华大学法学院在 2018 年才开始在宪法与行政法专业内招收体育法方向的博士研究生。武汉大学虽然于 2009 年在一级博士点下自主设立"体育法学"二级博士点，但其缺乏本科阶段的体育法

---

〔1〕 新华社："习近平在中国政法大学考察"，载 http://www.xinhuanet.com/politics/2017 - 05/03/c_ 1120913310.htm，最后访问日期：2017 年 05 月 03 日。

课程设置。[1] 苏州大学也在近期开设了专门的体育法课程供广大学生选修。我国较多数高校尚未建立起体育法学科体系的主要原因可能包括：由于体育法处于法学的边缘地位，师生在法学核心期刊上发表体育法论文很难，影响评职称与晋升等原因，较少高水平研究学者愿意全身投入体育法研究团体。其次，我国现行的举国体制，竞技体育由体育行政部门主导，重大赛事与运动员被垄断，体育运动商业化程度难以达到理想状态，体育法难以取得突破性的发展。

（二）良好的体育法学科建设资源

首先，我校体育法建设拥有良好的人才资源。一个学科的建设离不开重要的学科带头人及人才队伍，从学科人才队伍来讲，中国政法大学校长、法学院院长、中国足协纪律委员会主任等均是我校体育法学科的人才队伍中的一员。其次，我校体育法建设拥有良好的平台资源。内部构成机制而言，在体育法学研究会中，我校教授人数最多；我校体育法研究中心成立时间较早，且有望成立独立的体育法学研究所。外部条件来看，我校体育法研究中心与2022年冬奥会与冬残奥会组织委员会、国家体育总局政法司、北京市体育局、北京体育大学、首都体育学院、中国足协、中国反兴奋剂中心等保持良好的合作关系，这些合作单位在科研课题、智力支持等方面为我校体育法学科发展提供了较大帮助。国际交往来看，我校体育法研究中心教师多次参与亚洲体育法学会研讨会、世界体育法大会研讨，并作重要发言，加强了中国体育法与国际的交流与合作。

四、体育法学科发展面临的困境

中国体育法学的发展已经取得了一定的成果，关于"体育法"这一术语适用的合理性，体育法是像民法、刑法那样的一个独立学科以及欧美学者关于"体育与法"还是"体育法"的争论等问题，在此处不再予以赘述。在肯定一些基础理论问题和体育法学科的独立性的基础上，从我国和我校两个层

---

[1]　参见高岩："我国高校体育法课程开设现状与分析"，首都体育学院2014年硕士学位论文。

面观察，我们认为体育法学科发展面临的困境包括但不限于：

（一）我国体育法学科发展面临的困境

1. 体育法学派尚不完整

体育法学派并不完整。虽然从目前来看，我国高校法学院从事体育法学研究的学者较多，但还没形成一定规模的体育法学派。当然，一个学派的形成不仅在于学者的数量，也关乎国家政策的影响、学者们对于体育法的热情、研究的深度以及对体育法学的敬业精神。我国体育法要发展成一个独立的学科，需要体育法学者们的不懈努力，以形成完整的、有力的、独立的体育法学派。

2. 体育法学科处于边缘地界

整体而言，体育法学科目前在法学界和体育界仍是处于边缘性的"小学科"。一方面从体育法学科课程设置来看，全国各法学院尚未足够重视体育法，除了中国政法大学在本科阶段开设了体育法课程外，极少数法学院会在本科阶段开设体育法课程，绝大多数体育法课程均在体育院系开设。而在美国，大部分体育法课程均在法学院开设，体育学院的管理专业把《体育法》课程作为必修课。[1]另一方面，从大众对体育本身的重视程度来看，体育不同于人们对衣食住行的需求，人们在解决衣食住行等基本需求后，才将更多关注点放在了教育、文化、卫生等方面，对体育本身的关注度不足，也一定程度上导致了体育法难以发展为法学的主流学科。

3. 体育学人才和法学人才比例不均，学科体系有待完善

从体育法学研究会机构设置来看，一方面中国法学会体育法学研究会总体呈现由中国法学会和国家体育总局指导下开展体育法学研究等相关工作，现任会长由国家体育总局政法司的负责人担任，秘书处也设在国家体育总局。体育行政部门的主导作用明显，这一点与我们的体育法立法很接近。从体育法学人才队伍构成来看，体育院校的学者人数多于法学院校的学者。以参加中国体育法学研究的人员构成来看，来自体育院系的师生比例要大于来自体育行政部门、法律事务、法学院师生等队伍的比例。法律人对体育法学参与

---

〔1〕 参见周青山："法学院系开设体育法学课程探讨"，载《当代教育理论与实践》2012 年第 9 期。

的热情度还不足，体育法学研究当中，法学人才的比例有待提高。

4. 适宜体育法学科发展的环境尚未形成

蓬勃发展的体育活动是体育法繁荣发展的前提条件。虽然随着国务院国发〔2014〕46号文的颁布，提出取消群众性商业性赛事的审批，一些群众性商业性赛事蓬勃发展，体育赛事市场活跃。但诸如体育产业发展不充分，竞技体育仍在举国体制下运行等现实问题，导致了体育活动发展并不充分，职业体育、学校体育和大众体育商业化程度并不高，体育产业也基本以第二产业即制造业为主，第三产业服务业并不发达，因此体育纠纷、体育诉讼等促使体育法发展的客观因素尚不充分，适宜体育法学科发展的环境尚未形成。

5. 立足我国实际的体育法理论体系尚未形成

客观上而言，我国体育法理论基础研究薄弱，目前体育法理论研究，总体较多借鉴和遵循域外国家和地区之经验。但应当引起重视的是，体育法理论基础研究经历了借鉴移植、简单套用的道路后，需要立足本土实际，发掘出我国体育法理论研究中的特色，为体育法接下来进一步研究实践问题提供理论支撑，且对于理论研究的视角应当是从本土出发，走向国际后再回归本土，防止削"我国"之足适"他国"之履。

（二）我校体育法学学科发展面临的困境

1. 科研成果出产率不高

我校体育法学科研成果出产率不高，主要出产成果为学位论文。从招收第一届体育法法律硕士研究生开始，每年大约有12～15名体育法硕士研究生进行体育法学研究与学习。我校体育法硕士研究生分为三年制与两年制，三年制为学术型硕士研究生，按照培养方案的要求，应当侧重于理论研究与学习，为接下来进行深入的理论研究或攻读博士学位做准备。两年制为应用型硕士研究生，侧重于应用性技能的学习。三年制学术型研究生每年招生约1到3名，这部分硕士生，科研出产量较低。而人数相对较多的两年制硕士研究生囿于两年学习时间的压力，科研出产量也不高。总体而言，我校体育法学科研成果主要为学位论文。

2. 体育法硕士生培养方案缺乏独立性

作为培养研究生的主要依据，研究生培养方案是衡量研究生培养质量高低的准绳。在人才培养多元化的大背景下，培养方案的设置要与研究生培养目标相匹配。我校体育法硕士研究生分为三年制与两年制，三年制为学术型硕士研究生，适用学术型研究生培养方案，两年制为应用型硕士研究生，适用专业性硕士研究生培养方案。但鉴于"小学科"等原因，三年制体育法硕士研究生的培养方案适用的是"行政法学方向"的培养方案。培养方案与行政法学一致，但实际研究内容是体育法，培养方案并不独立。体育法学科要想发展成为独立的学科体系，必须建自己的独立的体育法硕士生培养方案。

3. 教学结构不均衡，缺乏独立系统的学科体系

体育法作为一门交叉学科，在教学上应当是理论与实践并重，从理论与实践角度设置完整的独立的学科体系。以中国政法大学体育法学教学为例，目前体育法学的教学较侧重于个点学习，教学上的关注点在于体育概论、体育法的发展、体育法与体育法学等理论领域，虽然这对于刚进入体育法学习的硕士研究生是必要的，但教学中对于实践中较为突出的一些热点问题如体育产业发展、反兴奋剂、赞助冲突、体育社团改革等，讨论的则相对较少，导致了理论与实践教学的不均衡。教学课程主要设置在一年级，且授课老师均以法学院教师为主，校外实务专家、律师参与授课较少，课程设置系统化不足。

五、美国体育法学学科发展历程及镜鉴

美国作为体育高度发达、高度商业化的国家，其体育法的发展历程也并非一帆风顺。美国体育法发展得较早，但体育法直到 19 世纪 70 年代末，美国法学院才开始由全职教师为学生开设体育法课程。[1]伴随着媒体等介入美国的职业体育、体育的商业化程度不断提高，职业体育、学校体育、大众体育等发展迅速，体育领域中的纠纷、诉讼增多，涉及问题复杂，体育的发展对体育法人才提出了需求。[2]且体育涉案标的额较高，激发了律师、法学院

---

〔1〕 National Sports Law Institute, Survey of American Law Schools——Teaching of Sports Law, (2003).
〔2〕 参见韩勇："美国体育法学发展及对中国的启示"，载《体育与科学》2015 年第 3 期。

师生等体育法人才对体育领域的热情，客观上推动了美国法学院开设体育法课程，加快体育法学学科建设的进程，体育法学逐渐发展并繁荣起来。

六、中国政法大学体育法学学科建设路径

（一）发挥新时代体育强国思想、法治思想引领作用，完善体育法学学科建设

完善体育法学学科建设的过程，是对一个学科的逐渐优化、对体育法研究科研理论充实的过程，这也会为体育法领域立法、执法等提供科学而充实的理论支撑，形成相互促进的良性循环。因此，完善体育法学学科建设就是为了更好地依法治体、依法治国，是践行依法治国理念的一大体现。习近平总书记视察我校时曾指出："重视法治理论引领作用，通过对基础性问题的研究，提炼出部门法学发展的规律，完善中国特色社会主义法治体系，丰富中国特色社会主义法治内容。"结合习近平对体育强国、健康中国的论述，我们认为，我校应当完善体育法学学科建设，践行依法治体思想。发挥习近平体育思想、法治思想引领作用，综合利用我校体育法人才队伍相对密集、法学学科设置齐全等优势，重视对体育法理论问题、基础性问题研究，为《中华人民共和国体育法》（以下简称《体育法》）修订、体育产业发展、全民健身的推广、体育强国的实现贡献智力。

（二）分类培养，设置独立的体育法学硕士培养方案

我校体育法学硕士研究生招生有一定规模，可按一级学科对全日制体育法硕士研究生实施分类培养，并分别制定学术型与应用型培养方案，提高对三年制学术型体育法硕士研究生的科研成果要求。课程结构设置方面，对于学术型硕士生（即三年体育法硕士研究生）应适当增加体育法基础理论课程的比重，重视对其科研创新能力的培养，在学位论文要求方面，要求三年制学术型体育法硕士研究生的论文具有一定的理论深度与难度，为接下来进行学术研究或攻读博士学位做准备；而应用型（即两年体育法硕士研究生）课程应当以实际应用为导向，有条件地聘请体育法实务专家，增加教学实践环节，学位论文侧重考查其对实践案例的分析、解决能力。

三年制学术型体育法硕士研究生因其学制较长，在独立的培养方案的基础上，应当将重心放在体育法学的研究当中。鉴于体育法正处于发展成长的客观现实，体育法领域存在较多待解决、待研究的问题，对于三年学术型研究生适当增加其科研压力。

（三）专注师资队伍建设，立足实际，注重体育法理论问题的研究

加强体育法师资队伍建设是我校体育法学学科建设的重点环节，应当吸纳更多从事体育法研究的教师和研究人员。一方面，加快成立我校体育法研究所，从而从我校其他学科吸纳对体育法保有充分热情的学者加入体育法研究队伍当中。另一方面，充分利用我校自身优势，可以考虑从其他法学院校、体育院校吸纳更多有影响力的体育法研究人员进入到我校体育法研究队伍当中。其次，我国体育法发展仍然面临较多理论问题待解决，诸如1995年颁布施行的《体育法》面临重大修改，竞技体育是否需去行政化，体育产业的法治保障，中国体育仲裁制度的建立，反兴奋剂领域的人权保障等，均需要体育法基础理论提供支持。目前的研究能够为实践中出现的事例提供解决方案，但基本制度面临修改或重建的时候，理论研究的重要性不言而喻。且这些理论问题不能仅仅靠"拿来主义"，我国"举国体制"的国情与全民对体育项目的看法与外国不太一致，面临的实际问题也就不同，我国的体育法研究应当从体育领域现实的纠纷与问题中，归纳与构建出属于我国体育法学学科特有的规律及理论体系。

（四）优化体育法教学体系，编写统一的体育法教材

从三年制与两年制体育法硕士生分开教学、体育法理论与实践分开教学两方面优化体育法教学体系。一方面，对三年制与两年制体育法硕士研究生实行分类教学，对于三年制学术型体育法硕士研究生重视体育法理论问题的教学，采用分学年制的教学模式，第一年侧重于体育法基础理论的教学，第二年进行诸如具体个案的实践教学模式。同时鼓励三年制体育法硕士研究生充分利用第二学年发表学术论文。而两年制的体育法硕士研究生则在第一年的课程包含进体育法理论与实践课程，第二年鼓励两年制体育法硕士生参加实践。另一方面，编写统一的体育法教材，特别是针对本科生阶段的体育法教学，统一的教学教材对于本科生阶段的通识教育具有非常重要的作用。虽然目前对于体育法诸多概念性的问题存在较大争议，但不影响我校老师搁置争议，以主流学派抑或是我校体育法教学队伍对一些概念性问题持有的观点整理成书，编制统一的教学教材，适用于本科教学或刚进入体育法领域研究的师生，通过对体育法基础领域的认识，为接下来深入研究体育法具体问题打下基础。

体育运动与国家认同问题的
理论展开和中国语境[*]

王理万[**]

摘要： 现代体育运动和国家认同都是在民族国家产生之后才逐步发展起来的，国家通过体育运动建构、维系和强化国家认同。在当今世界，体育全球化、去政治化和对象离散化对国家认同形成挑战，需要将体育运动和国家认同的关系放置在时间、空间、政治和对象的四维视角下，确认体育运动对国家认同的重要作用。在现实中，体育运动和国家认同存在深度契合，形成了在体育领域的合法性认同、拒斥性认同和计划性认同。体育民族主义可能导致极端性和不可控的后果，甚至走向国家认同的反面，需要善加管控。中国的多重历史定位和政治特点决定了体育在国家议程中的重要位置，也决定了体育运动和国家认同之间的深度关联。新中国体育运动和国家整体战略紧密契合，服务于国家整体目标的实现。在新时代，通过体育运动巩固国家认同，需要在"五个认同"的框架内展开，在观念、制度和行动层面上通过体育运动树立正确的国家观、民族观、文化观、政党观和制度观。

关键词： 体育运动　国家认同　体育民族主义　"五个认同"

---

* 本文曾发表于《上海体育学院学报》2019年第3期。基金项目：国家社科基金一般项目"新时代体育和港澳居民国家认同建构路径研究"（18BTY012）；国家社科基金重大委托项目"创新发展中国特色社会主义法治理论体系研究"（17@ZH014）。

** 作者简介：王理万，男，山东郓城人，中国政法大学人权研究院讲师，法学博士。

体育运动在建构、维系和强化国家认同的过程中发挥重要作用，成为现代国家倚重的政治统合和吸纳机制。然而作为学术命题，体育运动和国家认同的关系在晚近才获得重视。1945 年 12 月，英国作家乔治·奥威尔（George Orwell）在评论苏联和英国足球赛时，首次指出竞争性体育赛事的政治意涵，"国际体育比赛是对战争的直白模仿，其中最重要的并非参赛者的行为，而是观众的态度，以及观众背后代表的整个国家"〔1〕——这是关于体育和政治关系的最早论述，隐含了体育和国家认同的问题意识，但尚未明确使用国家认同的概念。20 世纪 80 年代以后，西方学术界才开始重视体育运动在建构国家认同、巩固民族主义、去殖民化等议题中的特殊地位，把体育运动放置在认同政治（Identity Politics）的语境下，赋予其新的政治意义。〔2〕

在我国学术界，体育运动和国家认同的关系经历了"从自在到自觉"的过程。在现实中，体育运动在争取国家荣誉、维护国家利益、凝聚民族精神、激发爱国热情等方面持续发挥着关键作用，但是作为学术命题却是非常新颖的。学者们普遍认识到"优秀竞赛成绩能够集中展示综合国力和民族优越性，最有利于唤起民族情绪，提振民族自信心与凝聚力"。〔3〕目前学术界对中国近代以来的体育民族主义的发展、媒介体育与国家认同的建构、体育与文化认同等问题进行了研究，但是关于体育运动和国家认同的理论研究尚未完全展开，以下问题有待系统解答：①作为体育政治化的一种特殊形态，为何体育运动和国家认同的关系直到晚近才被重视起来，如何厘清二者的理论连接和内在逻辑；②体育运动和国家认同在实践中如何互动，二者存在哪些契合之处和互动形态，体育民族主义是否存在负面作用；③如何在中国语境中定位体育运动对于国家认同的作用。本文基于以上问题意识，全面梳理体育运动和国家认同的理论脉络，并结合中国国情，讨论体育运动对强化国家认同的具体路径。

---

〔1〕 参见 George Orwell, The Sporting Spirit Tribune, December 1945.

〔2〕 参见 John Hargreaves, *Freedom for Catalonia?: Catalan Nationalism, Spanish Identity and the Barcelona Olympic Games*, Cambridge: Cambridge University Press, 2000, p. 3.

〔3〕 参见孙睿诒、陶双宾："身体的征用———项关于体育与现代性的研究"，载《社会学研究》2012 年第 6 期。

一、体育运动和国家认同的理论框架

中西方在研究体育运动和国家认同关系问题时，本尼迪克·安德森（Benedict Anderson）的"想象的共同体"理论和艾瑞克·霍布斯鲍姆（Eric Hobsbawm）的"传统的发明"理论被反复引述——这两种理论都揭示了国家认同的主观性和可塑性，国家和民众共同参与和塑造了国家意识和政治认同。有学者提出，由于多数体育运动具有竞争性、超语言性（Supra-linguistic）和平民性的特征，使其成为表达群体性身份（Group Identities）的最好媒介，体育运动能够使人们秉持"他们作为一个整体"的信念，这构成了安德森语境中的"想象的共同体"。[1]霍布斯鲍姆进一步提出，包括体育运动在内那些看似古老的传统，其实都是当代的人为制造。[2]在现实中，多数国家也在有意或者无意地确立能够体现自身传统和特质的体育运动，并使之成为国家认同和公众参与的载体。

需要指出的是，"想象的共同体"和"传统的发明"等理论，仅能为理解体育运动和国家认同的关系提供背景知识，但并非完整的理论框架。系统解释二者的关系，需要把它们放置在时间、空间、政治和对象的四维视角下：①在时间维度上，需要区分现代体育和古典体育，才能解释二者的深层关系；②在空间维度上，全球化构成了当下论证体育运动和国家认同关系的空间背景；③在政治维度上，体育运动具有多层面的政治功能，存在不同的体育运动的政治话语；④在对象维度上，体育能够把现代社会日趋"原子化"的个体，塑造出共同的集体记忆和政治认同。

（一）体育运动和国家认同的时间框架

在体育运动史和政治思想史中，"体育古代起源说"和"体育近代起源说"长期对峙，我们可以据此粗略区分为"古典体育"和"现代体育"两种

---

〔1〕 参见 Adrian Smith, Dilwyn Porter, *Sport and National Identity in the Post-War World*, London: Routledge, 2004, p. 13.

〔2〕 参见［英］E. 霍布斯鲍姆、T. 兰杰编，顾杭、庞冠群译：《传统的发明》，译林出版社 2008 年版。

基本类型。[1]它们的本质区别并不在于形式（多数现代体育都可以寻找到古代的雏形），而在于对身体的"政治启蒙"。在古典时期，基于希腊哲学和基督教传统，形成了身体与精神的"二分法"，身体仅仅被视作精神的载体，"身体遭到贬抑，有关身体的论说更多地是为了证明精神的存在"。[2]甚至在马克斯·韦伯关于新教伦理的论述中，还认为无节制的体育运动违背了清教的"禁欲原则"。[3]但是在现代性的语境下，身体与精神不再处于对立和屈从的状态，身体的独立价值得以凸显，身体的偏好也得到认可和尊重。由此，现代体育获得了独立的价值空间，并被作为"工具理性"（Instrumental Ratonality）发挥其特殊功能。

更为重要的是，现代体育还意味着国家对于身体的规划和控制。体育成为国家实现特定政治、经济和文化目标的手段。国家对于体育的管理，一方面表现为对身体暴力的控制，确认或建立起一套体育规则，积极介入民众的身体规训，并抑制其中的暴力因素。正如诺贝特·埃利亚斯（Norbert Elias）所指出的，古典体育虽然也认可人的价值，但是却放任身体暴力，"在比赛活动中对身体暴力的容忍程度也高于我们，为了取悦观众，他们反感人们互相伤害甚至残杀的程度相应地比我们的要低"。[4]另一方面，由于现代国家普遍面临着国家建构（National Construction）的任务，体育被广泛运用于塑造国家认同。特别是前殖民地国家、新型社会制度国家、多民族（多种族）国家和发展中国家，亟需一种常态化、竞争性、仪式性和团体性的活动，用来激发和维持国家认同。现代体育运动恰恰满足了上述标准，因而被纳入国家议程，用来改造民众的身体、强化民众对国家的归属感和忠诚感。

（二）体育运动和国家认同的空间框架

全球化成为当下讨论体育运动和国家认同的空间背景。正是由于全球化

---

〔1〕 参见高强："西方体育起源之争与身体维度解析"，载《体育学刊》2010年第12期。

〔2〕 参见孙睿诒、陶双宾："身体的征用——一项关于体育与现代性的研究"，载《社会学研究》2012年第6期。

〔3〕 参见〔德〕马克斯·韦伯著，于晓、陈维纲等译：《新教伦理与资本主义精神》，三联书店1987年版，第130~131页。

〔4〕 参见〔德〕诺贝特·埃利亚斯著，刘佳林译：《论文明、权力与知识：诺贝特·埃利亚斯文选》，南京大学出版社2005年版，第157页。

的强势展开，并经现代媒体技术和全球性体育产业链条，形成了西方主导的体育全球化。这种趋势在正反两方面对国家认同形成影响。一方面，奥运会、足球世界杯等国际体育赛事，为近代以来国际法所倡导的"主权平等"理念提供了现实印证，这有利于形成国家认同。"世界杯和奥运会为所有国家（更重要的是为小国），提供了一个平等竞技的平台，这是包括联合国在内的其它政治或者文化组织无法比拟的价值。"[1]事实上，国际体育比赛体现的主权平等、永久和平、公平竞争、规则透明的"国际政治乌托邦"，满足了人们对于全球化的期待和想象。也正是由于现实中无法实现真正意义上的主权平等，国际体育赛事的公开性和平等性才显得弥足珍贵，"人们更愿意承认一个想象空间的存在，这个空间中，中小国家对大国的体育胜利唤起人们对乌托邦式的世界新秩序的想象"。[2]在这层意义上，体育全球化支撑起以主权国家为单位的国际体育竞争，从而强化了国家认同。

另一方面，体育全球化也带来了"识别障碍"——国家认同建立在对其所属国家清晰且明确的识别基础上，但是体育全球化可能造成在国家认同上的困境。①体育移民（归化运动员）成为当代国际体育界的普遍现象。"从短期看有助于快速提高成绩、鼓舞人心、凝聚支持；从长远看，归化运动员对国内同行的教、传、帮、带作用亦不能忽视。"[3]但是在国家认同问题上，若多数民众无法接受不同渊源的运动员代表国家出战，则无法达成国家认同的效果。②在足球、篮球、冰球等运动中的"无国界运动员"，对传统的"体育无国界，运动员有祖国"的认识形成冲击。③一些新兴的体育赛事，逸出了以主权国家为单位的竞争机制。比如"一级方程式赛车"（F1）就主要是由汽车厂商参与，与传统意义上的"国家队"有明显差别。即便是有悠久历史的美洲杯帆船赛（America's Cup）也越来越呈现国际化的趋势。[4]④地区一

---

〔1〕 Alan Tomlinson, Christopher Young, *National Identity and Global Sports Events: Culture, Politics, and Spectacle in the Olympics and the Football World Cup*, New York: State University of New York Press, 2006, P. 2.

〔2〕 参见马祥房等："奥林匹克全球化时代的体育民族主义"，载《天津体育学院学报》2007 年第 5 期。

〔3〕 参见黄鑫、胡锦光："论我国归化外籍运动员的法律困境及出路"，载《武汉体育学院学报》2016 年第 3 期。

〔4〕 参见李丹："跨国界的体育运动和国家认同分析"，载《体育文化导刊》2014 年第 12 期。

体化组织的建立，民族国家向地区性国际组织让渡部分权力。民众（特别是精英分子）也开始形成对某些地区性国际组织的认同，这与传统的国家认同构成了此消彼长的关系。比如欧盟组织的泛欧洲运动会、欧洲奥运代表队，欧盟赞助的欧洲游泳俱乐部赛等赛事，成为欧洲性质的比赛。[1] 这表明体育的全球化趋势，已经从心理和制度上对国家认同形成了挑战。尽管如此，体育全球化趋势还远远没有达到消解主权观念、突破国家壁垒的程度。在可预见的时期内，体育运动仍将持续强化国家认同。

（三）体育运动和国家认同的政治框架

在研究体育运动和国家认同的关系问题时，难以回避"体育政治化"的问题。诚如上文所述，现代体育区别于古典体育的重要特征就是国家对体育运动的介入和控制，或者说现代国家的体育运动本身就包含了政治目标。在现实中，体育运动的政治目标是多元的，包括提升公民健康水平、维持良好社会秩序、巩固国家认同、实现社会动员等。学者对此指出，国家介入体育的时间非常晚，早期体育运动对于国家是非常边缘化的利益（Marginal Interest），但是随着体育运动价值的突显，国家开始介入体育运动。[2]

具体而言，体育政治化的话语体系可以划分为三种类型。第一种是体育的阶级话语，即把体育和阶层身份、社会地位与经济基础联系起来。有些体育运动被视为贵族或者精英阶层的运动，有些运动得到中产阶级的青睐，还有些体育运动主要流行于劳工阶层。有学者指出，足球之所以在巴西以及其它拉丁美洲和非洲国家如此流行，很重要的原因就是足球运动不需要特殊的装备和服装。[3] 第二种是体育的国族话语，这与建构国家认同有直接关系。在相关研究中，"体育民族主义"（Sportive Nationalism）已经成为专用词汇，显示了国族话语的强势地位。第三种是体育的国际话语，就是从全球化的角度思考体育运动的整体发展。现有的国际体育赛事、国际体育组织、国际体育标准为这种话语提供了现实基础。上述三种话语之间存在一定的张力，比

---

〔1〕 参见刘桂海："体育政治化：一个'场域'的理解"，载《体育学刊》2015 年第 6 期。

〔2〕 参见 Barrie Houlihan, *Sport, Policy and Politics: A Comparative Analysis*, London: Routledge, 1997, pp. 61 ~ 66.

〔3〕 参见 Sergio Pereira, "National Identity and the World Cup", www.tmcorp.com.

如阶级话语就一定程度对冲了国族话语，彰显了国家内部的利益分殊；国际话语也会对国族话语形成稀释，即用人类利益、永久和平、责任连带等充满"政治正确"的词汇冲击体育民族主义。尽管如此，国族话语的主流地位仍然难以撼动，主权国家之间的体育竞争仍将是常态和频仍的。

（四）体育运动和国家认同的对象框架

体育运动和国家认同的关系，最终需要落实到参与对象（受众）问题上，即追问"谁的体育运动，何种国家认同"。该问题的答案也是显而易见的——现代国家应该动员尽量多的公民参与体育运动，为公民行使体育权利提供制度保障，才能形成以公民为主体的国家认同。不过，公民的政治冷漠（Political Apathy）已经成为常态。在公民和国家之间横亘着选举制度、官僚体制、利益集团等参与屏障，使公民感觉与国家愈发疏离，缺乏政治上的存在感、参与感和支配感，削弱了国家赖以存在的认同基础。体育运动恰恰在政治冷漠的总体背景下，架起了联结公共与私人的纽带。学者对此指出，"国家性体育运动扮演了共同体（community）的角色，把社会中的公民个体编织起来——这样的体育项目在各国都有，比如加拿大的冰球、新西兰的英式橄榄球、印度的板球、中国的乒乓球、美国的美式足球等，每个国家都有自身独特的运动项目"。[1]

体育在联结公共和私人领域、克服政治冷漠、维系国家认同方面，有其固有的界限。在现代国家中，国家不能强迫公民参与或者支持某项体育运动，只能通过舆论引导、政治动员和软性激励的方式，推广某项体育运动。特别是舆论引导对于公民树立国家认同具有至关重要的作用。体育运动固然可以激发民族主义和国家认同，但是若缺少媒体作为中介，其效果也肯定大打折扣。更为关键的是，通过媒体的舆论动员和报道技巧，能够成功建构起关于特定体育人物的"英雄形象"——这类报道兼顾私人（娱乐性）和公共（政治性）的需求，契合了体育运动和国家认同的内在关系。但是，随着媒体深入介入体育运动，也可能产生过度商业化的后果。"媒体已经把体育变成了全球性的超大生意，报道时间、纸媒版面、体育明星、运动队及其观众都被纳

---

〔1〕 Kari L. Jaksa, "Sports and Collective Identity: The Effects of Athletics on National Unity", *SAIS Review of International Affairs*, 31（2001）, pp. 39~41.

入其中，呈现出严重的金钱化（Cash Dimension）。"[1]因而，从建构国家认同的角度而言，在发挥媒体舆论动员效果的同时，应防止体育报道的过度商业化和娱乐化，平衡受众偏好和国家目标之间的关系。

二、体育运动和国家认同的互动机制

上文提供了解释体育运动和国家认同关系的理论框架，即如何在政治现代性、全球一体化、体育政治化和对象疏离化的语境下，定位体育运动和国家认同的关系。本部分进一步讨论的问题是：体育运动和国家认同如何产生契合，二者在现实中存在哪些互动机制，体育民族主义是否会对国家认同产生消极影响。较之于上文的理论建构，本部分侧重经验性的观察和总结。

（一）体育运动和国家认同的内在契合

国家认同存在多元建构方式，民族宗教政策、文化教育政策、国家标志符号等被广泛用于强化国家认同。在"祛魅"（Disenchantment）的当代世界，国家认同并未完全蜕去其神圣外衣，兼具非理性色彩（情感因素）和实用主义的面向。有学者对此指出，国家认同往往呈现出"双重面孔"（Janus-like Form），一方面是在文化上"往后看"，从历史中寻求舒适性、稳定性和认同感；另一方面在现实上"向前看"，追求现代性的物质利益。[2]与之同理，经由体育运动建构国家认同的过程中，也同时存在理性和情感的因素。

从理性的角度，通过体育运动建构国家认同意味着国家需要着力进行体育建设。这要求国家持续加大财政投入，满足民众对于体育运动的多元需求。用权利话语来表述，体育权利包括了防御权、受益权和客观价值秩序的内容，其中防御权对应国家的消极义务，受益权对应国家的积极义务，客观价值秩序对应国家在体育领域的制度性保障。[3]质言之，国家对于体育运动的实用主义态度，与公民对待国家的权利诉求是匹配的。以权利话语为纽带，联结

---

〔1〕 Graeme Burton, *Media and Society*: *Critical Perspectives*, Berkshire: Open University Press, 2005, p. 313.

〔2〕 参见 Alan Tomlinson, Christopher Young, *National Identity and Global Sports Events*, New York: State University of New York Press, 2006, pp. 100 ~ 101.

〔3〕 参见黄鑫："作为基本权利的体育权及其双重性质"，载《体育学刊》2016 年第 2 期。

起宏观层面的国家目标和微观层面的公民个体利益。

从情感的角度，公民和国家之间不再是"需求—供给"的利益关系，而成为价值共同体。公民通过参与、体验和观摩体育活动，在有意和无意间形成了对于国家的认可和效忠。一方面，体育运动和国家认同存在形式上的契合，使得体育运动能够有效激发国家认同。①仪式性：体育运动往往利用仪式感极强的开幕式、颁奖典礼、运动规则等形式，不断强化参与者的国家意识。参加体育赛事，能够在仪式和情感层面上维护"想象的共同体"（Imagined Community）。[1]②竞争性：体育运动重在竞争和对抗，特别是在国际体育赛事中，各自代表不同国家，把体育赛事转化为国家之间的竞争。在和平时期，国际体育竞赛扮演了"模拟战争"的角色。赛场成为国力竞争的战场，直接指向了参与者和观众的国家认同感。③团体性：多数体育运动具有团体性的特点，需要成员协作才能取得理想成绩。国家认同也具有很强的团体性色彩，公民个体差异被最小化，突出内在的共同性和利益一致性。④英雄塑造：一些成绩卓著的体育明星被塑造成为"体育英雄"，进而成为国家认同的重要标志、符号和资源。塑造和演绎体育英雄的本质在于构建"同一性"，即创造受众和英雄之间的超血缘联系，使双方以国家为纽带，共享荣誉感和忠诚感。

另一方面，体育运动和国家认同也存在实质性的契合。①体育运动和国家认同在构成要件上高度类似。有学者定义了国家认同的特征，包括领土主义、政治参与、公民身份和公民教育。[2]在这四个方面，体育均有助于强化国家认同，比如国家间的体育竞赛就是"领土主义"的体现，将日常生活中逐渐淡漠的政治参与转化为对体育的激情，强化了关于公民身份的自我体认。②体育作为国家文化战略的重要组成部分，在提升国家软实力（Soft Power）和吸纳公民政治认同上发挥基础性功能。在营造体育文化方面，现代国家都在不遗余力地打造自身代表性体育运动，悄然完成了政治吸纳和国家认同的建构。就像学者所指出的，"当我们看 NBA 时，我们记住了美国；我们看曼

---

〔1〕 参见 Siobhán C. Doyle, "The Importance of Sporting Imagery in Representing National Identity", https：//arrow. dit. ie/desigpart/9/.

〔2〕 参见 Barrie Houlihan, "Sport, National Identity and Public Policy", *Nations and Nationalism*, 3 (2004), pp. 113～137.

联时，我们记住了英国；我们看环法自行车赛时，我们又记住了法国……这种由体育赛事无形中渗透出的国家文化不正是增进国家认同的重要手段和力量吗？"[1]

（二）体育运动和国家认同的三种形态

国家认同的概念在政治学领域有复杂的定义和类型划分。政治社会学家曼纽尔·卡斯特（Manuel Castells）根据国家认同的起源和形式，把其分为拒斥性认同（Resistance Identity）、合法性认同（Legitimizing Identity）和计划性认同（Project Identity）三种类型：拒斥性认同是由那些在支配的逻辑下被贬抑或污名化的位置/处境的行动者所产生的，他们建立抵抗的战壕，并以不同或相反于既有社会体制的原则为基础而生存；合法性认同是由社会的支配性制度所引介，以拓展及合理化它们对社会行动者的支配；计划性认同是指当社会行动者不管基于哪一种他们能获得的文化材料，建立一个新的认同以重新界定他们的社会位置，并借此寻求社会结构的全面改造。[2]需要说明的是，卡斯特并没有将这三种类型截然分开，而是认为三者处于转化的动态过程，比如拒斥性认同可能会引发一些计划性认同，成长为支配性的地位，甚至最后成为合法性认同。

此种分类有助于理解体育运动和国家认同的关系。在不同的国家和政治发展阶段，体育运动对建构国家认同发挥了不同的作用。在拒斥性认同方面，体育运动主要发挥了去殖民化的功能，促使殖民地从宗主国的母体中剥离出独立的国家认同。以澳大利亚的板球运动为例，澳大利亚在板球运动上与英国展开竞赛，一度成为澳大利亚的象征性国家品质（Symbolic National Character）。[3]换句话说，在澳大利亚摆脱殖民地身份并确立自身独立国家认同的过程中，以板球运动为载体，将宗主国（英国）确立为竞争者，赋予板球运动以政治

---

〔1〕 董进霞等："全球化世界中的体育与国家认同、伦敦奥运及女子体育——国际体育社会学协会主席 Pike 女士、副主席 Jackson 先生学术访谈录"，载《体育与科学》2014 第 1 期。

〔2〕 参见 ［美］曼纽尔·卡斯特著，夏铸九、黄丽玲等译：《认同的力量》，社会科学文献出版社 2003 年版，第 4~5 页。

〔3〕 参见 Geoffrey Caldwell，"International Sport and National Identity"，*International Social Science Journal*，34（1982），p. 174.

内涵。[1]与之同理，棒球运动在美国历史上也发挥了类似的作用，将自身与宗主国区别开来，为塑造国家认同奠定了基础。美国人将棒球视为代表"新大陆精神"的体育运动，从而与英国的旧式体育运动形成隔离。由此可见，体育运动对前殖民地挣脱宗主国的精神和文化脐带，创立自身独立的国家符号体系，建立起稳定的国家认同，具有重要意义。这种国家认同把宗主国的体育运动作为参照系，具有明显的"拒斥性"，达到了去殖民化的政治效果。

在合法性认同方面，体育运动成为社会主义国家体现制度优越性的重要途径。比如在冷战时期，美国和苏联在各个领域展开竞赛，"体育成为冷战时期国家政治立场'风向标'，体育的选择已经成为政治盟友的选择"[2]。在这种背景下，冰球在凝聚国家意志、体现制度优越性方面发挥了至关重要的作用——苏联冰球队"红军"（Red Army）的持续取胜就被视为"苏维埃制度最好的证明"[3]。因此，苏联把冰球运动提到了前所未有的高度，举全国之力培养冰球运动员。在1980年第13届冬季奥运会上，苏联冰球队爆冷负于新成立的美国队，这对苏联的国家自信构成了严重挑战。《洛杉矶时报》毫不避讳地宣称，在那个时代，体育是政治的延伸，冰球赛的胜利似乎预示着美国最终可以击败苏联。诞生于冷战时期的"冰上神话"，此后被西方各国传颂，成为自由主义和资本主义"优越性"的明证。[4]类似的例证也包括了民主德国（东德）和联邦德国（西德）之间的体育竞赛，"在冷战时期，东德和西德至少有一个共同的目标，就是奥运会金牌"[5]。

在计划性认同方面，国家有意识地以体育作为媒介，引导建立和强化国家认同。这种模式曾经作为殖民者对殖民地进行文化同化的工具，目前多见于多民族国家、多种族国家和发展中国家。在殖民历史上，英国殖民者就曾

---

〔1〕 参见 Jared Van Duinen，"Bodyline, the British World and the Evolution of an Australian National Identity"，*International Journal of the History of Sport*，32（2015），pp. 25～26.

〔2〕 刘桂海："体育政治化：一个'场域'的理解"，载《体育学刊》2015年第6期。

〔3〕 John Soares，"Cold War, Hot Ice: International Ice Hockey, 1947–1980"，*Journal of Sports History*，34（2007），p. 208.

〔4〕 参见温莎："苏联冰球名宿被'奇迹'颠覆人生"，载《青年参考》2015年1月28日，第28版。

〔5〕 参见 Heather L. Dichter，"Building Walls, Dividing Teams: The Berlin Wall and the End of the All-German Olympic Team"，*The Global Nexus Engaged*（Sixth International Symposium for Olympic Research），2002，p. 55.

把体育作为"文化帝国主义"的重要组成部分,制造殖民者和被殖民者之间"平等友善"的假象,"以体育为纽带,能够让殖民地在一定程度上仍旧保持对英王室的忠诚,尤其当波尔人或者法裔加拿大人这样语言不同或者政见各异的团体出现时,英王室必须培养并维系一种'忠诚文化',而体育有助于营造这种紧密团结的氛围"。[1]在新兴国家中,体育运动也被频繁用于塑造国家认同,比如韩国积极把跆拳道塑造成民族认同的工具,印度把曲棍球树立为寻求民族尊严和身份、确立体育民族主义的重要资源。[2]更遑论在多民族国家和多种族的国家中,政府更是有意识地通过体育运动达到民族融合、种族和谐的目标,使不同的民族、种族、地域和阶层的公民迅速凝聚起来,消弭国内矛盾,强化国家认同。由此,计划性认同较之于拒斥性认同、合法性认同所适用的范围更广,也最能体现国家对于体育运动的政治效果的清晰定位和有效使用。

(三) 体育民族主义的潜在负面作用

即便体育运动和国家认同存在契合,并在实践中展开有效互动,但这并不能否定在特定条件下体育运动也会给国家认同带来负面影响。正如学者指出的,"体育发展过程中一方面极力挣脱民族主义的困扰,一方面在民族主义的助力下创造了一个又一个奇迹,两者在纠结中并行"。[3]质言之,并非体育运动本身对国家认同产生负面作用,而是体育运动所附带的意识形态因素可能会产生连锁反应,从而对国家利益和国家荣誉产生消极作用,甚至走向国家认同的反面。

一方面,体育运动既可以作为建构政治认同的资源,也可能被分离主义所利用,成为稀释、消解甚至对抗主流国家认同的工具——上文所论及的殖民地对抗宗主国的体育策略,与之具有共通的逻辑,只不过后者在"去殖民化"的语境中获得了政治正当性而已。不可忽视的是,"体育民族主义"有可能削弱和对冲"官方民族主义"(Official Nationalism),甚至成为分离运动的

---

〔1〕 参见秦博等:"文化认同与国家认同:体育视阈下的英帝国19世纪的殖民扩张",载《牡丹江师范学院学报(哲学社会科学版)》2016年第6期。

〔2〕 参见陈俊:"韩国体育民族主义形成探析",载《体育文化导刊》2013年第5期;金永丽:"论体育对于印度的意义",载《体育文化导刊》2017年第9期。

〔3〕 于鹤、崔国文:"竞技体育中民族主义的兴起与发展",载《体育学刊》2012年第1期。

基础。在殖民地脱离宗主国的过程中，或者统一国家内的异质地区（Hetero-geneous Region），往往通过发展本地性的体育项目、追求在体育竞赛中战胜宗主国等方式，把特定体育项目塑造成为本土主义的运动形式。比如爱尔兰在1884 年成立了"盖尔运动协会"，旨在抵御英式体育的冲击，发展爱尔兰传统的"盖尔运动"，甚至一度禁止其会员参加英国的足球、橄榄球、曲棍球等运动。在统一国家中的政治异质地区，分离主义势力也往往会通过推广本地化的体育运动，与国家主流运动形成区隔，从而推动狭隘的"体育民族主义"，对国家统一和稳定形成现实威胁。

另一方面，体育民族主义容易走向极端化，加剧社会矛盾和国际冲突。上段所述的"盖尔运动协会"在历史上就是典型的极端爱尔兰主义组织。韩国也是体育民族主义盛行的国家，这既有长期殖民历史和国际地缘政治的客观因素，也有政府有意推动和扶持的主观因素。这种体育民族主义具有很强的排他性、攻击性和封闭性，容易导向狭隘的民族主义情结。韩国民族主义常常出现"我族中心主义"的排他性和偏袒性，曾有韩国社会学家把这种"我族中心主义"的排他性和偏袒性评价为一种"恨的文化"，它积极的一面会把"恨"化为奋发向上的集体意识，而消极的一面便是为求胜利而不择手段。[1]因而，体育民族主义如果超越必要的限度，很容易走向狭隘偏私的极端，对国家利益、荣誉和形象带来消极影响。

各国应善用体育运动在建构国家认同中的特殊作用，避免体育民族主义带来的消极后果，警惕分离主义对体育运动的操纵，彰显体育精神和国家认同的正面互动。此外需要注意的是体育运动在建构国家认同中的重要作用，其增强了政府保障公民体育权利的现实动力，但也容易走向"金牌战争"（Gold War），把国际体育赛事异化为奖牌甚或金牌之争。这种把体育异化为"金牌战争"的现象，在发展中国家普遍存在。究其原因在于发展中国家致力于建构"计划性认同"，亟需体育竞赛的优异成绩展示国家形象、提升国际地位。但是由于发展中国家综合国力的限制，"在奥运会赛场上，发达国家政府投入越来越多的资源，而发展中国家难以负担这场'金牌战争'，越来越成为

---

[1] 参见陈俊等："跆拳道与韩国民族主义探析"，载《体育文化导刊》2014 年第 10 期。

奥运会的看客"。[1]这也从反面证明了体育和国家实力的直接联系，同时提醒发展中国家不应陷入"全球体育军备竞赛"（Global Sporting Arms Race）的怪圈，而是应该致力于发展体现本国特色、凝聚本国认同的体育运动，平衡竞技体育和大众体育之间的关系，建立起适合本国的体育发展模式。

三、体育运动与国家认同的中国语境

体育运动与国家认同理论命题的进一步展开，需要放置在中国语境之下，即论述中国语境的一般性和差异性。中国的特殊历史和政治背景，决定了中国在运用体育运动建构国家认同方面，具有强烈的意志和动力。中国领导人围绕体育运动与国家认同的关系，形成了一系列精辟的论述。这对理解体育运动与国家认同的中国语境，并讨论其实现路径，具有重要的指导意义。

（一）体育运动建构国家认同的中国背景

相对于一般国家而言，中国面临着繁重的国家认同的建构使命——中国历史上曾沦为"半殖民地国家"，有着深重的"国耻记忆"，也是实行社会主义制度的多民族国家和发展中国家，这决定了中国政府和民众有强烈的动力，希望经由体育促成国家认同、证成国家力量、推动国家融合和发展。①中国自近代以来就把塑造健康强劲的国民体格作为重要的国家目标，特别是"东亚病夫"的标签激发了中国人民探索强国强种之路，改变政治和身体上贫弱地位的热情。这种历史上的"国耻记忆"持续推动中国运用体育运动强化国家认同，"尽管中国的体育实力在不断增强，但是过去的弱势和羞辱仍旧沉重地影响着当下，并且个人身体和国家事业（National Causes）的关系问题依然非常突出"。[2]②中国作为多民族的统一国家，体育运动可以强化各民族对国家的认同，加强各民族的向心性和凝聚力。"以全国少数民族传统体育运动会为例，自其产生之日始，其作为主要载体，被赋予了民族团结、发展、共荣

---

〔1〕 DanyelReiche, "Why Developing Countries Are Just Spectators in the 'Gold War': The Case of Lebanon at the Olympic Games", *Third World Quarterly*, 38 (2017), p. 996.

〔2〕 Judy Polumbaum, "Marrow of the Nation: A History of Sport and Physical Culture in Republican China (review)", *China Review International*, 11 (2004), p. 447.

的历史责任与政治功能。"[1]在各民族团结友好的总体趋势下，中国也面临着分离主义的威胁，"在一些国际大赛中常常掺杂着民族分裂主义的噪音，不但影响赛事的正常进行，更通过混淆视听从而危害国家形象"。[2]近期在我国香港举行的体育赛事中频繁出现的"嘘国歌"事件，更是从反面印证了通过体育运动强化国家认同的必要性和紧迫性。③中国作为社会主义国家，体育事业是我国社会主义建设的重要组成部分。我国体育事业的跨越式发展证明了社会主义制度的优越性，提高了人民的国家认同感。2002年7月22日，中共中央、国务院发布的文件中明确指出"高水平竞技体育对丰富人们的文化生活，弘扬集体主义、爱国主义精神，增强国家和民族的向心力、凝聚力，都有着不可缺少的作用"。[3]④中国是世界上最大的发展中国家，需要用体育运动来证明自身巨大的发展成就和潜力，提高在国际社会中的地位和竞争力。正如学者所指出的，"中国近代体育的'奥林匹克之梦'和几代中国人如何利用西方体育来改善中国的命运、重塑国家认同及提高在国际上的地位密不可分"。[4]由此，中国的多重历史背景和政治特点决定了体育在国家议程中的重要位置，也决定了体育运动和国家认同之间的深度关联。

中国领导人对体育运动和国家认同的关系有着深刻的认识和论述。贺龙元帅曾指出，"体育工作者今天的任务是重大而艰巨的，这光荣的任务就是保证人民的健康，增强人民的体质，以便全国人民更好地、有保障地进行国家的大规模经济建设、文化建设和国防建设，体育工作必须结合并服务于国家的建设"。[5]这意味着自新中国成立以来，体育运动就和国家整体战略紧密契合起来，服务于国家整体目标的实现。在社会主义建设过程中，体育运动发挥了增进人民体质、提振爱国热情、凝聚民族意志的作用，体现了中国人民奋发向上、爱国敬业、拼搏超越的精神，这与社会主义核心价值观形成内在契合。改革开放40年也是中国从体育大国逐步走向体育强国的历程，女排精

---

〔1〕 参见王纯："民族传统体育发展的问题、使命与取向——基于民族国家建设视角"，载《上海体育学院学报》2017年第3期。

〔2〕 于鹤、崔国文："竞技体育中民族主义的兴起与发展"，载《体育学刊》2012年第1期。

〔3〕《中共中央国务院关于进一步加强和改进新时期体育工作的意见》（中发〔2002〕8号）。

〔4〕 徐国琦："现代奥林匹克运动与中国的国际化"，载《二十一世纪》2009年第2期。

〔5〕 总参谋部《贺龙传》编写组：《贺龙文选》，军事科学出版社1996年版，第541页。

神、乒乓精神、体操精神等成为国家认同的重要资源，"竞技体育有着凝心聚力的强大感召力，为国争光的爱国主义、敢于争先的拼搏精神、扬我国威的民族自信，正是实现中华民族伟大复兴的精神力量"。[1]因而，中国体育在促成国家认同方面，与世界多数国家的做法具有一致性，符合上文梳理的体育运动和国家认同的理论框架和互动机制，并且是成功实践体育精神的典范国家。

（二）体育运动建构国家认同的中国目标

随着中国体育事业的发展，中国领导人关于体育的政治功能，特别是体育在建构国家认同中的特殊作用，形成了一系列新判断、新论述。①体育运动是实现人民健康和全面小康的必要途径，也是建构国家认同的政治基础。2013 年 8 月，习近平总书记在会见全国体育先进单位和先进个人代表时强调，"体育在提高人民身体素质和健康水平、促进人的全面发展，丰富人民精神文化生活、推动经济社会发展，激励全国各族人民弘扬追求卓越、突破自我的精神方面，都有着不可替代的重要作用"。由此，国家体育总局在 2016 年发布的《体育发展"十三五"规划》中明确提出，充分发挥体育在增强国家凝聚力和文化竞争力方面的独特作用，"继续推动内地与港澳体育界的交流互动，增强港澳同胞的国家认同感和民族自豪感"。②体育运动是强化民族凝聚力和向心力的关键步骤，这是建构国家认同的意识基础。2016 年 3 月，习近平总书记在专题听取北京"冬奥会"和"冬残奥会"筹办工作情况汇报时指出，"在北京举办一场全球瞩目的冬奥盛会，必将极大振奋民族精神，有利于凝聚海内外中华儿女为实现中华民族伟大复兴而团结奋斗"。③体育运动是发展国家外交、获得国际认可的重要方式，也直接关系"一带一路"建设和构建人类命运共同体。2014 年 8 月，习近平总书记在看望"青奥会"中国体育代表团时，勉励青年运动员"放松心态，甩掉包袱，赛出水平，展示风采，让外国朋友看到中华体育精神和中国人民的意志力"。在其后一系列重要外交场合，习近平总书记不断强调体育在对外交往中的特殊地位，体育有利于各国人民在文化上彼此欣赏、心灵上相亲相近。

---

〔1〕 参见李丽等："共筑体育强国中国梦"，载《人民日报》2017 年 8 月 27 日，第 2 版。

需要注意的是，中国的国家认同是复合性、政治性和文化性的综合体，承载了更加丰厚的理论内涵。2015 年 8 月，习近平总书记在中央第六次西藏工作座谈会上指出，"必须全面正确贯彻党的民族政策和宗教政策，加强民族团结，不断增进各族群众对伟大祖国、中华民族、中华文化、中国共产党、中国特色社会主义的认同。"[1]虽然总书记的讲话针对的是民族和宗教问题，但却对理解中国国家认同的结构和体系具有重要指导意义。在新时代，中国体育运动强化、巩固和提升国家认同也要在"五个认同"的框架内展开，通过体育运动树立正确的国家观、民族观、文化观、政党观和制度观。①通过体育运动加强对于伟大祖国的认同，正确认识个体和国家的关系，把个体价值蕴于国家整体目标的实现。体育运动在国家认同方面的功能，不仅包括优异的体育成绩可以增强人民对于国家的认可和信赖，也包括促进政治的社会化，使公民更加积极地参与国家政治生活、关注国家的前途命运。训练公民的社会政治观，支持国家政治系统的运作，维持国家政治生活，有助于保证国家政治的稳定和促进社会的发展。[2]②通过体育运动巩固对中华民族的认同，确立对于中华民族"多元一体"的共同体认识。中华民族是由多个民族构成的、有共同认同的、血缘融通、流动交汇的有机体和命运共同体。体育运动能够增强各族人民对于中华民族的体认，分享共同的民族荣耀感和归属感，从而避免了民族隔阂和矛盾。我国政府一直致力于发展民族传统体育，这有利于形成独具特色的体育文化价值，解构全球趋同的竞技体育发展模式，主动消解西方强势体育文化造成的体育认同危机。[3]③通过体育运动深化对中华文化的认同，把体育作为传承、复兴中华文化和文明的必要步骤。"中国体育文化发展历史悠久，中华民族创造和积累了丰富而优秀的古代体育文化。历史悠久的传统体育文化也给这个民族不断注入新的活力，使中华民族历尽创伤仍然能保持着蓬勃的朝气。"[4]在全球化和商业化的语境下，传统体育文

〔1〕 "依法治藏富民兴藏长期建藏加快西藏全面建成小康社会步伐"，载《人民日报》2015 年 8 月 26 日，第 1 版。
〔2〕 参见张朋、张勇："体育在实现国家认同中的作用研究"，载《四川体育科学》2012 年第 6 期。
〔3〕 参见王广虎、冉学东："民族国家与国家民族：民族传统体育的认识基点和解读语境"，载《成都体育学院学报》2017 年第 4 期。
〔4〕 魏晓宁："中国体育文化发展的方向探析"，载《人民论坛》2011 年第 24 期。

化面临创造性转化的机遇和挑战，由此需要把体育运动与文化传承创新结合起来，通过体育加深人民对中华文化的认同。④通过体育运动提高对中国共产党的认同，即通过新中国体育的巨大成就增进对中国共产党执政理念的认同。新中国完成了近代以来仁人志士追求的强国强民的目标，彻底摆脱了"东亚病夫"的帽子，这是形成政党认同（Party Identity）的事实基础和历史逻辑。正如学者所指出的，对于中国人而言，体育并不仅表达运动（Sports）的含义，也包括公共文化、民族主义和国家认同的含义，甚至包括"作为一个中国人"（Being Chinese）的内涵。[1]因而，体育运动能够充分凝聚对于中国共产党的认同，证明党的领导地位符合历史的选择、人民的期待。⑤通过体育运动夯实对中国特色社会主义的认同，进一步体现中国特色社会主义体育制度的优越性。新中国体育事业建基于社会主义制度，增进了人民体质，实现了群众体育、竞技体育、体育产业的协调发展，体现了社会主义国家的制度优势和组织优势。上述五个方面的认同体系，正是习近平总书记在会见全国体育先进单位和先进个人代表时所强调的，"体育承载着国家强盛、民族振兴的梦想。体育强则中国强，国运兴则体育兴。"[2]

（三）体育运动建构国家认同的中国路径

我国在通过体育运动强化多维度的国家认同时，需要深化体育改革、更新体育理念、维护体育精神。2018年3月27日，孙春兰副总理在视察国家体育总局时强调，新时代体育工作要"坚定'四个自信'，坚持以人民为中心，以改革为动力，充分挖掘和有效释放体育综合价值，加快推进体育强国建设，增强群众体质，提高健康水平，促进人的全面发展。"[3]建构和强化国家认同应作为"体育综合价值"的重要方面，发挥体育在强国和强身方面的功能，提升公民对于国家的归属感和忠诚感。具体而言，体育运动建构国家认同的路径可以分为观念、制度和行动三个方面。观念塑造制度，制度决定行动。

---

〔1〕 参见 Guoqi Xu, *Olympic Dreams：China and Sports*, 1895－2008, Cambridge, MA：Harvard University Press, 2008, p. 28.

〔2〕 李中文等："开创我国体育事业发展新局面 加快把我国建设成为体育强国"，载《人民日报》2017年8月26日，第1版。

〔3〕 范佳元："以新思想引领新时代体育工作加快推进体育强国建设"，载《人民日报》2018年3月29日，第4版。

在观念方面，需要对体育运动在建构国家认同中的特殊作用有清晰的定位，特别是意识到在中国特殊的历史背景和政治目标下，体育运动对于国家建构和国族建构的重要价值，即达到"体育强国"和"体育强民"的双重目标。[1]然而需要指出的是，经由体育运动强化国家认同并不必然导向"体育民族主义"，而是旨在培养积极自律的现代公民。对内应尽快把体育比赛的定位由"为国争光"转到"国家认同"，"不再单纯地追求金牌，而是努力地去构建一种以社会主义核心价值体系为指导、以提升公民的生活幸福感和国家认同感为目的、以爱国主义和公平正义为核心的体育文化"。[2]对外应把体育运动精神与构建人类命运共同体结合起来，超越民族主义的狭窄叙事框架和心理结构，着重阐释体育运动对人类共同命运和前途的重要意义，为建立合作共赢的新型国际关系铺垫基础，也为建构更加开放包容的国家认同提供出路。

在制度方面，应当建立起促进国家认同的现代体育制度。在宏观层面上，应平衡政府规划、商业运作和全民参与之间的关系，对我国长期以来的"举国体制"进行改革完善，"其长远之路是以政府投资引导社会投资，以制度保障社会投资的利益预期，人才培养体系逐步社会化、市场化，体育竞赛项目职业化，最终形成社会投资为主、政府制度扶持、市场配置资源、个人积极参与的全民发展体育的体制"。[3]在中观层面上，应设立国家级体育荣誉制度，通过体育荣誉吸纳政治参与、凝聚国家认同。荣誉制度可以强化公民与国家的政治联系，将市民生活的热情转换成为国奉献的勇气。[4]我国在2015年颁布了《中华人民共和国国家勋章和国家荣誉称号法》，明确"国家设立国家荣誉称号，授予在经济、社会、国防、外交、教育、科技、文化、卫生、体育等各领域各行业作出重大贡献、享有崇高声誉的杰出人士"。因此，应尽快启动设置和颁发体育领域的国家荣誉称号。在微观层面上，通过体育建构

〔1〕 参见任海："体育强国：由重在国家建构到重在国族建构"，载《上海体育学院学报》2018年第1期。

〔2〕 参见马德浩、季浏："从单一走向多元：重新定位体育在国家发展中的作用"，载《武汉体育学院学报》2013年第12期。

〔3〕 参见戴永冠、罗林："竞技体育举国体制分析——兼论后奥运时期举国体制发展"，载《体育学刊》2012年第5期。

〔4〕 参见王理万："国家荣誉制度及其宪法建构"，载《现代法学》2015年第4期。

和强化国家认同，要求国家建立健全体育权利保障制度，落实公民参加体育运动、享受基本体育公共设施的权利，为现役和退役运动员提供合理保障。唯有通过落实各种制度保障，才能不断强化公民个体和国家的联系，使运动员成为全社会尊崇的职业。

在行动方面，政府、集体和个人均作为重要的行动主体，从不同的角度建构国家认同。从政府管理的角度，应善用体育运动在建构国家认同中的功能，发挥其正面效果，着力控制体育民族主义中的消极影响，把体育民族主义和培育健全的公民意识结合起来，避免体育民族主义的泛化和极端化，警惕体育运动被分离主义势力所利用。在容易滋生分离主义的地区，更应有意识地加强体育建设，促进各地间的体育文化交流，以此培养公民的国家意识和国家观念。从体育职业行为的角度，应健全体育团体的内部自治，用法治思维和法治方式维护体育运动固有的价值，严厉制裁使用兴奋剂、收买裁判等违法行为，为体育职业的长远健康发展提供保障，致力形成更加稳定和理性的国家认同。从公民个人的角度，无论作为普通公民还是运动员，均需要意识到自身健康、职业发展和国家命运的内在关联，积极融入参与国家的健康推广和体育规划，通过体育培养健康的身体和健全的人格，使自身价值与国家持续发展深度契合起来。

中美大学生对体育价值认知的比较研究

——以中国政法大学国际法学院 2018 级本科生和美国纽约城市大学布鲁克林学院学生为例

孙 沁[*]

摘要：体育价值不仅是参与体育运动主体的主观认识，更是科学意义上教育价值的有形体现，而对于体育价值的认知程度恰恰反映了想要实现"以体为育"教育目标的可能性和基本路径。基于此，在马克思"人的全面发展理论"和新时代培养"德智体美劳全面发展"的社会主义接班人的理论指导下，了解当代大学生对体育价值的认知尤为重要。

本文采取文献研究法、问卷调查法和个案研究法对中国政法大学国际法学院全体本科生进行研究追踪，并对比美国纽约城市大学布鲁克林学院的已试样本，分析中美大学生体育认知的差距。

第一部分，研究设计，简述研究要件；

第二部分，研究结果分析，对选取中外对比度较高和性别差异较大项进行独立阐述分析；

第三部分，研究结果比较，得出相较美国大学生体育价值认知，我国大学生的现状与特点。

关键词：大学生　体育态度　体育价值认知　比较研究

马克思关于人的全面发展理论将体育与德育、智育并列，作为促进学生

---

* 孙沁，中国政法大学法学学士、经济法学硕士，国际法学院 2018 级本科生辅导员。

全面发展的重要领域。大学体育是高等人才培养体系中的重要组成部分，是学生终身体育态度形成和体育能力培养的关键时期，也是学校体育与社会体育的关注重点。[1]然而，高等教育阶段的体育，应该帮助学生抛开"功利体育"的心态，转变其视体育为获取成绩的工具的观念，真正利用第一、第二课堂实现以体育人、育人以体的教育作用。

笔者认为，完成高校体育目标的前提之一，是了解体育对象——在校学生对于体育这类教育方式的价值认知。对体育价值的认知是指个人从事体育活动时所表达的主体价值观念的总体趋向，它分别从宏观和微观上反映出个人的体育价值观念和对体育运动的一般认识。按体育作用的范围来划分，体育价值可以分为生理价值、心理价值和社会价值，对于个体来讲，生理价值可表现为身体健康、娱乐价值、医疗价值，心理价值可表现为教育价值和审美价值，社会价值则主要表现为社交价值。[2]同时，体育价值认知反映于态度，态度反映于体育活动参与度与日常习惯，因此，将校园内体育活动具体化，将学生参与体育的积极性和日常体育的习惯性量化，可以更好地分析大学生的体育兴趣、体育习惯和体育态度。

目前，我国体育教育改革在注重学生自身发展的同时，也在积极向体育教育先进的国家学习，例如美国。2016年，湖北工程学院的汪晓琳和湖北师范大学的胡安义利用调查统计和文献资料等研究方法，在美国纽约城市大学体育与健康学院霍华德·Z教授协助下，对美国纽约城市大学布鲁克林学院学生发放问卷710份，对其体育态度进行了调查研究，分析美国不同性别大学生对体育价值认知和体育态度的差异性和一致性。[3]2017年11月，美国亚裔新闻局发布《美国教育，赢在哪里》系列文章，其中包括"美国教育，赢在体育"，阐述了体育运动在美国校园里的重要地位，分析了美国学生崇尚体育的原因，谈到"运动场就是微观人生""体育可以培养健康积极的生活状态、坚强不屈的精神状态、团队精神与社交技巧"几乎是所有人的价值认知。

---

〔1〕 参见蒋桂凤等："湖南省普通高校大学生体育态度和余暇体育行为分析"，载《上海体育学院学报》2005年第5期。

〔2〕 参见吴光远、黄亚玲主编：《体育人文社会学概论》，北京体育大学出版社2011年版，第26页。

〔3〕 参见汪晓琳、胡安义："差距与努力：中美大学生体育态度比较研究"，载《湖北工程学院学报》2016年第3期。

中国学生对体育价值的认知又是如何，笔者试通过选择性比较，分析中国和美国大学生的体育态度、体育习惯；同时突出我国大学生对体育价值认知的特点，再进行比较，为提升高校"以人为本"的体育教学质量提供理论支持。

一、研究设计

（一）研究现状

目前，国内有关大学生体育价值认知的研究主要集中在大学生体育价值观分析、[1] 大学生参与体育活动的方式偏好、[2] 影响大学生参与体育活动的因素[3] 等三个方面，而涉及大学生对体育运动对自身作用价值的研究较少。

（二）研究背景

此次研究以美国纽约城市大学布鲁克林学院作为美国的参照数据，以中国政法大学国际法学院 2018 级本科新生为中国的研究样本。

首先，中国政法大学体育特长生占全部学生比例较低，且主要集中于篮球、排球、乒乓球、羽毛球等球类运动，这就意味着绝大部分学生参与体育运动基于自愿，其体育习惯的养成各不相同。其次，中国政法大学男女生性别比例为 3：7，性别构成以女性为主，在校园体育文化的营造方面，并不具有性别优势。再次，近年来我校在完善第一课堂体育教学的同时，也在不断丰富完善第二课堂的体育活动，竞技类的如校、院两级运动会，篮球、排球等球类联赛，趣味类的如法大人马拉松和校、院两级趣味运动会等，这些活动面向全校、种类丰富、频率适中，且兼顾竞技性和趣味性。最后，选取大一新生为研究对象，亦依赖于其自身特殊性：第一，体育价值认知更初始化，更多依赖于初高中时期的形成观念与生活习惯；第二，体育价值认知可塑性

---

〔1〕 参见辜德宏等："大学生体育价值观念的调查研究——以湖南省高校为例"，载《体育科学研究》2013 年第 2 期。

〔2〕 参见王润复："试析大学生体育价值观念——关于大学生体育意识、态度、兴趣的调查研究"，载《江苏高教》1996 年第 5 期。

〔3〕 参见鲁心灵等："大学生体育锻炼价值认知与其运动动机的关系研究"，载《福建体育科技》2017 年第 5 期。

强，他们对于大学体育抱有更多的新鲜感和更高的期待。

（三）研究内容

此次研究将体育价值分为社交能力、磨炼自我、生理健康、精神健康、审美提升五个方面。社交能力，主要关注体育活动在培养团队精神，改善人际关系方面的作用；磨炼自我，主要关注体育活动对个人意志力、执行力的塑造；生理健康，则将重点放在体育活动的强身健体、自我医愈功能；精神健康，指体育活动对个人自我发展意识、情绪管理能力的增强作用；审美提升，主要关注体育活动对个人形象、气质的促进作用。通过有关五个方面的问卷调查、统计数据，将抽象的概念数据化、矢量化，分析后得出结论。

（四）研究对象

中国政法大学国际法学院 2018 级本科生，共有内地（大陆）学生 352人，其中男生 111 人，女生 241 人；港澳台学生 46 人，其中男生 23 人，女生23 人。

（五）研究方法

问卷调查法：在中国政法大学国际法学院 2018 级发放问卷 398 份，回收有效问卷 365 份，其中男生 115 份，女生 250 份，有效率 91.71%。对比美国纽约城市大学发放问卷 756 份，其中男生 364 份，女生 392 份，理工类专业329 份，社科类 427 份，有效率 100%。

个案研究法：深入接触各班男、女生各一名，通过其对体育价值的认知相关问题的回答与讨论，对其个性进行分析，对其共性进行总结。

文献资料法：在中国知网数据库查阅 1996~2018 年有关体育价值的文献参考资料，为研究比较作参考。

（六）研究工具

用于本次调查研究的主要工具是"关于大学生对体育价值认知的调查问卷"。问卷第一部分要求填写被调查者的个人信息，第二部分共 20 个问题，根据问卷涉及原理及评分标准（五级），对每个问题进行饼状图比例评估，并从性别的角度对每道题进行交叉分析评估，探讨中国政法大学国际法学院2018 级本科生的体育态度，分析其对体育价值的认知偏好、程度。

二、研究结果分析

(一)男生对体育价值认知的样本分析

经过数据统计,我们分析出男生对于体育价值的认可度最高的三道题分别为体育活动能够锻炼人的毅力、体育活动能塑造或保持良好的体型、体育活动能增强免疫力,这三道题分别对应体育的磨炼自我价值、审美提升价值和生理健康价值。

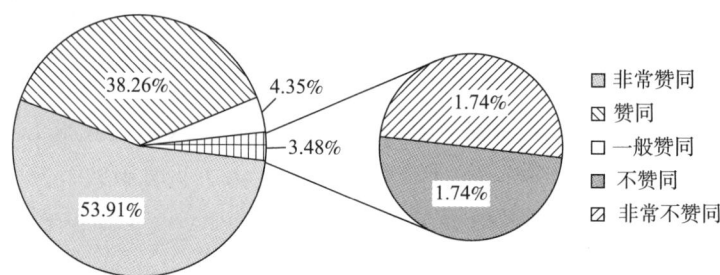

图1 体育活动能锻炼人的毅力

第10题(体育活动能锻炼人的毅力),男生持非常赞同价值认知的人数是62人,比例是53.91%;持赞同价值认知的人数是44人,比例是38.26%;持一般赞同价值认知的人数是5人,比例是4.35%;持不赞同价值认知的人数是2人,比例是1.74%;持非常不赞同价值认知的人数是2人,比例是1.74%。可见,男生对于体育活动能锻炼人的毅力的价值认同度较高。

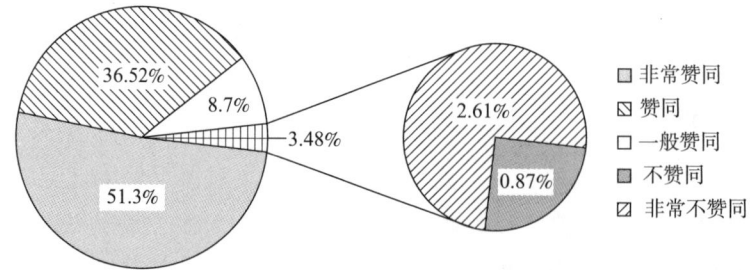

图2 体育活动能塑造或保持良好的体型

第22题(体育活动能塑造或保持良好的体型),男生持非常赞同价值认知的人数是 59 人，比例是 51.3%；持赞同价值认知的人数是 42 人，比例是 36.52%；持一般赞同价值认知的人数是 10 人，比例是 8.7%；持不赞同价值认知的人数是 1 人，比例是 0.87%；持非常不赞同价值认知的人数是 3 人，比例是 2.61%。可见，男生对于体育活动能塑造或保持良好的体型这一价值的认同程度较高。

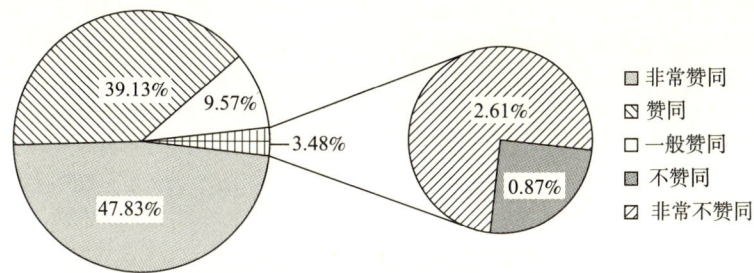

图3　体育活动能增强免疫力

第 20 题（体育活动能增强免疫力），男生持非常赞同价值认知的人数是 55 人，比例是 47.83%；持赞同价值认知的人数是 45 人，比例是 39.13%；持一般赞同价值认知的人数是 11 人，比例是 9.57%；持不赞同价值认知的人数是 1 人，比例是 0.87%；持非常不赞同价值认知的人数是 3 人，比例是 2.61%。可见，男生对于体育活动能增强免疫力的价值认同程度较高。

（二）女生对体育价值认知的样本分析

经过数据统计，我们分析出女生对于体育价值的认可度最高的三道题分别为体育活动能够锻炼人的毅力、体育活动能增强免疫力、体育活动能培养团队合作意识，这三道题分别对应体育的磨炼自我价值、生理健康价值和社交能力价值。

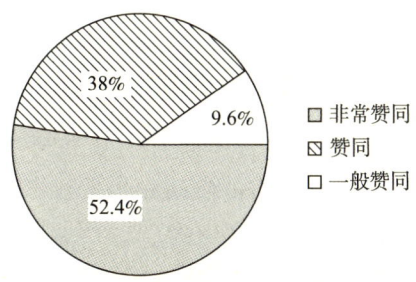

图4　体育活动能锻炼人的毅力

第10题（体育活动能锻炼人的毅力），女生持非常赞同价值认知的人数是131人，占比52.4%；持赞同价值认知的人数是95人，比例是38%；持一般赞同价值认知的人数是24人，比例是9.6%；持不赞同和非常不赞同价值认知的人数是0人。可见，女生对于体育活动能锻炼人的毅力这一价值的认同程度较高。

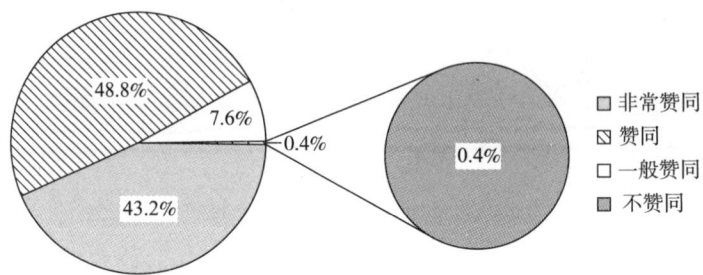

图 5　体育活动能增强免疫力

第20题（体育活动能增强免疫力），女生持非常赞同价值认知的人数是108人，比例是43.2%；持赞同价值认知的人数是122人，比例是48.8%；持一般赞同价值认知的人数是19人，比例是7.6%；持不赞同价值认知的人数是1人，比例是0.4%；持非常不赞同价值认知的人数是0人。可见，女生对于体育活动能增强免疫力这一价值的认同程度较高。

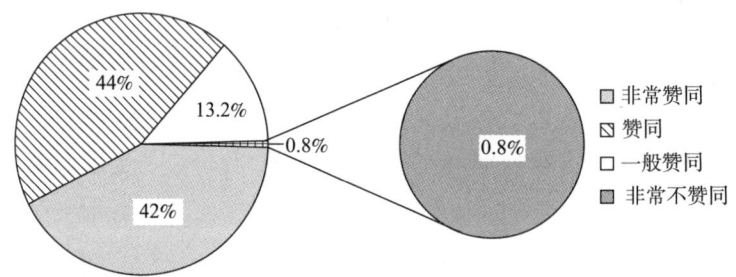

图 6　体育活动能培养团队合作意识

第9题（体育活动能培养团队合作意识），女生持非常赞同价值认知的人数是105人，比例是42%；持赞同价值认知的人数是110人，比例是44%；持一般赞同价值认知的人数是33人，比例是13.2%；持不赞同价值认知的人数是0人；持非常不赞同价值认知的人数是2人，比例是0.8%。可见，女生对于体育活动的能培养团队合作意识这一价值的认同程度较高。

（三）男女生对体育价值认知的差异性样本分析

1. 男女生认知差距最大的三项

经分析，我们得出以下认识：在体育活动能促进身体发育、体育活动能使人愉悦、体育活动能使人摆脱孤独感的数据中，男女生的价值认知差距最大，分别对应体育的生理健康价值、精神健康价值和社交能力价值。

表1　体育活动能促进身体发育的交叉分析

单位：人（占比）

	非常赞同	赞同	一般	不赞同	非常不赞同	小计
男	53（46.09%）	45（39.13%）	13（11.3%）	0（0%）	4（3.48%）	115
女	76（30.4%）	125（50%）	44（17.6%）	4（1.6%）	1（0.4%）	250

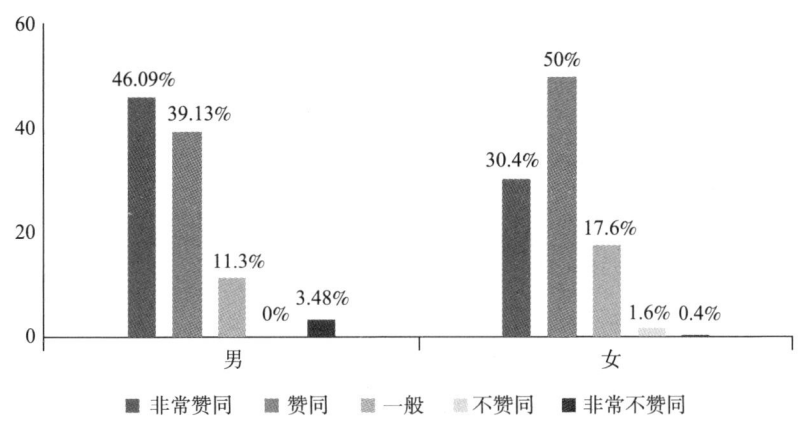

图7　体育活动能促进身体发育的交叉分析

在第 21 题中，男生持非常赞同价值认知的人数达 53 人，比例达 46.09%，女生持非常赞同价值认知的人数达 76 人，比例达 30.4%，差距达 15.69%。男生持赞同价值认知的人数达 45 人，比例达 39.13%，女生持赞同价值认知的人数达 125 人，比例达 50%，差距达 10.87%。由数据得知，近半数的男生表示非常明确地感受到了体育运动对身体发育的作用，而只有不足 1/3 的女生有此感受，笔者认为，这与女性生理发育较早、女性较难通过身高优势进行判断有很大的关系。

表 2   体育活动能使人愉悦的交叉分析

单位：人（占比）

	非常赞同	赞同	一般	不赞同	非常不赞同	小计
男	46（40%）	42（36.52%）	21（18.26%）	2（1.74%）	4（3.48%）	115
女	66（26.4%）	117（46.8%）	54（21.6%）	10（4%）	3（1.2%）	250

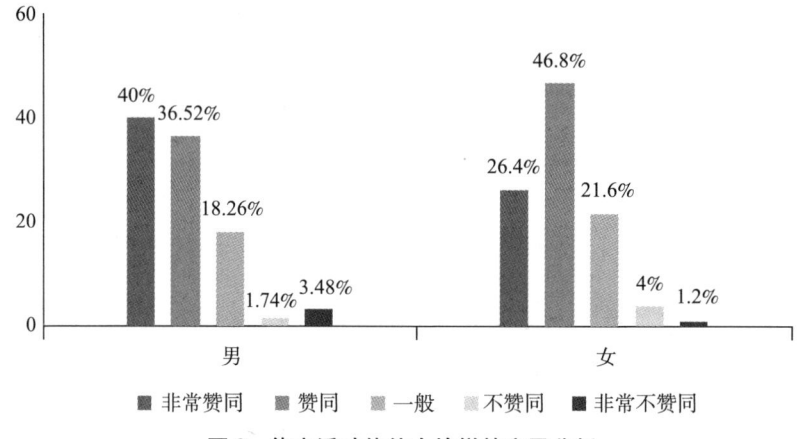

图 8   体育活动能使人愉悦的交叉分析

在第 15 题中，男生持非常赞同价值认知的人数达 46 人，比例达 40%，女生持非常赞同价值认知的人数达 66 人，比例达 26.4%，差距达 13.6%。男生持赞同价值认知的人数达 42 人，比例达 36.52%，女生持赞同价值认知的人数达 117 人，比例达 46.8%，差距达 10.28%。笔者认为，男生更易在体育活动中感到愉悦，而大部分的女生也对此价值持肯定态度。

表 3   体育活动能使人摆脱孤独感的交叉分析

单位：人（占比）

	非常赞同	赞同	一般	不赞同	非常不赞同	小计
男	41（35.65%）	46（40%）	21（18.26%）	3（2.61%）	4（3.48%）	115
女	56（22.4%）	117（46.8%）	69（27.6%）	6（2.4%）	2（0.8%）	250

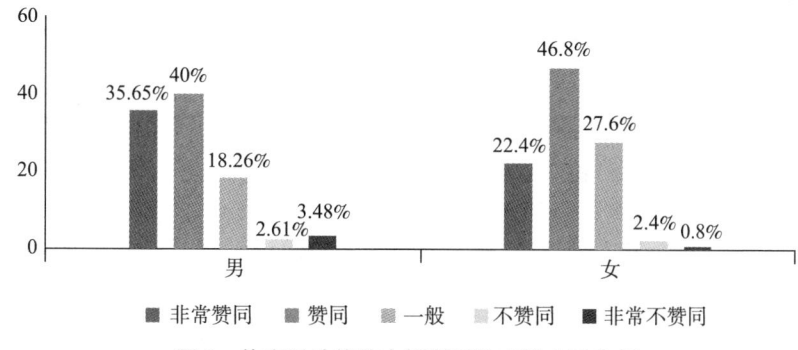

图9　体育活动能使人摆脱孤独感的交叉分析

在第 7 题中，男生持非常赞同价值认知的人数达 41 人，比例达 35.65%，女生持非常赞同价值认知的人数达 56 人，比例达 22.4%，差距达 13.25%。男生持赞同价值认知的人数达 46 人，比例达 40%，女生持赞同价值认知的人数达 117 人，比例达 46.8%，差距达 6.8%。笔者认为，这一差距反映出体育活动的社交价值在男生中得到了更好的体现，通过体育，男生更能够结识朋友、愉悦心情从而有效摆脱孤独感。

2. 男女生认知差距最小的前三项

经分析，我们得出以下认识：在体育能增强人的自制力、体育能锻炼人的毅力、体育能提高睡眠质量的数据中，男女生的价值认知差距最小，分别对应体育的磨炼自我价值和生理健康价值。

表4　体育活动能增强人的自制力的交叉分析

单位：人（占比）

	非常赞同	赞同	一般	不赞同	非常不赞同	小计
男	41（35.65%）	38（33.04%）	28（24.35%）	4（3.48%）	4（3.48%）	115
女	86（34.4%）	112（44.8%）	45（18%）	6（2.4%）	1（0.4%）	250

在第 13 题中，男生持非常赞同价值认知的人数达 41 人，比例达 35.65%，女生持非常赞同价值认知的人数达 86 人，比例达 34.4%，差距达 1.25%。男生持赞同价值认知的人数达 38 人，比例达 33.04%，女生持赞同价值认知的人数达 112 人，比例达 44.8%，差距达 11.76%。由数据可知，男

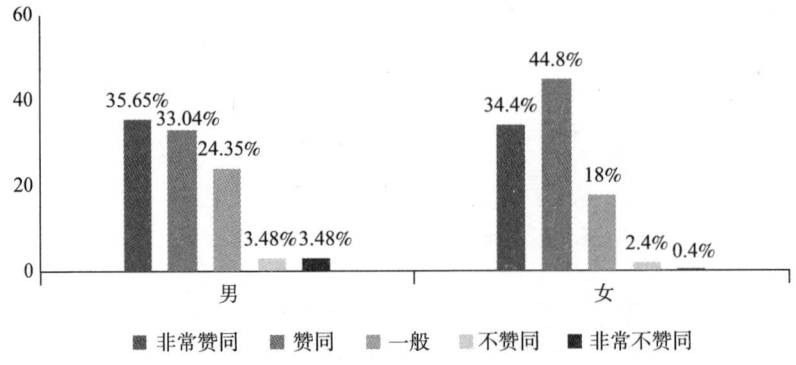

图10　体育活动能增强人的自制力的交叉分析

女生对于体育活动能增强人的自制力的认知差较小。

表5　体育活动能锻炼人的毅力的交叉分析

单位：人（占比）

	非常赞同	赞同	一般	不赞同	非常不赞同	小计
男	62（53.91%）	44（38.26%）	5（4.35%）	2（1.74%）	2（1.74%）	115
女	131（52.4%）	95（38%）	24（9.6%）	0（0%）	0（0%）	250

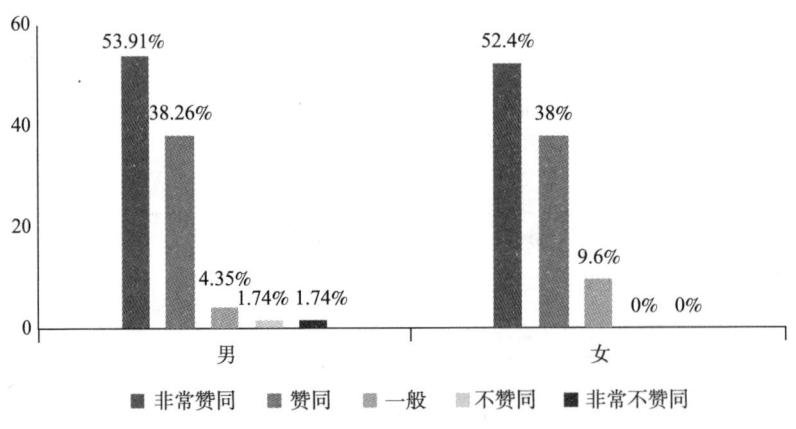

图11　体育活动能锻炼人的毅力的交叉分析

在第10题中，男生持非常赞同价值认知的人数达62人，比例达53.91%，女生持非常赞同价值认知的人数达131人，比例达52.4%，差距达1.51%。

男生持赞同价值认知的人数达 44 人，比例达 38.26%，女生持赞同价值认知的人数达 95 人，比例达 38%，差距达 0.26%。该项问题分别为男、女生对体育价值认同程度的最高项，亦为男女生对于体育活动价值认知差异的较小项，说明男女生对于体育活动能锻炼人的毅力这一体育价值持十分肯定的态度，并且认知最具有一致性。

表 6　体育活动能提高睡眠质量的交叉分析

单位：人（占比）

	非常赞同	赞同	一般	不赞同	非常不赞同	小计
男	44（38.26%）	47（40.87%）	18（15.65%）	0（0%）	6（5.22%）	115
女	92（36.8%）	109（43.6%）	45（18%）	4（1.6%）	0（0%）	250

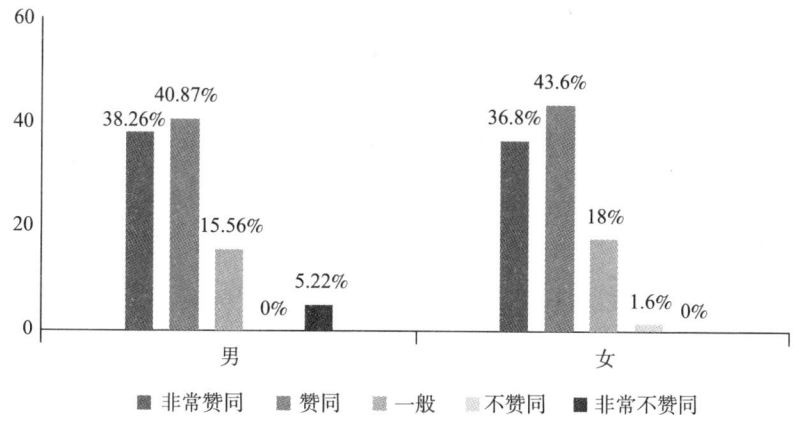

图 12　体育活动能提高睡眠质量的交叉分析

在第 19 题中，男生持非常赞同价值认知的人数达 44 人，比例达 38.26%，女生持非常赞同价值认知的人数达 92 人，比例达 36.8%，差距达 1.46%。男生持赞同价值认知的人数达 47 人，比例达 40.87%，女生持赞同价值认知的人数达 109 人，比例达 43.6%，差距达 2.73%。由此可见，体育活动对于男女生睡眠质量的影响基本一致。

3. 男女生认知差异的数据分析

（1）男生持"非常赞同"态度占每个题目的比例数据高于女生。

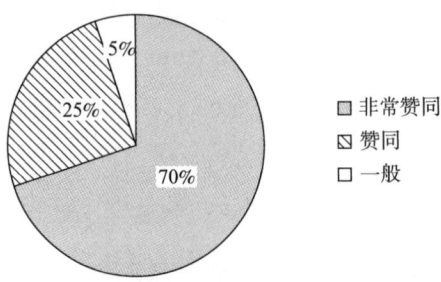

图 13　男生对体育价值认知的程度

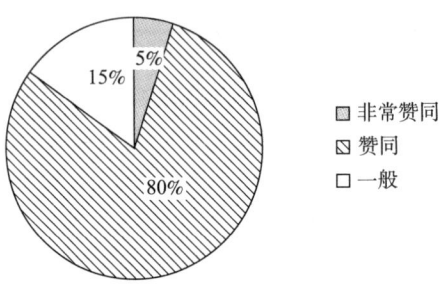

图 14　女生对体育价值认知的程度

在问卷设置的 20 道题目中，对该体育价值持"非常赞同"比例最高的数据中，男生有 14 道，占比 70%，女生有 1 道，占比 5%；对该体育价值持"赞同"比例最高的数据中，男生有 5 道，占比 25%，女生有 16 道，占比 80%；对该体育价值持"一般"及以下比例最高的数据中，男生有 1 道，占比 5%，女生有 3 道，占比 15%。由此可知，男生对于体育价值的认知普遍较高，而女生则认为体育对自身的价值相对较小。

（2）男生持"非常赞同"态度的比例在所有题目中均高于女生。

即使女生有一道题目中的"非常赞同"比例最高，但是对比男生"非常赞同"的比例数据，仍处于劣势。第 10 题"体育活动能锻炼人的毅力"中，52.4% 的女生表示非常赞同，而男生的比例是 53.91%。

（3）男女生体育价值认知的一致性主要体现在磨炼自我价值上。

在对每个问题分别以性别为自变量进行交叉研究，得出男女生体育价值认知差异最大和差异最小的单项后，笔者又对五个板块的数据进行横向比较分析，得出：男、女生对磨炼自我这一价值的认知差距最小。具体体现在：

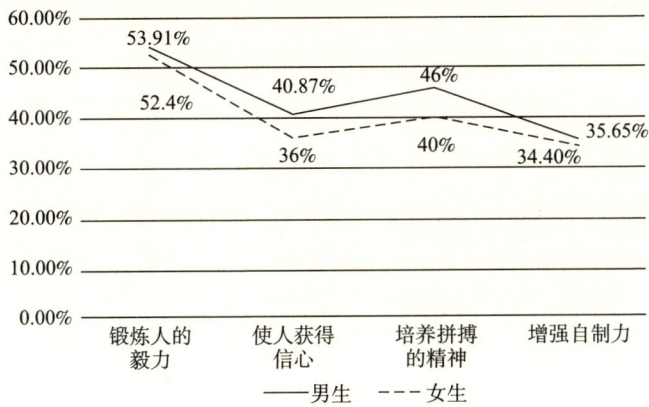

图 15　磨炼自我四项问题的"非常赞同"比例

选择"非常赞同"态度的比例差距有三项在5%以内，均在10%以内，最小差距为1.25%，最大差距为6%，平均差距为3.41%。

（4）男女生体育价值认知的差异性尤其体现在社交能力价值上。

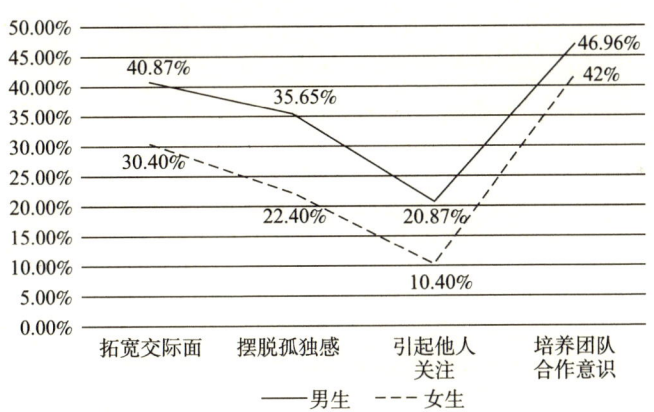

图 16　社交能力价值四项问题的"非常赞同"比例

此外，男、女生对社交能力这一价值的认知差距最大，具体体现在：选择"非常赞同"态度的比例差距有三项在10%以上，最小差距为4.96%，最大差距为13.25%，平均差距为9.79%。

三、中美大学生对体育价值认知的比较

（一）中美大学生的体育态度均较为明确

根据汪晓琳、胡安义从美国纽约城市大学布鲁克林学院回收的研究样本数据，分析美国不同性别大学生对体育的态度，体育态度积极男生比例为40%，女生为30%，体育态度消极男生为35%，女生为35%，而态度不确定比例男生为25%，女生为35%，总体样本态度积极比例为30%，消极比例为35%，中间态度比例为35%。该数据说明美国大学生的体育态度比较明确，态度模棱两可的学生比例较少。[1]

笔者认为，体育态度是否明确在以中国学生为样本的研究中可以体现为选择"一般"的人数和比例，在非常赞同、赞同、一般、比较不赞同、非常不赞同的程度设置中，我们认为选择前两项和后两项程度为体育态度较为明确，选择一般则反映出学生尚未对某项体育价值有深刻的认识，可视为体育态度不明确。根据数据分析，20 道题目中，总体样本选择"一般"态度的人数比例最高为39.18%，最低为7.95%，平均为19.71%。因此，笔者认为我国大学生的体育态度亦较为明确。

（二）中美大学生对具体体育价值的认知存在差异

汪晓琳、胡安义从美国纽约城市大学布鲁克林学院回收的研究样本数据显示，美国大学生对体育价值赞同度最高的题目分别为"体育能够保持身体的健康和强壮""体育能够帮助形成积极的生活方式、良好的身心状态""体育能够帮助形成良好的身体姿态和身体素质"。可见，美国大学生更希望通过体育活动来形成良好的生活状态，其认为体育活动最重要的价值是生理健康、精神健康。

根据中国政法大学国际法学院 2018 级新生的样本数据分析，笔者总结出，中国大学生对于"磨炼自我"这一价值的认知程度最高，持"非常赞同"的平均比例为41.78%；对于"生理健康"这一价值的认知程度次高，

---

〔1〕 参见汪晓琳、胡安义："差距与努力：中美大学生体育态度比较研究"，载《湖北工程学院学报》2016 年第 3 期。

持"非常赞同"的平均比例为 38.01% 。可见，中国大学生在体育活动中更多地体会到了体育活动意志磨炼和塑造精神的功能，并同时希望通过体育活动来强身健体。

（三）美国大学生性别差异较小，中国大学生性别差异较大

汪晓琳、胡安义从美国纽约城市大学布鲁克林学院回收的研究样本数据显示，大学生积极的体育态度选择的题目中，男生得分排前 5 位的依次是问题 5、9、19、1 和 13（a5，a9，a19，a1，a13）；女生得分排前 5 位的依次是问题 5、9、13、19 和 1（a5，a9，a13，a19，a1）。从这几组数据可以看出，从性别的角度看，美国大学生对体育价值的认知能力和体育态度具有高度的一致性，这可能与美国的教育方式和培养体制有关。[1]

结合男、女生对体育价值认知的样本分析和男女生对体育价值认知的差异性样本分析，可以得出，中国男、女生对于体育价值的认知有一致性，但是差异性更大，不仅体现在体育价值的不同类型的认同上，还体现在对同一类体育活动价值认知的程度上。

参考文献

［1］中共中央马克思恩格斯列宁斯大林著作编译局编：《马克思恩格斯文集》第 9 卷，人民出版社 2009 年版。

［2］汪晓林、胡安义："差距与努力：中美大学生体育态度比较研究"，载《湖北工程学院学报》2016 年第 3 期。

［3］蒋桂凤等："湖南省普通高校大学生体育态度和余暇体育行为分析"，载《上海体育学院学报》2005 年第 5 期。

［4］辜德宏等："大学生体育价值观念的调查研究——以湖南省高校为例"，载《体育科学研究》2013 年第 2 期。

［5］王润复："试析大学生体育价值观念——关于大学生体育意识、态度、兴趣的调查研究"，载《江苏高教》1996 年第 5 期。

---

〔1〕 参见潘志贤等："大学生参与体育活动的态度和动机的调查与研究"，载《北京体育大学学报》2005 年第 12 期。

［6］鲁心灵等：“大学生体育锻炼价值认知与其运动动机的关系研究”，载《福建体育科技》2017 年第 5 期。

［7］卢文杰、于可红：“试论大学生体育价值取向研究”，载《浙江体育科学》2013 年第 1 期。

［8］陈炜：“大学生体育价值观与高校体育环境关系的初步研究”，苏州大学 2008 年硕士学位论文。

［9］邹宁：“长春市与波士顿高校学生体育态度及影响因素的比较研究”，东北师范大学 2008 年硕士学位论文。

［10］李俊、马爱民：“大学生体育价值观对体育锻炼行为的影响研究”，载《当代体育科技》2017 年第 25 期。

［11］黄美蓉：“我国大学体育困境与出路探析”，载《体育与科学》2017 年第 3 期。

［12］张恩泰：“我国大学生体育价值观现状的初步研究”，西南大学 2006 年硕士学位论文。

［13］梁超：“大学生体育价值观对体育教学的影响——以衡阳师范学院为例”，载《林区教学》2014 年第 2 期。

［14］崔春山、郑海燕：“中日大学生体育价值观比较研究”，载《体育世界（学术版）》2018 年第 1 期。

［15］孙柱兵：“论体育价值观对大学生社会化的影响”，湖南师范大学 2008 硕士年学位论文。

保障普通大学生积极参与体育运动的
制度设计

——以中国政法大学为例

孙显超*

摘要： 21 世纪是知识经济的时代，是人才和科技的时代。一个人的成长成才离不开拥有强健的体魄和健全的体育人格。大学是我国人才培养的主要基地，大学生是我国新时代新型人才的生力军。中国政法大学承担着为中国新时期的法治建设、全面推进依法治国培养和输送人才的重要任务。法治人才除了拥有高水平的学历层次，强健的身体素质也不可或缺，强健的身体素质主要依赖于积极参与体育运动。本文以中国政法大学为例，分析了目前法大普通大学生参与体育运动的现状，并为保障普通大学生积极参与体育运动提供了制度设计。

关键词： 普通大学生　体育运动制度设计　中国政法大学

绪　论

21 世纪是科技的时代，人才的时代，知识经济的时代。一个人的发展成才离不开拥有强健的体魄和健全的体育人格。目前，大学是我国人才培养的主要基地，大学生是我国新时代新型人才的生力军。体育本身具有健身、教育、娱乐的功能，还能发挥一定的政治经济作用，不仅能够对大学生的体质

＊　孙显超，中国政法大学体育教学部副主任、副教授。

健康、人格塑造、个性发展、社会适应能力以及人际交往能力方面产生重要影响，还能够促进教育、社会经济的发展进步。中国政法大学是我国法学第一学府，承担着为中国的法治建设、全面推进依法治国培养和输送人才的重要任务。法治人才除了拥有高水平的学历层次，强健的身体素质也不可或缺，甚至可以说健康的体质是知识性人才的基础。所以积极推进高校体育发展，保障大学生积极参与体育运动，增强身体素质为成长成才奠定基础显得尤为重要。

新时期，我国经济发展水平迅速提高，人民生活水平越来越高，体育需求日益增长，为高校体育的发展建设提供了物质基础。此外，体育法律体系的不断建立完善为高校体育的发展提供了法律保障。改革开放以来，我国十分重视体育事业的发展，随着时代的发展进步，政府和立法机关也与时俱进，屡次颁布体育法律法规，指导规范体育事业尤其是学校体育的发展。1995 年8 月，《中华人民共和国体育法》（以下简称《体育法》）在第八届全国人大常委会第十五次会议上获得全票通过。该法的通过，弥补了一直以来中国体育法律的空白，改变了中国体育法律缺失的现状，标志着中国体育事业的发展上升到了一个以法治体的阶段。1999 年 6 月 13 日，教育部颁布《关于深化教育改革，全面推进素质教育的决定》（中发〔1999〕9 号），该决定以"健康第一"为指导思想，明确提出学校要切实加强体育工作，教育学生学习具备锻炼身体的技能，坚持自主锻炼。[1]2002 年，教育部颁发《全国普通高等学校体育课程教学指导纲要》（下文简称《纲要》），为新时期如何进行高校体育课程建设和如何评价高校体育提供了指导性依据。[2]2006 年，教育部文件《关于开展全国亿万学生阳光体育运动的通知》（以下简称《通知》）提出从2007 年开始全面实施《学生体质健康标准》，将创新课堂体育教学和鼓励课外体育活动相结合，积极全面开展阳光体育活动，确保全国大中小学生每天

---

〔1〕 参见中共中央、国务院："中共中央国务院关于深化教育改革，全面推进素质教育的决定"（中发〔1999〕9 号），教育部官网 http://www. moe. gov. cn/jyb_sjzl/moe_177/tnuu_2478. html，最后访问时间：2017 年 10 月 27 日。

〔2〕 参见教育部："全国普通高等学校体育课程教学指导纲要"（教体艺〔2002〕13 号），载教育部官网 http://www. moe. gov. cn/s78/A17/twys_left/moe_939/moe_792/s3273/201002/t20_00128_80824，最后访问时间：2017 年 10 月 27 日。

锻炼一小时。[1] 2007 年 5 月，《关于加强青少年体育增强青少年体质的意见》在前述《通知》的基础上，指出要在体育设施、安全管理、青少年体育方面加强体育工作。[2] 2012 年 10 月 22 日，国务院办公厅批示颁发《关于进一步加强学校体育工作的若干意见》的文件，提出了要加强学校体育监督测试和评价机制建设。[3] 2016 年 5 月，国务院办公厅《关于强化学校体育促进学生身心健康全面发展的意见》（国办发〔2016〕27 号），提出了学校体育需遵循四个"基本原则"。[4] 2017 年 10 月 18 日，习近平总书记在党的十九大上报告中两次提到和体育有关的内容：其一，习近平总书记在回顾过去五年的成就时指出过去五年全民健身和竞技体育的发展取得了重大成就。其二，他在强调推动文化事业和文化产业发展时提出，要全面推进全民健身活动广泛开展，全面推进体育强国事业。习总书记这一系列有关体育的提法和论断，是新时期体育强国和全民健身事业发展的风向标。

随着物质经济的发展、国家的重视，以及全民健身上升为国家战略，全民健身观念日益深入人心，我国的体育事业发展迅速，学校体育的发展也取得了建设性成就。然而，从整体看，高校体育工作依然发展缓慢：体育课堂教学质量有待提高，课外活动不够充分，中小学生学业压力依旧很大，场地设施投入力度不够，场地利用率不高、不足，学校体育评价机制还不够完善，各高校的体育发展水平不平衡等问题依然普遍存在。由于学生自身兴趣问题和互联网高速发展带来诱惑等因素的存在，近年的数据显示学生体质健康水平呈下降趋势。另外，2002 年教育部发行的《纲要》明确规定在我国的教育制度

---

〔1〕 参见教育部、国家体育总局、共青团中央："关于开展全国亿万学生阳光体育运动的决定"（教体艺〔2006〕6 号），载教育部官网 http://www. moe. gov. cn/s/8/A17/twys_left/moe_939/s3276/20/001/t20/00128_80877. html，最后访问时间：2017 年 10 月 27 日。

〔2〕 参见中共中央、国务院："中共中央国务院关于加强青少年体育增强青少年体质的意见"，载教育部官网，http://www. moe. gov. cn/jyb_xxgk/moe_1m/moe_1778/tnuu_27692. ktml，最后访问时间：2017 年 10 月 27 日。

〔3〕 参见教育部、发展改革委、财政部、体育总局："关于进一步加强学校体育工作的若干意见"（国办发〔2012〕53 号），载中国政府网，http://www. gov. cn/zwgk/2012 – 10/29/content_2252887. htm，最后访问时间：2017 年 10 月 27 日。

〔4〕 参见国务院办公厅："关于强化学校体育促进学生身心健康全面发展的意见"（国办发〔2016〕27 号），载中国政府网 http://www. gov. cn/xinwen/2016 – 05/06/content_5070968. htm，最后访问时间：2017 年 10 月 27 日。

中，大三年级以后体育课程不再是必修课，而是以选修课的形式开设。[1]然而现实中高校在体育教学过程中，为大三年级以后的学生开设体育选修课的高校寥寥无几，这就使得大学生原本较少的课堂体育锻炼时间更加匮乏，大学生进行体育锻炼更多的是课外自主锻炼。

本文以十九大报告"加快推进体育强国建设"为背景，以高校体育的发展现状为视野，着眼于当前大学生体育锻炼的实际，着力于解决如何保障普通大学生积极参与体育锻炼的问题。鼓励普通大学生积极广泛参与体育锻炼是高校体育工作的重点，本文中，笔者将采用文献资料法、文献综述法、问卷调查法、比较分析法、数理分析法、访谈法，以中国政法大学为例，发放问卷调查中国政法大学普通大学生体育锻炼参与现状，与校内长期进行体育教学工作的教授、领导进行访谈，调取中国政法大学体质健康测试成绩进行分析，同时引入北京市高校一些大学生的锻炼情况作对比，研究讨论得出保障普通大学生积极参与体育锻炼的可行途径、措施，并将其上升到制度层面，使其实施范围更广阔、效果更明显，以便更好地为政府、学校在领导组织发展高校体育的过程中提供决策建议。

一、相关概念辨析

（一）普通大学生和高水平运动员

1. 普通大学生

顾名思义，普通大学生即普通高等学校在读学生，是指由国家教育部或省级教育行政部门（含自治区、直辖市等）主管的实行高等国民教育的学校（简称"普通高校"）通过全国统一考试招收录取并且具有学籍的全日制和非全日制学生。广义上的普通大学生包括全日制学生和成人高校机构学生。本文研究的对象为狭义上的普通大学生，即全日制在读学生，主要包括本科和专科两个层次。成人高校非全日制的学生大部分已经步入社会工作，笔者个人认为应该放入社会体育的范畴，在此不多论述。

---

〔1〕 参见教育部："全国普通高等学校体育课程教学指导纲要"（教体艺〔2002〕13 号），载教育部官网。

2. 高水平运动员

高水平运动员这一群体于 1987 年在 51 所高等院校应运而生。[1]高水平运动员是指其本身具备较高的个人专项运动技术水平，由普通高等院校招收的大学生运动员或者一二线专业运动员，他们具有高等院校的学籍，并且代表学校参加省市级和国家级的比赛，主要包括大学生运动员和"挂靠"在大学里的一二线或者退役的专业运动员两种类型。

3. 联系与区别

高水平运动员一定程度上是大学生的一种，尤其是大学生运动员，其首先是大学生，其次才是运动员。高水平运动员有其固定的训练和学习模式，其体育运动参与情况和普通大学生无可比性，所以本文只研究非高水平运动员的普通大学生的体育运动参与情况。

（二）体育课堂教学和课外锻炼

1. 体育课堂教学

体育课堂教学是指由老师传授学生体育技能和体育知识的一种体育课堂教学形式，目的是增强学生运动能力，促进学生身体健康，促使学生具备自主锻炼的技能，养成自觉锻炼身体的好习惯。

2. 课外锻炼

课外锻炼是相对于体育课而言的，是指学生利用课余时间参与的体育活动。它以锻炼身体、愉悦心情、增强体质、提高运动技能为目的，已经成为一种教育制度。其有狭义和广义之分，前者一般指课外活动等，后者还包括运动会、日常锻炼等形式。

3. 联系和区别

体育课堂教学和课外锻炼是高校体育工作的两大部分，是大学生参与体育运动的两大主要渠道，二者相辅相成，相互配合。保障普通大学生积极参与体育运动，必须统筹兼顾这两个方面，努力防止发展不平衡现象的出现。

---

[1] 参见教育部办公厅："关于部分普通高等学校试行招收高水平运动员工作的通知"[（87）教学字 008 号]，http://laws.66law.cn/law-16147.aspx，最后访问时间：2017 年 10 月 27 日。

（三）学校体育和社会体育

1. 学校体育

学校体育是指以在校学生为主体，旨在培养学生的体育兴趣和体育能力、强健学生体魄、健全学生体育人格的一种体育活动。

2. 社会体育

社会体育是指普通民众自发自愿进行的用来强健身体、娱乐放松、休闲交友、不以追求成绩为目的的锻炼活动，它具有自发自愿性和途径多元性。[1]

3. 联系与区别

广义上看，学校体育作为社会体育的组成部分，为社会体育的发展培养和输送人才；学校体育的发展离不开社会体育的支持，社会体育为学校体育提供导向。

二、国内普通大学生参与体育运动现状文献综述

（一）课外体育活动参与现状

范占江在《大学生"每天锻炼一小时"课外体育活动模式的实践研究》一文中通过调查发现：高校体育工作中主管部门对高校课外体育活动监督不到位、体育教师指导课外活动时间极少的现象依旧存在。[2]

凌寒、张树勇等人则在《大学生参与课外体育活动现状分析及对策探讨》一文中指出，目前大学生自主锻炼态度积极但是强度不足，课外体育活动存在项目单一、缺乏组织性、受场地设施限制、体育资源利用不足、体育场馆过度市场化运营、缺乏有效的场地保险应急机制等问题。[3]

姚大为、张树军、王诚民、季景盛、王妍妮在《大学生体育自主锻炼现状的调查研究——以齐齐哈尔大学为例》一文中阐述了当前多数大学生

---

〔1〕 参见叶加宝、苏连勇主编：《体育概论》，北京体育大学出版社 2005 年版，第 183 页。

〔2〕 参见范占江："大学生'每天锻炼一小时'课外体育活动模式的实践研究"，载《当代体育科技》2016 年第 35 期。

〔3〕 参见凌寒等："大学生参与课外体育活动现状分析及对策探讨"，载《科教导刊（下旬）》2017 年第 8 期。

参与体育运动的目的较为清晰，呈现多元化趋势；对体育锻炼的认识比较正确，兴趣良好，但是他们对于科学锻炼、如何正确有效健身的知识掌握较少。[1]

（二）体育课堂教学现状

李龙在《高校体育课堂教学与课外体育活动衔接问题研究》一文中指出：现阶段高校体育课程不够丰富，体育课堂教学的内容和学生课外体育活动联系不够紧密，高校对体育课堂的管理不够规范。[2]

许智、谢冬兴在《高校体育公共性缺失与自律》一文中提到：本科综合、师范、民族院校、工科、农、林院校师生比为1/18，但在高校体育实践中却存在体育师生比例失衡，以及体育教师在各个体育项目上的分配不均衡的现状。[3]

李彬在《新时期大学体育教学的定位及开展模式》中则表明新时期大学体育教学现状表现为：教学理念和方式不明确、教学内容单一、教学目的不明确。[4]

史艳艳、张慧敏在《智慧体育走进高校体育课堂的初探》一文中则认为在目前的高校体育课堂教学中，在互联网发展迅速的背景下，部分教师的教学方法依旧老套，[5]不能根据学生的个性及时创新，更不能因材施教，上课往往以完成教学任务为目的。

（三）高校体育信息化服务程度

随着互联网平台的不断发展，高校体育信息化服务已然成为一种趋势。据了解，西南交通大学已经构建起由场馆管理、资产管理等多套子系统构成的体育信息化服务平台；武汉大学利用信息处理技术，建立了体育中心信息

---

〔1〕 参见姚大为等："大学生体育自主锻炼现状的调查研究——以齐齐哈尔大学为例"，载《高师理科学刊》2017年第6期。

〔2〕 参见李龙："高校体育课堂教学与课外体育活动衔接问题研究"，载《湖北体育科技》2017年第7期。

〔3〕 参见许智、谢冬兴："高校体育公共性缺失与自律"，载《武汉体育学院学报》2017第3期。

〔4〕 参见李彬："新时期大学体育教学的定位及开展模式"，载《考试周刊》2017年第99期。

〔5〕 参见史艳艳、张慧敏："智慧体育走进高校体育课堂的初探"，载《当代体育科技》2017年第30期。

管理系统；哈尔滨工程大学已经在体育课的教学中运用数字化多媒体同步教学。

然而，高校体育信息化服务还有待推进。刘晨在《高校体育信息化服务中手机 APP 的设计与应用——以西南交通大学为例》一文中指出，体育信息系统主要存在于 PC 平台，各个系统之间、各工作领域之间相对独立，缺少统一的管理。[1] 如今，手机网民数量日益增长庞大，手机移动网络具有方便快捷、受众人群广、服务范围大、互动性强的特点，将高校信息服务平台研发设计于手机 APP 广泛推广运用无疑能够更好地促进学生积极参与锻炼。但是目前能够提供校园体育信息化服务的系统较少，手机 APP 的推广使用尚处于探索阶段，与之相匹配的体育的运动类 APP 的使用率不是很高，有待推广。运用数字化多媒体进行体育教学的实践并不是很广泛，高校普遍存在着信息化服务平台使用率低，课堂教学与课外活动对信息化服务平台的使用不平衡，比如说大部分高校的场地租用依然是人工服务。

（四）高校体育立法现状

在全面推进依法治国的大背景下，保障普通大学生积极参与体育运动离不开法律。然而，我国的体育法律体系还不够完善。具体表现为以下几个方面：

1. 体育立法整体发展滞后

从 1995 年《体育法》出台至今，仅仅经历了 2009 年和 2016 年两次修正。当今我国体育事业发展日新月异，体育产业日益市场化，体育消费不断扩大，对于内容比较宽泛的《体育法》来说，有些条文在施行过程中难以做到与时俱进。

2. 缺乏解释、体系杂糅、缺乏完整性

《体育法》在施行的过程当中，并无最高人民法院等司法机关给出的权威司法解释，在长期的体育法律实践中，主要是一些国务院各部门出台的部门规章在发生效力。这些部门规章在一定程度上有助于当前体育事业中出现的实际问题的解决，但也会出现多个规章规定同一个问题的情形。所以当前我

---

〔1〕 参见刘晨："高校体育信息化服务中手机 APP 的设计与应用——以西南交通大学为例"，西南交通大学 2015 年硕士学位论文。

国以《体育法》为主，各部门规章为辅组成的体育法律体系还有待进一步完善。

3. 缺乏对发展高校体育的具体规定，学者研究力度不够

《体育法》和国务院各部门规章中有不少关于学校体育的规定，但是这些法律条文和规章制度大都比较宽泛，以原则性规定为主，很少有明确提出哪一条法律条文是针对我们大学体育教育的哪一个方面的。许多高校在开展自己本校的体育工作的时候，往往是通过制定规章制度的形式，这就使得地方在体育法律实践中有很大的自主性和地区差异性。此外，历年来缺乏学者对高校体育立法的研究。在知网数据库以"体育立法"作为关键词检索，共537 篇文献，且其中有超过一半是 2008 年以前的文献，时效性极低；以"学校体育立法"检索，得到的结果是 135 篇文献；以"高校体育立法"为关键词进行检索，仅有 10 篇文献。这种针对高校体育的自上而下的立法、研究方面的缺乏，自然会导致大学师生对体育立法的认识不足、体育法律意识淡薄的问题。

三、中国政法大学学生体育运动参与现状

（一）调研基本情况

课堂教学和课外锻炼是学校体育工作的两大重心，同时也是学生参与体育运动的两种主要形式。本次研究主要以法大学生的体育锻炼情况作为研究对象，为了进行横向对比，兼顾了北京市周边部分高校学子的体育锻炼情况。笔者于 2018 年 2 月 26 日在专业的统计网站问卷星平台制作了名为《中国政法大学学生体育运动参与情况问卷》和《北京市大学生体育运动参与情况问卷》的问卷调查表，并且通过微信群、朋友圈、QQ 群、QQ 空间发放问卷，截至 3 月 3 日，前后间隔一周，以便问卷填写人群更为广泛。《中国政法大学学生体育运动参与情况问卷》只向法大学生发放；《北京市大学生体育运动参与情况问卷》则面向北京建筑大学、北京化工大学、北京交通大学、北京师范大学、中央民族大学等高校的学生发放，使得样本具有普遍性，能够代表北京市大学生的整体平均状况。问卷回收后，笔者使用问卷星网络分析平台、

SPSS25.0 和 EXCEL 软件进行数理分析统计，得出的结果比较全面精确。

本次调研实际发放《中国政法大学学生体育运动参与情况问卷》533 份，收回 533 份，回收率 100%，其中有效份数 533 份，有效率为 100%；实际发放《北京市大学生体育运动参与情况问卷》64 份，回收 64 份，回收率 100%，有效问卷 58 份，有效率 91%。其中，《中国政法大学学生体育运动参与情况问卷》男生填写 207 人次，占比 38.84%；女生填写 326 人次，占比 61.16%。兼顾法大大一到大四以及研究生、双学位学生这些群体，占比分别为大一 23.83%，大二 23.26%，大三 23.26%，大四 20.83%，研究生 4.69%，双学位学生 1.31%，法大毕业校友 2.81%。《北京市大学生体育运动参与情况问卷》男生填写 37 人次，占比 57.81%；女生填写人次 27 人次，占比 42.19%。具体如图 1 至图 4 所示：

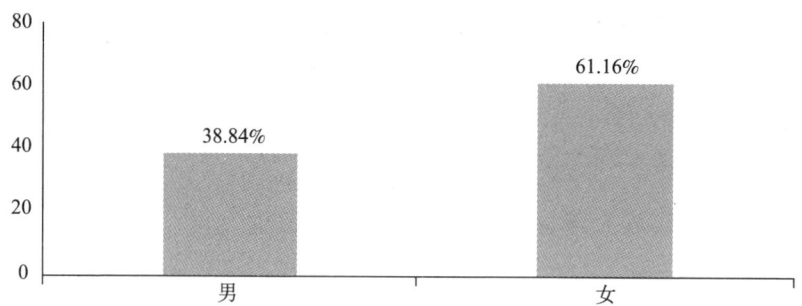

图 1　法大参与问卷学生男女比例统计图

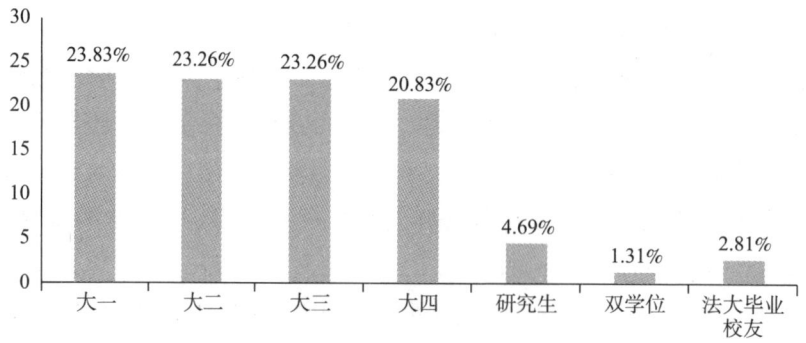

图 2　法大参与问卷的人群分布统计图

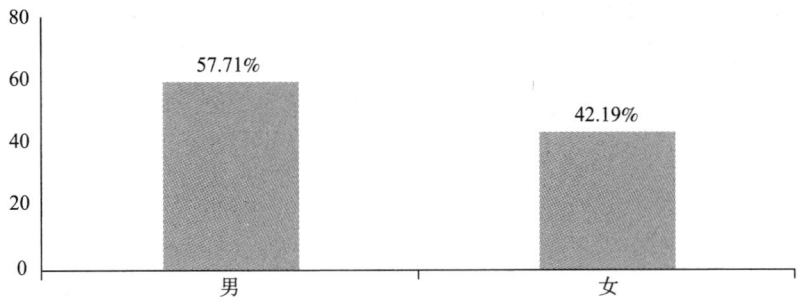

图3 北京市参与问卷大学生男女比例统计图

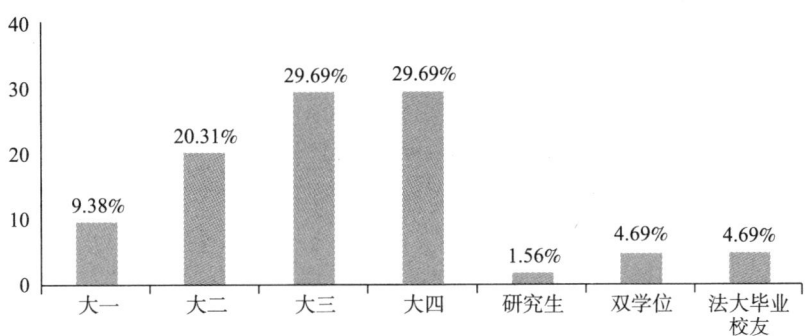

图4 北京市参与问卷的大学生人群分布统计图

（二）法大学生课外锻炼参与现状

1. 法大学生参与体育运动的积极性有待提高

衡量一个人是否经常参加体育锻炼且具有良好的体育锻炼效果的指标为每周锻炼3次以上，每次锻炼30分钟以上。根据这个指标，结合图5至图8我们可以看出：只有43.72%的法大学生每周锻炼三次以上，这个占比还不足总数一半；仍有24.77%的学生每次锻炼的时间少于半小时；18.95%的学生几乎不进行体育锻炼，这个比率接近20%。从以上数据可以看出，法大学生参与体育运动、锻炼身体的情况并不是十分理想，仍有一半以上的人达不到正常的锻炼标准。北京市大学生每周锻炼在3次及以上的占57.81%，相比之下，远高于法大的43.72%。由此看出，法大学生参与体育运动的积极性低于北京市大学生的平均水平。

之所以出现这样的情况，根据图9分析，除了受天气和学业压力这类客观因素的影响，兴趣爱好这类的主观意愿也是造成锻炼较少的主要原因。此外，场地设施限制、对体育运动的科学认识观念、体育教师的影响、个人身体状况、运动氛围、运动伤害风险也是影响法大学生体育运动参与积极性的因素。

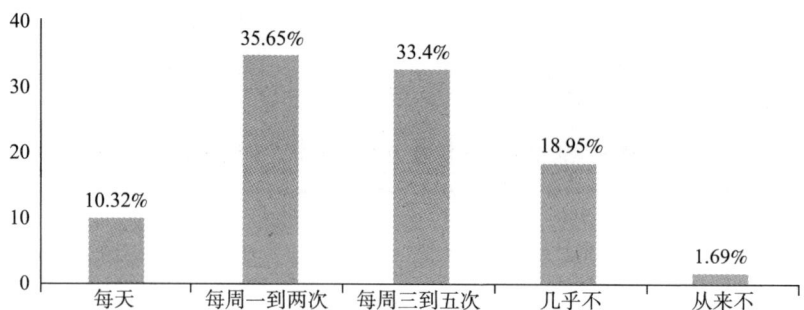

图 5　法大学生每周锻炼次数统计

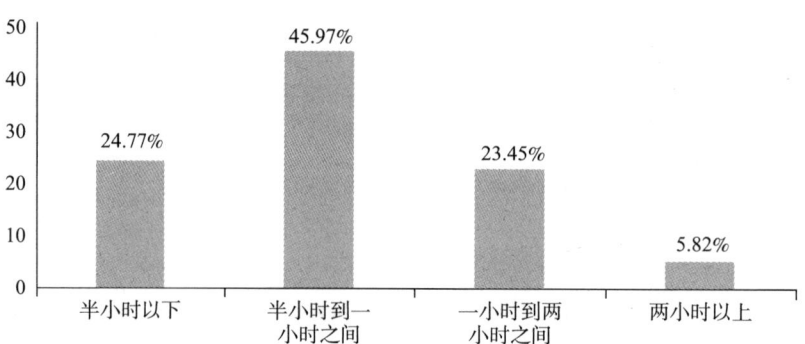

图 6　法大学生每次锻炼时间统计

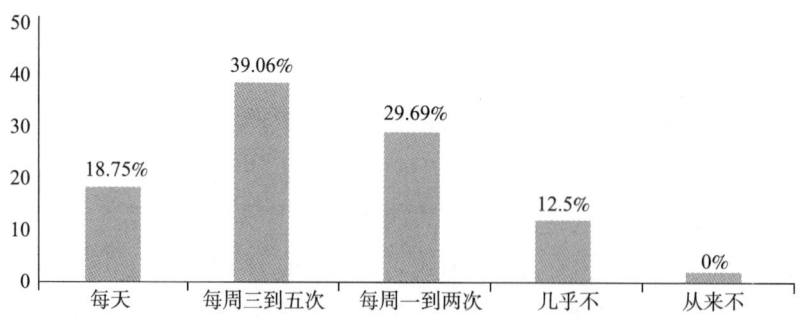

图 7　北京市大学生每周锻炼次数统计

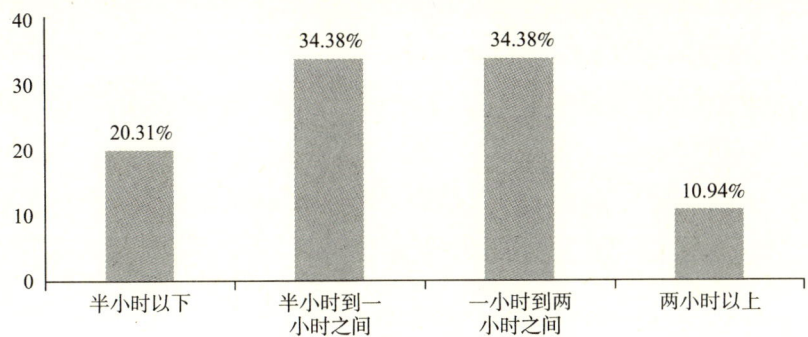

图8　北京市大学生每次锻炼时间统计

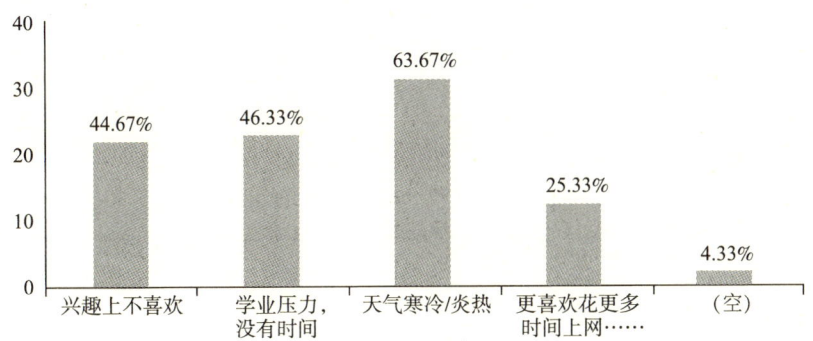

图9　影响法大学生参与体育运动的因素

2. 形式上以跑步为主，较为单一

如图10所示，经常选择以跑步作为锻炼方式的法大学生约占76.92%，比例相当之高；经常选择球类运动锻炼身体的同学也不少，篮球和羽毛球最受青睐，藤球和乒乓球在法大学生锻炼身体的选择中呈现小众化趋势；25.14%的学生还会选择其他锻炼方式。此外，大约6.75%的学生选择在法大健身房锻炼身体，大约14.63%的学生选择校外健身房健身。这样的数据差异可能是由于生活水平不断提高，大学生健身观念不断增强。而目前法大新修建的健身馆暂时未在业余时间向普通学生自由开放，仅供教师瑜伽课堂教学和学校各运动队的学生使用。

从图10、图11和数据分析可以看出：法大学生参与体育运动的方式主要以跑步为主，比较单一，多元化程度不足，这也是北京市大学生普遍存在的现状。

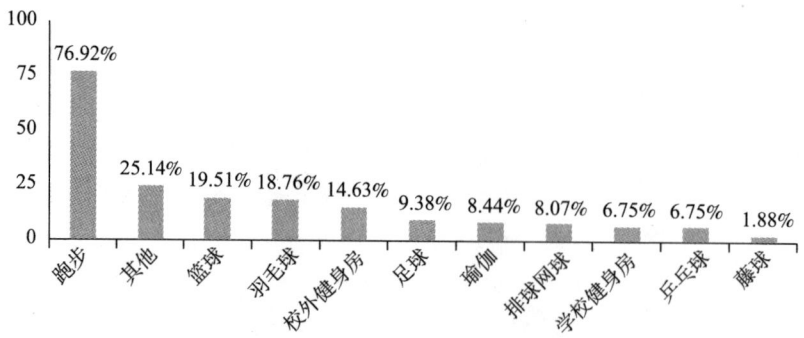

图 10　法大学生参与体育运动的形式统计

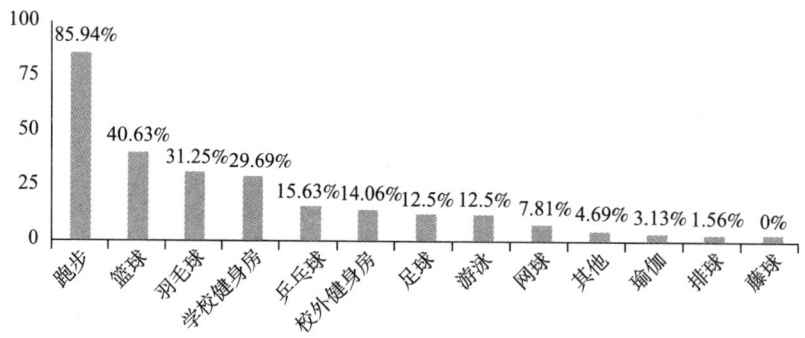

图 11　北京市大学生体育运动参与形式统计

3. 场地、设施有限

体育设施主要可以分为硬件设施和软件设施。

软件设施方面，法大的信息化服务平台在教学管理方面已经广泛运用，但体育工作方面仅仅表现为学生可以利用教务处课程管理系统进行体育课程的自主选择以及对体育教师进行教学评估，暂时还未开发建成其他服务师生、方便学生学习体育知识、积极参与锻炼的多媒体教学平台、信息化服务系统和手机 APP。可以说，课堂教学和课外锻炼信息化服务建设是法大体育工作的短板，有待进一步完善。

硬件设施方面，目前，法大的体育场地主要有田径场（足球场）1 块、室外篮球场 9 块、五人制足球场 2 块、排球场 4 块、网球场 6 块、藤球场 2块、轮滑场 2 块、武术场地 1 块、体育馆 1 座——内部主要是乒乓球、羽毛球和排球场地，2017 年增设了内部篮球场，但由于场地面积限制，该篮球场的尺寸大小并不符合国际篮联指定标准。2016 年，学校加大了资金投入力度，首先在原来废弃游泳池的场地上新建 2 块五人制足球场地和一座健身馆，五人制足球场于 2016 年底投入使用，健身房因尚未通过验收而暂未向广大师生开放；其次是换新增置田径场所有室外健身器材，很大程度上方便了法大师生的健身需求。

　　然而，法大部分体育场地市场化、资源紧张、学生难以预约的现状依然存在。据了解，法大网球场以 10 元/小时、羽毛球场以 6 元/小时的收费标准运营，为了加强场地的维护管理，收费在情理之中，但同样会把一些支付能力较差的大学生挡在锻炼的门外。由于场地有限，这些场地上课时间供教学使用，学生只能在课余时间预约使用，但"人多粥少"，每次使用还得提前人工预约，经常性预约不到容易使学生产生怕麻烦心理，进一步阻碍了学生锻炼的积极性。问卷调查结果（图 12、图 13）显示：仅有 4.5% 的学生表示法大的场地设施完全可以满足锻炼需求，52.91% 的学生认为基本可以满足需要，仍然有 42.59% 的学生认为法大的场地设施不能满足日常锻炼需求，这个数据远高于北京市平均水平，法大学生体育设施建设程度低于北京市高校平均水平。

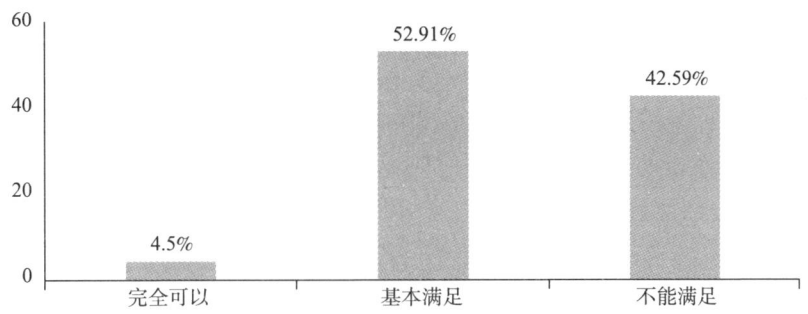

图 12　法大学生对体育设施的满足度统计

4. 体育风险防范意识较差

　　体育运动本身存在一定的运动损伤风险性，通过科学合理的方法进行锻炼能够有效防止运动损伤。运动损伤风险的防范主要有事前预防和事后救济两种。事前预防主要是通过掌握足够的锻炼知识，科学合理地进行锻炼，比如运动之前的充分热身和运动之后的拉伸放松都是有效防止运动受伤的重要方式。事后救济主要是在运动损伤已经发生后，为了避免更大的损失，通过

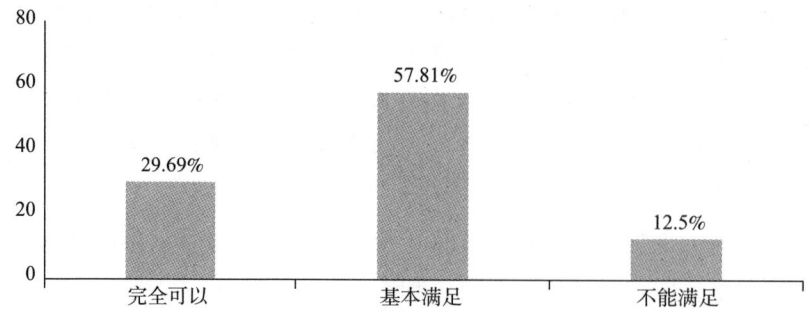

图 13　北京市大学生对体育设施满足度统计

向事先已经购买过的体育保险索赔，以减少经济损失。目前，我国的保险行业已经相当成熟，各大保险公司推出了各式各样的产品，保险市场处于饱和状态。问题的关键在于，调查显示，大学生保险购买意识并不是很强烈。

调查显示，72%的学生都参与过至少一次法大的校级组织、学生社团等部门举办的校运动会、校园长跑活动以及各类其他健身活动或者代表学校出去校外比赛。根据图 14 可以看出，自愿购买保险的学生仅有 6.38%，17.45%的人是在学校、社团要求的情况下才购买体育运动伤害保险，从来不买保险的人数高达 65.48%。此外，在法大学生关于购买体育保险的态度上，如图 15 所示，34.15%的学生认为购买体育保险是很有必要的，51.59%的学生持无所谓的态度，14.26%的学生认为根本没必要购买保险。对比图 15 和图 16 可知，法大学生购买体育保险的意识整体上不如北京市大学生的平均水平，有待于加强引导。

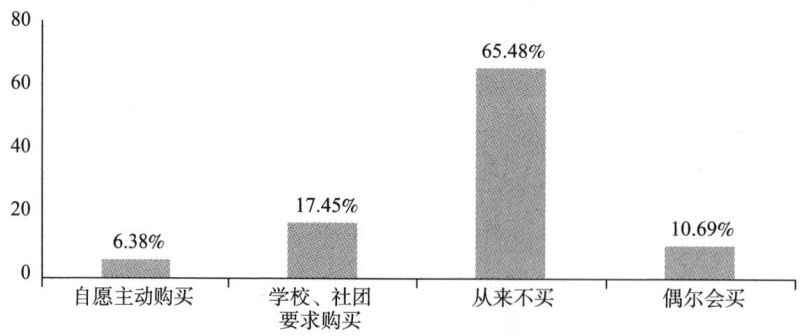

图 14　法大学生购买体育保险情况

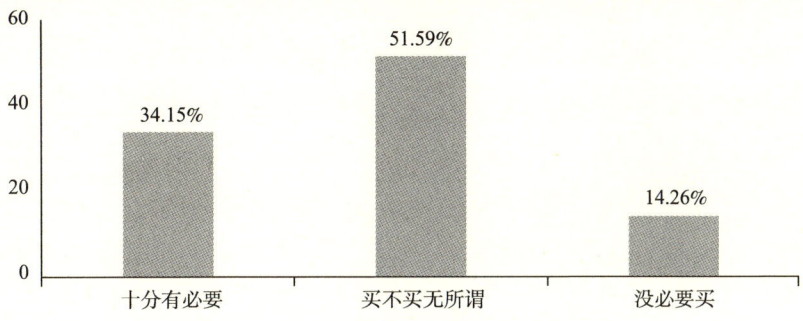

图15　法大学生对于购买体育保险的态度

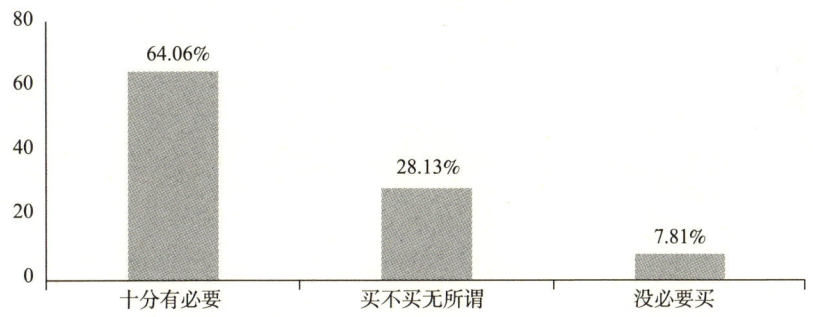

图16　北京市大学生购买体育保险的态度

在事先预防方面，法大学生对于热身运动的重要性有着充分的认识，但在实践中却存在着"三天打鱼，两天晒网"的情况，随心所欲、热不热身凭心情、嫌热身麻烦浪费时间心理导致的部分学生根本不热身或者热身不充分的情况大有存在。如下图（图17、图18）数据显示：92.19%的人认为进行体育锻炼前热身十分重要，但实际锻炼中，每次锻炼都热身的学生比例降到了43.75%，经常热身的仅有18.75%，28.13%的学生偶尔热身，9.38%的学生从不热身，直接参与体育运动。不热身或者热身不充分无疑很大程度上增加了运动伤害的风险。

（三）法大体育课堂教学现状

1. 俱乐部制教学，课程多元化

目前法大的体育课堂教学采取俱乐部制教学方式，由学生在教务处选课管理系统上选择自己喜欢的体育课程以及任课教师，同一年级来自不同院系

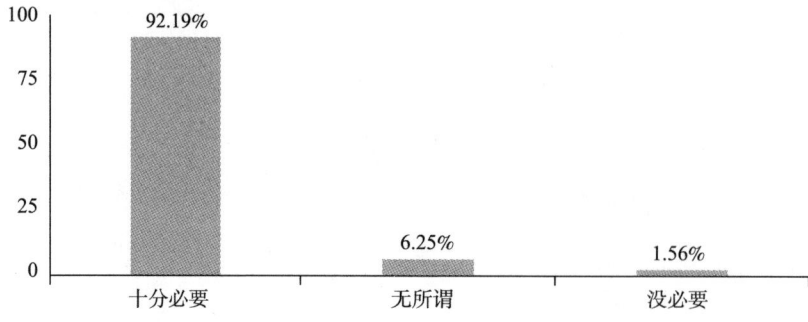

图 17　法大学生对热身重要性的认识

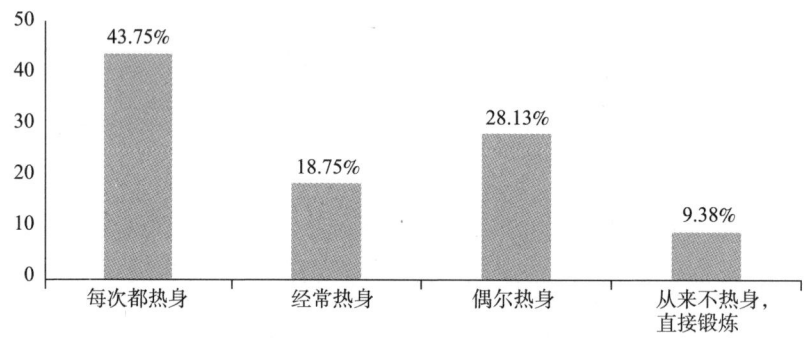

图 18　法大学生体育运动前热身情况统计

选择了同一课程的学生组成一个教学单位。这种教学方式下，学生可以根据自己的兴趣爱好、特长、意愿选择自己喜欢的体育项目进行长期学习，很大程度上保障了学生自由选择学习内容的权利，可以使得学生两年内所修的体育课程具有很强的衔接性、系统性，充分体现出了以人为本、因材施教的教学理念。

法大开设体育课程 20 余门，有三大球、乒乓球、网球、羽毛球、棒垒球、藤球等球类以及体育舞蹈、瑜伽、形体、跆拳道、散打、轮滑、定向越野，等等，形式多样，基本能够满足学生的选课需求。

2. 教学内容单一，理论教学比重小

法大的体育课程多为传授技术、技能类，老师演示教学，学生照做学习，传授方式比较单一传统。体育课由于受场地限制、缺少室内场地，不利于数字化多媒体教学，法大体育课程还处在传统的讲授阶段。体育课程缺少理论知识的教学，学生在学习的过程中也侧重于技能技术的操作训练，理论学习仅在临近期末的时候，为了应付理论测试，集中统一到大教室学习 1 个课时左右。

3. 评价监督机制有待完善

通过采访体育教学部相关老师，笔者了解到，法大体育课教学质量监测主要采取学生评议和同行互评的方式。法大学生每年选课之前都要登录中国政法大学本科生教学管理系统以回答问卷的形式对相关任课老师进行网上评价，给出相关建议和点评。这种方式做到了以学生为本，方便快捷，便于管理，但评价过程缺乏监督引导，存在有学生敷衍了事、草率评价现象，一律好评或者一律差评时有发生。

4. 法大学生对体育课的态度

法大大部分同学对于体育课程持喜欢的态度，但仍有少部分需要加强引导。调查发现（图 19）：18.57% 的学生特别喜欢上体育课，51.97% 的学生比较喜欢上体育课；15.95% 的学生对体育课无所谓，11.63% 的学生表示不喜欢体育课，1.88% 的学生十分厌恶抵触这门课程。笔者认为，学生个人体质差异、兴趣爱好导向、教学内容和方式单一、课堂枯燥乏味等因素，都可能导致学生不喜欢上体育课，对于这部分同学，仍需加强引导。

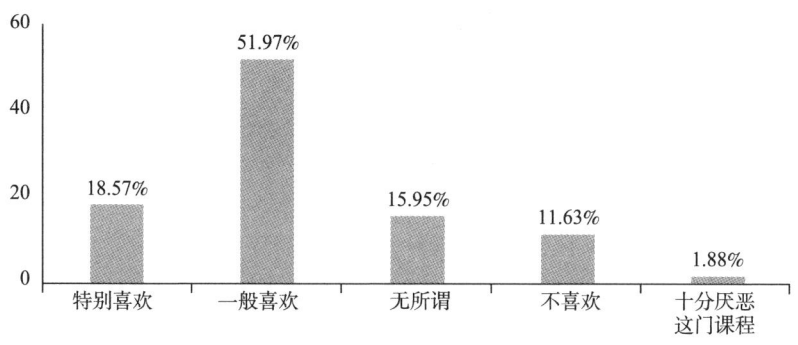

图 19　法大学生对体育课的态度

（四）体质健康测试数据分析

法大严格按照教育部有关要求，每年 11 月份定期进行体质健康测试。笔者向法大体育教学部办公室的老师寻求帮助，调取了 2015 年至 2017 年的数据作对比分析，得出结果如下：

1. 整体来看：近三年来法大学生体质健康测试优秀率呈小幅上升趋势，

良好率、及格率总体呈下降趋势，不及格率总体呈上升趋势（如图 20 所示）。

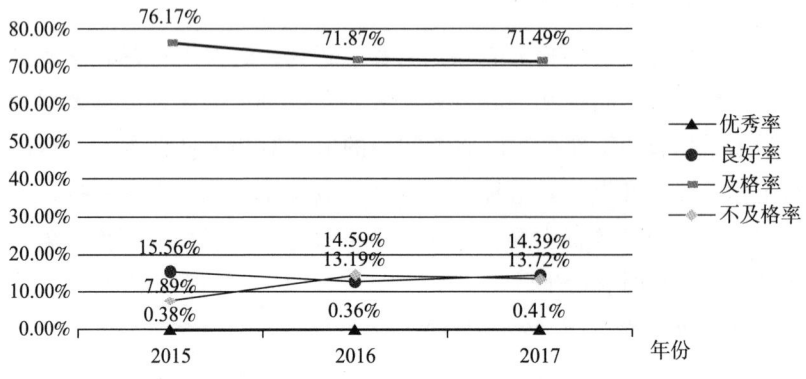

图 20　法大 2015～2017 年体质健康测试等级比例统计图

2. 横向来看，由图 21、图 22 可以看出：以 2017 年和 2016 年为例，大一大二（低年级）的良好率明显高于大三大四（高年级），不及格率明显低于大三大四（高年级），即总的来说大一大二（低年级）的及格率高于大三大四（高年级）。

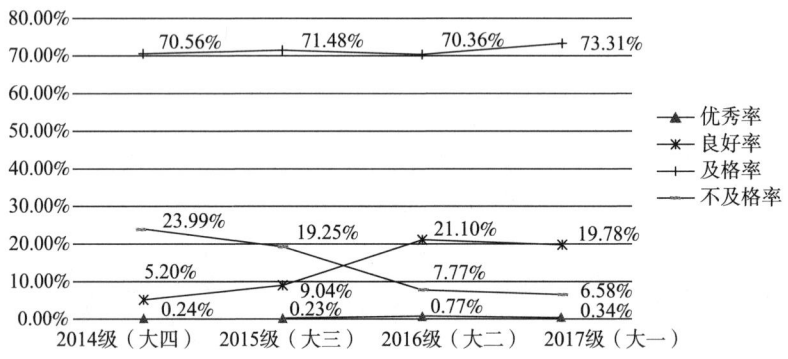

图 21　法大 2017 年本科生体质健康测试等级比例统计图

3. 纵向来看，从图 23、图 24 可以看出，以 2014 级和 2015 级本科生为例：优秀率方面，2014 级学生和 2015 级学生都呈下降趋势；良好率方面，总体呈现出大幅下降趋势；及格率方面，总体呈下降趋势；不及格率方面，呈现出上升趋势。也就是说，2015 年到 2017 年，2014 级和 2015 级本科生的体质健康状况在下降，即随着时间推移、年级升高，法大本科生体质健康整体水平在下滑。

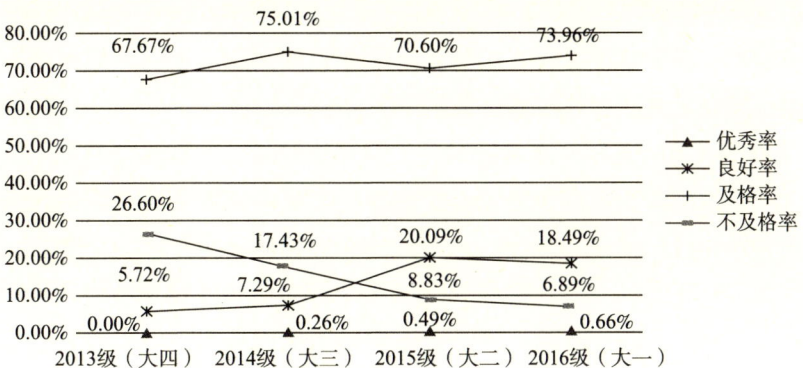

图22　法大2016年本科生体质健康测试等级比例统计图

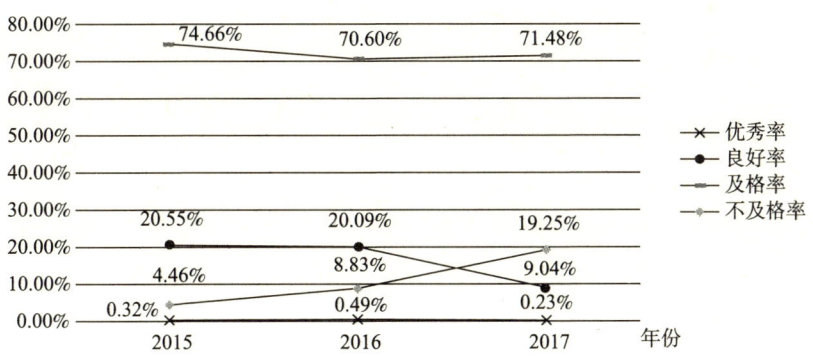

图23　法大2015级学生2015~2017年体质健康测试等级比例统计图

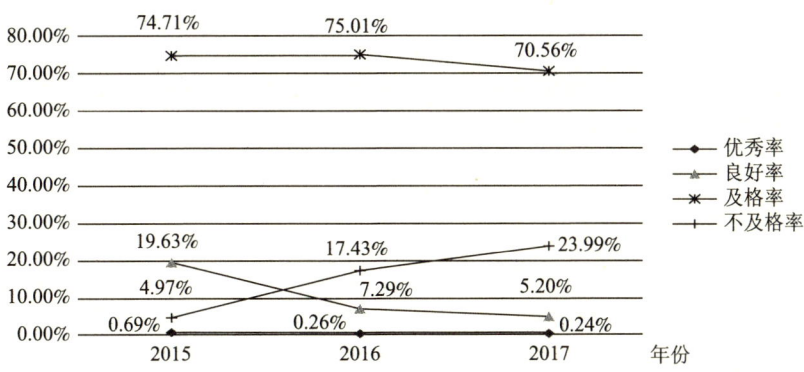

图24　法大2014级学生2015~2017年体质健康测试等级比例统计图

4. 结论：2015 年～2017 年间，中国政法大学学生的体质健康水平整体上呈下滑趋势，体质健康两极分化趋势越来越明显。大一大二（低年级）的体质健康状况好于大三大四（高年级）。

5. 原因分析：近几年来，法大学生参与体育运动的积极性和效果有所削减；大一大二年级开设体育课为必修课程，带有强制性和目的性的课堂锻炼可以有效弥补自主锻炼的缺失；大三大四年级面临着考研、司法考试、国家公务员考试、专业实习以及毕业就业的巨大压力，且已经没有体育课程，这种课堂锻炼缺失、课外锻炼身体的时间受到压缩的情况，一定程度上会影响体质健康水平。

四、保障中国政法大学普通大学生积极参与体育运动的制度设计

（一）完善体育法律体系

在物质经济高度发达、全面推进依法治国的大背景之下，法律保障是普通大学生积极参与体育运动的根本保障、制度保障。因此要全面推进立法工作稳步开展，积极修改《体育法》中与新时代的体育发展趋势不适应的条文，调整《体育法》中空泛化、模糊笼统的规定，出台"体育法司法解释"，指导相关体育法律实践；增加有关发展高校体育、保障学生积极参与体育运动的规定；修正更新《学校体育工作条例》中不适应时代发展的相关条文；国家各部门要从实际出发及时调整国家、学校体育的战略定位，制定相关法律法规，指导政府和学校的体育工作；学校要严格落实国家法律法规、制度条例，依据各高校具体情况，制定相关的条例办法指导高校体育工作，保障大学生的体育权利。从上到下，进一步完善以体育法为核心、体育法律法规相关工作条例为具体内容的体育法律体系。

（二）扩大体育场地设施投资力度，建立"学校—社会"联动机制

法大地处北京市昌平城区，土地资源紧张，扩建校区比较困难。学校需要增加财政投资力度，充分利用空地，建成室内体育锻炼设施，比如扩建游泳馆、篮球馆，能够有效减少炎热或寒冷天气对法大学子锻炼身体积极性的影响。加快新建健身房的验收工作，尽快向学生开放投入使用；网球场、羽

毛球场降低收费标准或者取消收费，保证更多学生加入到这两项运动之中。社会加快保障服务系统建设，政府购买社会服务，兴建周边健身场馆，市区体育场馆设施（比如昌平区体育馆）向学生优惠开放。学校与校外健身房合作，健身房年卡、月卡扩大给予学生的优惠。学校与社会加强合作，拓宽合作渠道，积极吸引社会企业、团体、资金支持学校体育的发展。

（三）建立健全信息化服务制度

开发建设体育信息化服务平台，将校园网"智慧法大"的功能延伸到体育领域，开发出运动场地预约系统，具体包括羽毛球场、网球场、足球场、健身房等场地的预约和收费，打破和改变以往人工预约和收费的方式；开发体育器材管理系统，方便师生随时借用和归还体育器材；在体育课堂教学中推广使用数字化多媒体教学方式。广泛开发推广集赛事信息、课堂教学、健身知识、场馆预约等功能于一身的校园体育 APP，形成"校园网—手机移动 APP 终端"的信息化服务模式。开发微信小程序，开展微信运动打卡等形式的娱乐健身活动。

（四）建立健全体育风险防控制度

建立健身指导制度，积极推广宣传科学合理的锻炼方法，鼓励学生养成运动前热身、运动后拉伸的好习惯，科学有效防止运动损伤。和各大保险公司展开合作，利用互联网、微信平台积极推广体育运动保险，提高学生的保险意识。加大中国政法大学的体育设施、场地的安全检查力度，完善田径场存包制度，保障参与体育运动的学生的生命和财产安全。

（五）建立健全评价监督机制和课堂内外衔接机制

完善创新体育课教学质量评价的方法，加大体育课堂教学质量监督力度；拓宽完善学生评价体育课堂、体育教师的渠道。建立竞赛、激励评价机制，与体育成绩相挂钩，对积极参与学校的竞赛、积极展开自主锻炼的学生的体育成绩给予相应加分和奖励。增设攀岩、民族传统体育项目、休闲体育项目等课程，满足学生日益多元化的选课需求。增设体育课作为学校通识选修课，鼓励大三大四年级积极选修。扩大体质健康测试成绩在体育课成绩中所占的比重，或者将体质健康测试作为课程组列入本科生培养方案，并且将成绩折算为学分，引起学生对体质健康测试的重视。增加体育课堂上理论知识比重，传授科学锻炼的相关知识。建立课外体育活动管理体系，鼓励增加学生社团，鼓励支持学生社团积极筹办体育活动，并且监督体育活动的开展。

（六）建立健全学校体育文化建设制度

保障普通大学生积极参与体育运动，离不开良好体育精神风尚的引领。学校校报、微信公众号等平台要积极进行体育文化、体育道德观念、体育风尚、体育知识的宣传，发掘体育运动榜样、道德标兵进行报道，引领营造良好的体育文化环境。学校要注重培养学生的终身体育意识和终身体育观念，积极推动体育文化工作的开展，促使学生体育观念由传统向创新的转变，将体育精神和体育文化教育作为综合素质教育的一项内容，通过坚持开展全校性活动的方式培养学生的体育精神。

结　论

本文以中国政法大学为例，对国内普通大学生的体育运动参与现状做了研究，得出以下结论和制度建议：

（一）结论

1. 国内绝大部分普通大学生参与体育运动的积极性较高、动机正确，少部分仍然需要加强引导。

2. 普通大学生课外锻炼参与方面，存在形式单一、缺乏组织性、缺乏监督机制、场地设施建设利用率低、信息化服务程度较低、学生对科学锻炼认知的不足、风险防控意识较差等问题。

3. 课堂教学方面，教学体制改革稳步推进取得了重大成就，但还存在体育课程不够丰富、体育教学内容单一、教学方法传统、与课外活动衔接不足、数字化多媒体利用率低等问题。

4. 国内高校体育信息化服务建设程度较低，保障高校体育发展的体育法律体系有待进一步完善。

5. 中国政法大学体育课堂教学以俱乐部制进行，课程较为多元，但教学内容单一，体育理论比重较低，教学质量评价监督机制有待完善；学生课外体育锻炼受场地设施限制明显，形式单一，锻炼积极性和风险防范意识有待提高。

6. 2015 年至 2017 年，中国政法大学学生体质健康水平整体呈下滑趋势，需要引起重视。

（二）制度建议

1. 完善体育法律体系；
2. 扩大体育场地设施投资力度，建立"学校—社会"联动机制；
3. 建立健全信息化服务制度；
4. 建立健全体育风险防控制度；
5. 建立健全评价监督机制和课堂内外衔接机制；
6. 建立健全学校体育文化建设制度。

参考文献

［1］中共中央、国务院："中共中央国务院关于深化教育改革，全面推进素质教育的决定"（中发〔1999〕9 号），载教育部官网 http://www.moe.gov.cn/jyb_sjzl/moe_177/tnuu_2478.html.

［2］教育部："全国普通高等学校体育课程教学指导纲要"（教体艺〔2002〕13 号），载教育部官网 http://www.moe.gov.cn/s78/A17/twys_left/moe_938/moe_792/s3273/201002/t20/00128_80824.

［3］教育部、国家体育总局、共青团中央："关于开展全国亿万学生阳光体育运动的决定"（教体艺〔2006〕6 号），载教育部官网 http://www.moe.gov.cn/s/8/A17/twys_left/moe_939/s3276/20/001/t20/00128_80877.html.

［4］中共中央、国务院："中共中央国务院关于加强青少年体育增强青少年体质的意见"，载教育部官网，http://www.moe.gov.cn/jyb_xxgk/moe_1m/moe_1778/tnuu_27692.ktml.

［5］教育部、发展改革委、财政部、体育总局："关于进一步加强学校体育工作的若干意见"（国办发〔2012〕53 号），载中国政府网，http://www.gov.cn/zwgk/2012-10/29/content_2252887.htm.

［6］国务院办公厅："关于强化学校体育促进学生身心健康全面发展的意见"（国办发〔2016〕27号），载中国政府网 http://www. gov. cn/xinwen/2016 – 05/06/content_5070968. htm.

［7］习近平："决胜全面建成小康社会，夺取新时代中国特色社会主义伟大胜利"，载新华网。

［8］教育部："全国普通高等学校体育课程教学指导纲要"（教体艺〔2002〕13号），载教育部官网 http://www. moe. gov. cn/s78/A17/twys_left/moe_938/moe_792/s3273/201002/t20100128_80824.

［9］教育部办公厅："关于部分普通高等学校试行招收高水平运动员工作的通知"〔(87) 教学字008号〕，载 http://laws. 66law. cn/law – 16147. aspx.

［10］叶加宝、苏连勇主编：《体育概论》，北京体育大学出版社2005年版。

［11］范占江："大学生'每天锻炼一小时'课外体育活动模式的实践研究"，载《当代体育科技》2016年第35期。

［12］凌寒等："大学生参与课外体育活动现状分析及对策探讨"，载《科教导刊（下旬)》2017年第8期。

［13］姚大为等："大学生体育自主锻炼现状的调查研究——以齐齐哈尔大学为例"，载《高师理科学刊》2017年第6期。

［14］李龙："高校体育课堂教学与课外体育活动衔接问题研究"，载《湖北体育科技》2017年第7期。

［15］许智、谢冬兴："高校体育公共性缺失与自律"，载《武汉体育学院学报》2017第3期。

［16］李彬："新时期大学体育教学的定位及开展模式"，载《考试周刊》2017年第99期。

［17］史艳艳、张慧敏："智慧体育走进高校体育课堂的初探"，载《当代体育科技》2017年第30期。

［18］刘晨："高校体育信息化服务中手机APP的设计与应用——以西南交通大学为例"，西南交通大学2015年硕士学位论文。

附件：

一、中国政法大学学生体育运动参与情况问卷

亲爱的法大师兄师姐、师弟师妹：

　　您好！本人为撰写毕业论文需要开展此问卷调查，请您百忙之中能够抽出两分钟时间帮忙填写！本问卷为匿名填写，所得数据只用于毕业论文的分析写作，不用作其他用途！

1. 您的年级和院系［单选题］*

○大一　　　　　○大二　　　　　○大三　　　　　○大四

○研究生　　　　○双学位　　　　○法大毕业校友

您的院系［填空题］*

---

2. 您的性别［单选题］*

○男　　　　　　○女

3. 您进行课内外体育锻炼的频率是［单选题］*

○每天　　　　　　　　　○每周三到五次

○每周一到两次　　　　　○几乎不

○从来不

4. 您每次进行体育锻炼的时间大约是［单选题］*

○半小时以下　　　　　　○半小时到一小时之间

○一小时到两小时之间　　○两小时以上

5. 您对法大开设的体育课程的态度是［单选题］*

○特别喜欢　　　○一般喜欢　　　○无所谓　　　○不喜欢

○十分厌恶这门课程

6. 您进行体育锻炼经常会选择什么形式［多选题］*

□跑步　　　　　□学校健身房　　□校外健身房　　□篮球

□足球　　　　□羽毛球　　　　□乒乓球　　　　□排球网球

□藤球　　　　□瑜伽　　　　　□其他

7. 您的体质健康测试成绩［单选题］ *

○优秀　　　　　○良好　　　　　○及格　　　　　○不及格

8. 您觉得我校的体育设施、场地是否能够满足广大师生的锻炼需求［单选题］ *

○完全可以　　　○基本满足　　　○不能满足

9. 如果不能满足，您有什么建议［填空题］

---

10. 您是否使用过或者正在使用手机运动 APP（比如 keep、悦跑圈、咕咚、行者等）进行配合体育锻炼［单选题］ *

○每次锻炼都使用　　　　　　○经常使用

○偶尔　　　　　　　　　　　○从来没用过

11. 您认为这类 APP 的效果如何［单选题］ *

○很好用，对锻炼身体有帮助　　○作用一般

○基本没什么用　　　　　　　　○根本没用

12. 您是否参与过学校、学生社团组织的体育锻炼活动（比如校运会、校庆长跑、迎国庆校园马拉松、学生会学委会组织的各类打卡运动活动）［单选题］ *

○每次都参与　　　　　　　　○经常参与

○参与过一两次　　　　　　　○从来没参与过

13. 您参加学校、社团组织的校内外体育活动时是否购买体育运动意外保险［单选题］ *

○自愿主动购买　　　　　　　○学校、社团要求购买

○从来不买　　　　　　　　　○偶尔会买

14. 您对购买体育运动保险的态度［单选题］ *

○十分有必要　　○买不买无所谓　　○没必要买

15. 如果你是一个很少进行体育锻炼的人，那么原因是［多选题］

□兴趣上不喜欢

□学业压力大，没有时间

□天气寒冷＼炎热

□更喜欢花更多时间上网、打游戏

□其他

16. 您是否在使用并且经常关注微信运动或者其他计步软件 [单选题] *

○每天关注　　　○经常关注　　　○偶尔关注　　　○从来不关注

17. 为了保障法大学子更为积极地参与课内外体育锻炼，您有什么建议 [填空题] *

二、北京市大学生体育运动参与情况问卷

亲爱的同学：

您好！本人为撰写毕业论文需要开展此问卷调查，请您百忙之中能够抽出一分钟时间帮忙填写！本问卷为匿名填写，所得数据只用于毕业论文的分析写作，不用作其他用途！

1. 您的年级 [单选题] *

○大一　　　　○大二　　　　○大三　　　　○大四

○研究生　　　○毕业校友　　○其他

2. 您所在高校 [填空题] *

3. 您的性别 [单选题] *

○男　　　　　○女

4. 您进行课内外体育锻炼的频率是 [单选题] *

○每天　　　　　　　○每周三到五次

○每周一到两次　　　○几乎不

○从来不

5. 您每次进行体育锻炼时，是否有做热身运动的习惯 [单选题] *

○每次都热身　　　　○经常热身

○偶尔热身　　　　　　　　　　○从来不热身，直接锻炼

6. 您认为进行锻炼前做热身运动是否有必要 [单选题] *

○十分必要　　　　　　　　　　○热不热身不重要

○没有必要

7. 如果你是一个很少进行体育锻炼的人，那么原因是 [多选题] *

□兴趣上不喜欢　　　　　　　　□学业压力大，没有时间

□天气寒冷 \ 炎热　　　　　　　□更喜欢花更多时间上网、打游戏

□其他 ＿＿＿＿＿＿　*

8. 您每次进行体育锻炼的时间大约是 [单选题] *

○半小时以下　　　　　　　　　○半小时到一小时之间

○一小时到两小时之间　　　　　○两小时以上

9. 您对您所在学校开设的体育课程的态度是 [单选题] *

○特别喜欢　　　　　　　　　　○一般喜欢

○无所谓　　　　　　　　　　　○不喜欢

○十分厌恶这门课程

10. 您进行体育锻炼经常会选择什么形式 [多选题] *

□跑步　　　　　□学校健身房　　　□校外健身房　　　□篮球

□足球　　　　　□羽毛球　　　　　□乒乓球　　　　　□排球

□网球　　　　　□藤球　　　　　　□瑜伽　　　　　　□游泳

□其他 ＿＿＿＿＿＿　*

11. 您的体质健康测试成绩 [单选题] *

○优秀　　　　　○良好　　　　　○及格　　　　　○不及格

12. 您觉得您所在学校的体育设施、场地是否能够满足广大师生的锻炼需求 [单选题] *

○完全可以　　　　○基本满足　　　　○不能满足

13. 如果不能满足，您有什么建议 [填空题]

---

14. 您是否使用过或者正在使用手机运动 APP（比如 keep、悦跑圈、咕咚、行者等）进行配合体育锻炼 [单选题] *

○每次锻炼都使用　　　　　　　　○经常使用

○偶尔　　　　　　　　　　　　　○从来没用过

15. 您认为这类 APP 的效果如何 ［单选题］ ＊

○很好用，对锻炼身体有帮助　　　○作用一般

○基本没什么用　　　　　　　　　○根本没用

16. 您是否参与过学校、学生社团组织的体育锻炼活动（比如校运会、校园长跑、校园马拉松、学生会学委会组织的各类打卡运动等）［单选题］ ＊

○每次都参与　　　　　　　　　　○经常参与

○参与过一两次　　　　　　　　　○从来没参与过

17. 您参加学校、社团组织的校内外体育活动、比赛时是否购买体育运动伤害保险 ［单选题］ ＊

○自愿主动购买　　　　　　　　　○学校、社团要求购买

○从来不买　　　　　　　　　　　○偶尔会买

18. 您对参加校内外体育活动、比赛购买体育运动保险的态度 ［单选题］ ＊

○十分有必要　　　　　　　　　　○买不买无所谓

○没必要买

19. 您是否在使用并且经常关注微信运动或者其他计步软件 ［单选题］ ＊

○每天关注　　　　　　　　　　　○经常关注

○偶尔关注　　　　　　　　　　　○从来不关注

20. 为了保障大学生更为积极地参与课内外体育锻炼，您有什么建议 ［填空题］

论学院在校园体育文化育人工作中的平台功能发挥

——以国际法学院 2017 级学生为调研样本

张倩倩*

摘要：健康的体魄是个人发展的基石。新时代中国青年应当具备良好的身心素质，实现德智体美劳全方位发展。但是，随着"95后""00后"大学生成为高校主要学生群体，体力不支、心理问题频发，将"体育育人"工作纳入人才培养战略势在必行。实际工作中，需要创新思维、找准靶向，联动学校、家庭和社会体育教育育人资源，形成体育育人合力，并充分促进学院平台功能发挥，以新媒体、大数据等为抓手，促进体育课程——学院体委会——运动兴趣社团的共建，促成学生兴趣导向的校园体育文化氛围，最终促使学生形成终身体育锻炼的习惯和健康、科学、文明的生活方式，打通"体育育人"最后一公里。

关键词：体育育人　校园体育文化　学院平台功能

绪　论

　　健康的体魄是个人发展的基石，新时代的青年不应当只有丰富的知识储备，更应当具备良好的身心素质。目前，我们已经从 IT 互联网时代进入到 DT

---

　　* 张倩倩，女，中国政法大学法学、经济学学士学位，中国政法大学法律（法学）硕士学位。现为中国政法大学国际法学院分团委副书记兼 2017 级辅导员。

大数据时代，人才资源竞争是未来时代的重点。高校大学生作为祖国未来的人才强力军，其身体健康和心理健康关乎社会、国家和民族。但是，随着"95后""00后"大学生成为高校主要学生群体，学习、工作体力不支、心理问题频发，大学生身心健康状况堪忧。因此，"体育育人"应是当代大学教育的重要内容，体育文化应为高校校园文化的营造提供坚实的精神基础。通过"体育育人"，使同学们懂得参与体育和健康生活的意义和价值，并从我做起，从现在做起，从积极参与体育运动到形成积极、健康的生活方式，最终实现身心全面和谐发展。

一、探讨学院平台功能建设的必要性

（一）校园体育文化育人是全员育人机制中的重要组成部分

校园是文化传承与人才培养的主要场所，是体育文化重要的传播基地。校园体育文化涵盖体育在学校的全部内容、形式、价值和特征，在促进大学生身心健康与全面发展、引导大学生树立"终身体育"观念，以及培养和塑造社会所需人才方面具有十分重要的意义。

但事实上，高校教育还是普遍存在轻视体育运动的现象。在社会挑战面前，当下大学生面对着多维度的巨大压力，这使得学生体质和心理健康状态不断下降。在学生群体中，普遍存在明知体育运动对个人能力、素质有极大促进作用，但具体对哪些素质和能力能够起到促进作用、在现实中又实际产生了多大的影响仍需要具体的数据结果予以支持。另一方面，推进"体育育人"建设需要了解同学们对目前学校的体育运动开展情况的评价、建议，以期了解学生需求，对症下药。

（二）"95后""00后"大学生对体育育人机制提出了新的要求

目前，学校体育育人体系主要分为学校层面、学院层面和学生社团层面。学校层面主要分为竞技性和非竞技性活动，竞技性活动主要通过专业运动队等方式开展，非竞技性活动主要通过体育课堂教学、体测、新生运动会、全校运动会以及主题长跑、马拉松等方式面向全校有志于体育运动的师生开展。学院层面体育育人体系主要通过学生组织体委会作为专业组织，在专业指导老师指导下，负责学院运动队员的招募、训练和参赛，并通过动员会、表彰会、公众号系列推送等方式鼓励同学们关注体育、参与体育，在全院形成崇尚体育的氛围。学生社团层面则多为同学们的自发行为，对某类项目感兴趣的同学会在社团招新时自发加入、自觉培训，该类活动一般面向性比较窄，对本身热爱体育并愿意积极参加体育锻炼的同学更具吸引力。为更好地了解同学们对于体育育人的理解和同学们对现有层面体育育人机制的建议，特以国际法学院 2017 级学生为对象进行了一个问卷调查（具体参见附件），以更好地了解同学们对体育的喜爱及参与程度、同学们对体育在个人能力素质方面影响的看法，更好地推进学校学院的体育工作，最终达到使体育走进同学们的校园生活、享受体育带来的育人效果的目的。本次调研采用网上电子问卷填写方式，问卷向国际法学院 2017 级的学生进行发放。国际法学院 2017 级学生共 427 人，实收问卷 409 份，有效问卷 409 份，回收率为 95.78%。调研结论和成果如下：

首先，调研第一部分主要关注于当代大学生对体育的热衷情况以及积极参与体育运动的状况，从问卷中分析得知：样本对象的大部分均热衷于体育运动，比例高达 76.04%，由此可推知当代大学生大部分对体育运动保有一个积极的态度。而从参与情况来看，样本对象对自己参与体育运动的评分的平均分为 3.875（满分为 5）。因此调研认为，大多数大学生乐于积极参与体育运动。调研第二部分旨在了解样本对象对于体育运动与综合素质相关性的评价（包括应然影响性评价和实然影响性评价），从各项评分来看，"身心健康""坚强意志品质""精神面貌"等素质能力被认为是与体育最为相关的素质能力。而除此之外的其他所列素质能力的应然评分均高于 3（满分为 5），我们认为体育运动对综合素质能力的提升、对大学生个人的全面发展是有着一定的促进作用的。而从调查问卷的一二部分中，我们发现了以下问题：（1）学校场地限制对学生进行体育运动造成了一定的影响；（2）校内体育社团的存在感和影响力有待提升；（3）一方面，同学们认为体育运动与身心健康关系最为密切，另一方面，体育运动对身心健康素质的实际影响远低于其应然评价，除个人原因以外，我们认为仍有必要从学校学院方面采取措施进行改善。其次，在对未来学校学院进行"体育育人"建设提出建议的部分，同学们对学校目前的体育运动队、体育运动兴趣社团的评分大多集中在 6~7

分。针对学校层面，同学们希望体育运动队能够提高组织管理水平、增加技术指导，同时也能加大宣传力度，克服学校运动场地有限等困难，发挥自身特点，调动同学们参与体育的热情、宣传体育运动的育人作用。针对体育课方面，建议学校能够适当地增加体育课的种类，在制定课程方面，能够尽量减少因体育课的连贯性过强带来的压力过大的影响，同时同学们也希望能够更加多地使用体育馆等基础设施。针对学院在体育育人方面发挥的作用，许多同学建议学院能够发挥信息整合平台的作用，能够在一定程度上向学校反映同学们的体育需求；同时能够发挥起体育运动委员会的积极作用，以线上为主要形式，为同学们提供更多校内外体育运动方面的信息，包括赛事信息、运动建议等；并且通过后台留言可以方便快捷地了解到同学们的需求，并针对大部分同学们的需求开展面向大部分同学的一些活动，例如后台运动打卡小程序等。与此同时，学院也可以与校内体育兴趣社团加强合作，为对运动感兴趣的同学们提供参加运动的平台。针对校内的体育兴趣社团，同学们普遍反映，存在不了解、信息不畅通等问题。希望能扩充体育兴趣社团的定义，除广义的篮球队、足球队、网球协会等运动社团外，法大车协也会定期组织长跑训练活动，跆拳道协会等更是在日常训练方面成为校园一道靓丽的风景线。此外，国标舞协会、街舞社团等在鼓励学生多动多想，提高身体素质、健康第一方面也起到了相应作用，在校园体育文化构建中也可以充当积极而坚实的一分子，为校园体育文化的培育助力。在此基础之下，可以借鉴我校志愿文化丰富发展的思路，学院通过拓宽体育文化认定范围、整合体育文化现有资源、制定考核机制等方式，让体育考核指标走出课堂、走入同学生活、走进同学头脑。

二、论学院在校园体育文化育人工作中的平台功能建设重点

（一）学院在校园体育文化育人机制的理论路径

在校园体育文化育人机制中，其作用的真正发挥体现为对学生主体的深入认识与了解，遵循其发展规律因时因事因人的基础上，以校园体育文化为载体，使学生通过体育实践体验对体育文化内涵有整体性认识并产生共鸣。

其次，为贯彻全国教育大会精神，培育德智体美劳全面发展的社会主义建设者和接班人，在高校人才培养中，紧紧围绕立德树人根本任务，以理想信念教育为核心是全面提高人才培养能力的关键。其中，构建一体化育人体系，形成全员全过程全方位育人格局是总体要求，具体到学院层面，除联动学校、家庭和社会教育育人资源，形成育人合力外，根据各项工作内在的育人元素和育人逻辑，打通育人"最后一公里"，是体育育人工作的根本性要求。

（二）健康第一，强化学生终身体育的观念

大学体育是学校体育的最后一站，如何强化学生的终身体育意识，是目前高校体育教学改革研究的热点问题。以前的体育教学强调竞技性，教学时过分注重动作的技术性，存在许多问题，已经不适宜作为成年人的大学生的全部体育需求。现在的体育教学逐渐地过渡到了"健康第一"的指导思想上，开设的项目也趋向于大众化的休闲体育上来。

因此，以学院为连接点，促进体育课程—学院体委会—运动兴趣社团的共建也不失为一种思路。以体育练习者自觉结合为基础，以学校的运动场馆为依托，围绕着某一运动项目，以共建组织的形式将体育教学、课外体育、运动训练、群体竞赛等融为一体。从同学们的自发需求出发，鼓励同学们主动运动、创新运动形式、充分运用现有资源，最终实现增强学生体质、提升体育文化素养的目的。这种模式的最终效果旨在使学生形成终身体育锻炼的习惯和健康、科学、文明的生活方式。

此外，我们也可以探索学校与社区、社会的合作联网。让校园体育成为社区体育的重要组成部分。参照党支部 1+1 共建，通过这种方式鼓励同学们走出校园、走向社会，进一步拓宽学生的实践范围与认知视野，促进学生的运动能力和组织沟通能力，在不同角色转换中增加自我学习和自我锻炼的机会。同时，这种学生自己参与组织的主动活动，更有利于学生养成自觉锻炼的习惯，并把这种习惯延伸到工作以后，实现学校体育向终身体育的过渡，逐步地形成和加深终身从事体育锻炼的观念。

（三）学生学习由被动向主动转移

学生参加体育锻炼始终担当的是学生这一特定的角色，虽然有时参加一定的组织、服务和裁判工作，也是在教师授权下接受的，并没有真正主动、

独立地去参加体育。通过将主动权让渡给学生，以学生为主体，学生自己招募成员、组织活动、创新活动形式和内容，从"要我锻炼"转化为"我要锻炼"，从主观能动性发挥的角度实现激励。因此，学校学院体育文化育人的关键在于培养学生如何锻炼，指导他们自己做自己的教练，为他们的终身体育锻炼打下良好的基础。在这个过程中，兴趣是第一位的，要从学生兴趣出发，加强正确引导，传授体育的知识、技术，让学生养成终身体育锻炼的习惯。其次，兴趣需要挖掘，更需要培养。高校体育文化构建不仅要培养一般的兴趣，更要通过各式各样的活动、充分多样的资源，培养学生对"身体动起来，身心健康起来"这一根本理念的认同，从兴趣入手，最终形成志趣，进而才能在人才培育中发挥作用。

总　结

当前，在校大学生都是"95 后""00 后"，这些大学生无论从生理上还是心理上都正处于发展阶段，思想上不太成熟，对自我价值的追求更加现实，目标层次比较低并趋向功利化。在大学规划、人生规划中更关注个人理想的实现，具体关注点更多局限在学习、生活、人际交往、婚恋、就业等非常现实的几个方面，对体育锻炼关注较少。但另一方面，他们思想活跃，自主意识显著，表现欲望强烈，成长于宽松的经济环境的和信息爆炸的互联网环境下，"95 后"大学生个体意识和问题意识极强。因此，如何根据学生特点，运用互联网思维实现校园体育文化进校园、进课堂、进学生生活、进学生头脑是一项需要创新并持久的工作。针对这种情况：其一，界定学院在体育文化培育过程中应当承担的角色。目前都是鼓励学院自己创设活动，但在客观场地限制、运动会体育课程体测教学周的安排、体育社团的概念扩充前提下，我们可以思考，学院是否还有主动创设活动的需求。按此路径思考是否会加剧原先被动运动的思路，反而不利于校园体育文化的培育。其二，讨论学院在校园体育文化培育中的平台功能发挥。互联网时代，我们都在讲平台、讲资源配置。如何将体育文化根植到大学生思想政治教育工作中，和理想信念工作整合到一起，让同学们想要去运动，热爱去运动，应该是未来的方向。其三，具体工作思路，上文调查问卷已有阐明。发挥新媒体平台作用，实现全校体育资讯共享和资源整合，盘活现有资源，打通机制，合作共建应是两个工作重点。

参考文献

［1］吕田甜："福建省高校校园体育文化对大学生体育锻炼行为影响研究"，集美大学 2013 年硕士学位论文。

［2］邵天诺："澳港大学生锻炼特征与锻炼行为关系研究"，北京体育大学 2011 年博士学位论文。

［3］姜志明、曲新艺："当代中国大学校园体育文化建设存在的问题与思考"，载《哈尔滨体育学院学报》2010 年第 5 期。

［4］毕磊："近 10 年高校校园体育文化研究述评"，载《镇江高专学报》2017 年第 4 期。

附件：

"体育育人"调研项目问卷

"体育育人"的思想经过几个世纪的传承与发展，在当今的大学校园真正进入学校体育的实践。"体育育人"思想使同学们懂得参与体育和健康生活的意义、价值，并形成积极、健康的生活方式，更好地融入、适应社会，最终实现身心全面和谐发展。本问卷旨在对本学院 2017 级学生对体育运动的喜爱、参与情况，以及个人素质、能力进行调研，同时收取大家对学院、社团组织及体育课等不同方面的建议，最后通过对调研结果的汇总和分析，形成调研报告。您的反馈对于我们的调研至关重要，我们承诺：将严格保障您的个人隐私，请放心填写此问卷。谢谢！

1. 您的学号［填空题］ *

（我们将对您的个人隐私保密）

2. 您的班级 [填空题] *

如：国经 1701

3. 您对于体育运动的态度是 [单选题] *

○A. 喜欢体育且乐于参与运动包括体育赛事和亲身参与体育运动

○B. 喜欢体育但较少参与运动包括体育赛事和亲身参与体育运动

○C. 不喜欢体育但经常运动包括体育赛事和亲身参与体育运动

○D. 不喜欢体育也较少运动包括体育赛事和亲身参与体育运动

4. 您喜欢体育的原因是 [多选题] *当题目 3. 您对于体育运动的态度是选择 [A. 喜欢体育且乐于参与运动]、[B. 喜欢体育但较少参与运动] 中的任何一个选项时，此题才显示

□A. 体育精神激励人心

□B. 体育赛事引人入胜

□C. 受体育明星的吸引

□D. 体育运动有益身心

□E. 对体育项目本身十分喜爱

□F. 其他_____ *

5. 您不喜欢体育的原因是 [多选题] *当题目 3. 您对于体育运动的态度是选择 [C. 不喜欢体育但经常运动]、[D. 不喜欢体育也较少运动] 中的任何一个选项时，此题才显示

□A. 体育运动缺少趣味

□B. 学业、工作繁忙

□C. 体育运动对个人负担较大，无法长久坚持

□D. 不擅长体育运动

□E. 其他_____ *

6. 您不喜欢但经常参与体育运动的原因是什么 [多选题] *当题目 3. 您对于体育运动的态度是选择 [C. 不喜欢体育但经常运动] 时，此题才显示

□A. 学业繁忙，无暇进行体育运动

□B. 受学校运动场地、空间等客观因素影响

□C. 课余生活丰富，没有进行体育运动的必要

□D. 个人习惯，对体育运动参与热情低

□E. 认为体育运动对个人没有积极影响

□F. 其他_____ *

7. 您较少参与体育运动的原因是什么？［多选题］ *当题目 3. 您对于体育运动的态度是选择［B. 喜欢体育但较少参与运动］、［D. 不喜欢体育也较少运动］中的任何一个选项时，此题才显示

□A. 学业繁忙，无暇进行体育运动

□B. 受学校运动场地、空间等客观因素影响

□C. 课余生活丰富，没有进行体育运动的必要

□D. 个人习惯，对体育运动参与热情低

□E. 认为体育运动对个人没有积极影响

□F. 其他_____ *

8. 您所了解的我校的体育运动兴趣社团有哪些？［多选题］ *

□篮球协会　　　　　　　　□足球协会

□排球协会　　　　　　　　□藤球协会

□乒乓球协会　　　　　　　□羽毛球协会

□网球协会　　　　　　　　□棒垒球协会

□轮滑社　　　　　　　　　□武术协会

□跆拳道协会　　　　　　　□定向越野协会

□万里自行车协会　　　　　□没有了解的体育运动兴趣社团

9. 您是否是学校、学院运动队或体育兴趣社团的成员［单选题］ *

○A. 是　　　　　　　　　　○B. 否

10. 您是否参与运动队、体育兴趣社团的日常训练［单选题］ *当题目 9. 您是否是学校、学院运动队或体育兴趣社团的成员选择［A. 是］时，此题才显示

○A. 是　　　　　　　　　　○B. 否

11. 您的训练频率如何［单选题］ *当题目 10. 您是否参与运动队、体育兴趣社团的日常训练选择［A. 是］时，此题才显示

○A. 少于一周一次

○B. 一周一次至三次（包括一、三次）

○C. 一周三次至五次（不包括三次）

○D. 多于一周五次

12. 您是否参与过校级及以上的体育比赛且取得名次［单选题］＊当题目9. 您是否是学校、学院运动队或体育兴趣社团的成员选择［A. 是］时，此题才显示

○A. 是　　　　　　　　　　○B. 否

13. 请您对自己日常参与体育运动的频率进行评分［输入0（从不运动）到10（每天运动）的数字］＊当题目9. 您是否是学校、学院运动队或体育兴趣社团的成员选择［B. 否］时，或者当题目10. 您是否参与运动队、体育兴趣社团的日常训练选择［B. 否］时，此题才显示

在体育运动的影响下，您认为下列素质应当得到提高的程度和对您实际产生作用的程度分别为

（0分代表没有提高作用，5分代表提高作用显著）

14. 身心健康［矩阵量表题］＊

	0	1	2	3	4	5
应当得到提高的程度	○	○	○	○	○	○
实际产生的作用	○	○	○	○	○	○

15. 精神面貌［矩阵量表题］＊

	0	1	2	3	4	5
应当得到提高的程度	○	○	○	○	○	○
实际产生的作用	○	○	○	○	○	○

16. 学习能力［矩阵量表题］＊

	0	1	2	3	4	5
应当得到提高的程度	○	○	○	○	○	○
实际产生的作用	○	○	○	○	○	○

17. 思维能力 [矩阵量表题] *

	0	1	2	3	4	5
应当得到提高的程度	○	○	○	○	○	○
实际产生的作用	○	○	○	○	○	○

18. 交际能力 [矩阵量表题] *

	0	1	2	3	4	5
应当得到提高的程度	○	○	○	○	○	○
实际产生的作用	○	○	○	○	○	○

19. 规划能力 [矩阵量表题] *

	0	1	2	3	4	5
应当得到提高的程度	○	○	○	○	○	○
实际产生的作用	○	○	○	○	○	○

20. 坚定意志品质 [矩阵量表题] *

	0	1	2	3	4	5
应当得到提高的程度	○	○	○	○	○	○
实际产生的作用	○	○	○	○	○	○

21. 时间管理能力 [矩阵量表题] *

	0	1	2	3	4	5
应当得到提高的程度	○	○	○	○	○	○
实际产生的作用	○	○	○	○	○	○

22. 情绪管理能力 [矩阵量表题] *

	0	1	2	3	4	5
应当得到提高的程度	○	○	○	○	○	○
实际产生的作用	○	○	○	○	○	○

23. 请对目前学校、学院的体育运动队进行评价 ［输入 0（不满意）到 10（十分满意）的数字］ *

---

24. 请问您认为目前校园内的体育运动队存在哪些问题 ［多选题］ *
□A. 技术门槛较高
□B. 组织管理方面有待提高
□C. 缺少专业指导，无法提高个人技能水平
□D. 没有自己喜欢的体育项目
□E. 校内的基础设施比较差
□F. 训练时间太长，影响个人生活
□F. 十分满意，没有问题
□H. 其他＿＿＿＿＿＿＿＿ *

25. 针对学校，学院的体育运动队，您认为其在体育育人方面的优势是什么＿＿＿＿＿＿＿＿
您对学院、学院的体育运动队的未来发展有何建议和期待＿＿＿＿＿ ［填空题］ *

26. 请对目前校内的体育运动兴趣社团进行评分 ［输入 0（不满意）到 10（十分满意）的数字］ *

---

27. 请问您认为目前校内的体育运动兴趣社团存在哪些问题 ［多选题］ *
□A. 技术门槛较高
□B. 开展的活动比较单一、缺乏趣味性，没有吸引力
□C. 缺乏专业指导无法提高个人水平
□D. 活动社团较少，没有自己喜欢的体育项目
□E. 体育运动兴趣社团存在感较低，对其了解较少
□F. 十分满意，没有问题
□G. 其他＿＿＿＿＿＿＿＿ *

28. 针对校内的体育运动兴趣社团，您认为其在体育育人方面的优势是什

么：_____

您对校内的体育运动兴趣社团的未来发展有何建议和期待：_____
［填空题］ ＊

29. 请您为目前学校开设的体育课进行评分［输入 0（不满意）到 10
（十分满意）的数字］ ＊

---

30. 您认为目前学校的体育课存在哪些问题［多选题］ ＊

□A. 课程频率问题

上课频率太低

□B. 课程内容问题

内容比较单一

□C. 课程难度问题

体育课技术难度较高

□D. 课程种类问题

课程种类较少

□E. 课程设置问题

体育课程连续性强，导致选择受阻

□F. 非常满意，没有问题

□G. 其他_____ ＊

31. 针对学校的体育课，您认为其在体育育人方面的优势是什么：_____
_____

您对学校的体育课程未来的发展有何意见和建议：_____ ［填空
题］ ＊

32. 基于“体育育人”的思想，对于以上问题你有何建议或希望学院提
供何种帮助？［填空题］ ＊

中美体育法比较研究

纪 伟[*]

摘要： 中国体育在世界范围内诸多项目和领域都有重要的地位。体育实力的发展不仅要从运动员的培养和管理、体育行业的发展和管理入手，更要从体育法的完善着手促进体育行业的繁荣兴盛。本文对中美体育法的文献研究数量、研究方法、文献研究内容、体育法从业人员、从业者以及相关组织机构进行了分析和对比，指出了目前中国体育法学研究存在的问题并进行了原因分析。中国体育法缺乏基础，后期的各类研究不成体系，这些都造成了体育法的不足。本文对目前的各类问题提出了对策建议，以促进体育业和社会的和谐发展。

关键词： 体育法　中美　学科建设

前　言

近年来，我国的民主法治建设取得了前所未有的突破。在这一突破过程中，中国社会正在逐渐发展出一个更加成熟的现代法治社会管理治理体系。这一体系在体育事业的表现上也更加明显。随着社会发展，法治化管理体育事业也出现了新的问题和情况，对各类问题进行规范化处理成为迫切的要求。并且，社会需求的满足需要体育法对体育在法治社会中的社会存在和社会发

---

　　[*] 纪伟，男，车辆工程硕士，中国政法大学法大法庭科学技术鉴定研究所鉴定人，主要从事车辆交通事故、痕迹鉴定研究工作。

展提供理论依据和实践指导。然而，诸多体育界和法律界专家和学者认为，目前各类错综复杂的法律纠纷的出现，远远不能用过去的体育法来解决问题。美国制定的现行体育法的法律主体更为明确，对运动竞赛、国家体育发展、法律救济程序、运动员权利、社会体育参与等作出了详细规定，是目前世界范围内一部英美法系典型体育法典。笔者通过多方面多角度对比中美体育法的特点，进行了原因分析，并提出了对我国体育法框架建设的几点建议，以求对我国的体育法发展有所启发。

一、中美体育法的特点比较

（一）体育法学研究数量比较

美国体育法研究资料丰富，内容深刻，实用性强，中国体育法相关研究热度较低，积累文献较少，研究整体处于基础阶段。在谷歌搜索引擎中输入"sport law"进行搜索，会找到 428 万多条的相关信息，在文献数量方面可以体现出在英语文献中体育法方面的研究资料已经比较丰富。[1]然而，就目前在国内权威文献数据库的检索结果来说，我国有关体育法的各类研究成果——无论是数量还是其他方面——都非常有限。总体来看，我国的体育法学研究仍处于基础阶段。

（二）体育法研究方法比较

美国体育法讲究作为学科指导实践的实用性，判例分析和讨论很丰富，并不关注体育法学的特殊性和体系完整。美国的体育法更为偏重研究体育法学作为应用学科来进行指导体育实践的重要作用，更看重其实用性的发挥。而目前国内的研究，各类研究成果都不太注重体育法学作为独立学科的研究，更为侧重体育法适用的研究。研究成果较少，造成整体研究比较浅薄，研究深度浮于浅层，当然，这也是我国体育法法律基础比较薄弱的原因。关于现行体育法的研究大量集中在对法条（大部分是行政规章）的重复以及解释，

---

〔1〕 参见吕予锋："中美体育法学研究现状比较及对体育法学学科建设的探讨"，载《天津体育学院学报》2006 年第 3 期。

或者套用一些法学、社会学和政治经济学等其他领域的观点和方法，来进行描述解释。任何一项法律和政策的出台和颁布都是对原有体系的修改和提升。体育法学必须开始对法律本身进行深刻的反省和深入的探讨，从而为体育的法治化和体育自身的发展发挥作用。体育法要在体育的社会实践中发挥实用价值，既不是作为宣传手册，也不是作为宣传口号，而是要真实地为社会进步作出贡献。

（三）体育法研究内容的比较

英美法系国家的体育法学研究主要集中在宪法和行政法、经济法、民商法这三个领域，在反垄断、反兴奋剂和体育犯罪行为中涉及少量的刑法研究。研究的热点包括体育中的性别平等、种族平等、残疾人合法权益、反垄断和体育社团的独立、运动员合法权益、体育经纪管理、反兴奋剂、意外伤害和风险管理等。大部分文献的研究方向从宏观和微观展开。宏观的研究集中在前文说的三个领域。尽管理论性依然较强，但研究成果是立足于对立法和联邦及州法院大量判例的分析和比较。诸多学者探讨立法或判例的一系列社会因素，包括历史原因、社会背景影响、逻辑推理完整过程、具体实施效果和影响等，这无疑对体育实践存在较强的指导价值。有关体育经纪、社团章程、劳资协议、风险管理、意外伤害等具体的民商事活动是在微观领域的研究。[1]我国的体育法研究虽然看起来更为浅显，但研究是在历史空白的基础上发展的，实现的是从零到一的历史飞跃。体育法教育和体育背景研究的缺乏无疑给本国学者的研究增大了难度，没有系统的构想和探讨，没有整体的认识和把握，这一门实践性要求较高的体育法学在这样的研究基础上必然发展艰难和成果较少。

（四）体育法研究人员比较

美国的法学院设置体育法学科，体育管理、经济、市场等专业也包括体育法学科，中国的体育法研究者多为体育院校专家学者，研究者缺乏法学实践经验和背景。在美国诸多的专业研究机构里体育法是在大学中法学院或专

---

〔1〕 参见吕予锋："中美体育法学研究现状比较及对体育法学学科建设的探讨"，载《天津体育学院学报》2006 年第 3 期。

门的法学研究机构中存在和发展的，当然和我国一样少有在体育院校设立体育法专业研究机构。各类研究文献的作者大多是法学家、法学博士或律师，这些人受过专业的体育法学位课程教育。在许多大学的法学院中，这类教育课程使得专业人员接受过系统教育。我国体育法学的研究者多是来自体育院校的专家学者，我国的体育院校普遍开设有体育法学的课程，多挂靠在其他专业目录下，有些体育院校（天津体育学院、武汉体育学院和苏州大学体育学院等）还设有体育法研究方向的研究生教育，[1]没有专门的专业设置。这就使得大部分的研究者都是体育院校的课程教育的培养成果，并没有接受法学专业教育的背景和实践，没有把法学和体育通过实践结合起来，仅有的几篇相互结合的文献研究结果也是不成系统、不够专业的。体育院校没有设置法学研究，法学研究机构也没有针对体育方面的研究，双方都没有对对方领域进行涉猎和研究。诸多法学院校的专业或者课程设置都未涉及体育，甚至了无痕迹。仅有中国政法大学的体育法研究中心在国内首先开始攻坚。

（五）体育法从业者比较

美国有专职体育法律师，中国缺乏专门体育仲裁机构、仲裁员。在观看各类体育赛事时，我们也发现，美国的商业活动在体育行业中占据重要位置，专业的体育队伍和运动员都有各自的商业活动经营体系。诸多的经纪公司、生产和售卖体育设备和器材的公司以及俱乐部都是体育法涉猎和关注的范围。这些体育法领域内的主体都有自己专门的律师。社会需求导致了为体育服务的专门的法律机构和体育法行业的出现。而且美国在体育行业经纪人的管理方面非常严格，当然管理体制也非常完善，由此可见在商业的体育行业管理涉及的各方面，美国都走在前列。[2]我国目前开展的体育法方面的机构和业务类型，已经能解决许多问题，但还远远不能满足社会需求，也没有完整的、系统的体系总结。

（六）体育法相关组织机构比较

美国有国际性体育法组织，中国有中国体育法学会，但是我国的体育仲

---

〔1〕 参见韩勇："中国体育法学研究：从法解释学到法社会学"，载《体育科学》2010 年第 3 期。

〔2〕 参见李冲、陈书睿："中美体育经纪人法律制度的比较研究"，载《山东体育科技》2016 年第 2 期。

裁机构还没有建立。国际奥林匹克委员会作为国际的体育委员会，为世界各类赛事的相关领域的管理作出了贡献。全球范围内的各个国家都对奥林匹克运动给予高度重视，尤其中美两国更是把奥林匹克运动上升到国家体育战略的高度。两国在体育立法当中对于奥林匹克委员会的职权的规定不同。《中华人民共和国体育法》（以下简称《体育法》）在第37条中提到："中国奥林匹克委员会是以发展和推动奥林匹克运动为主要任务的体育组织，代表中国参与国际奥林匹克事务。"这一规定并没有说明中国奥委会的职权。而在美国的《业余体育法》中有12篇幅包括美国奥委会的权力及解决体育纠纷的程序规定。在中国的体育纠纷救济程序中，我国表明了坚决打击竞技活动中各类违法行为的态度，发生纠纷时，应该由体育仲裁机构进行调解和仲裁。但令人头疼的是相应的调解和仲裁程序却没有明确说明。虽然《体育法》颁布了二十多年，但依然没有官方的仲裁机构。

二、体育法学学科框架建设的探讨

体育法学到底是怎样一门学科？它的存在价值是什么？它与现代体育的关系是怎样的？它作为学科在法学和体育学中的位置如何？它的基本概念、原理、研究对象和范围等基本的问题，仍然没有明确的答案。如果体育法学能够称为一门学科，它就不得不对自身的学科基本概念、原理、观点、方法和主张给出回答。虽然上述问题不可能在短时间内获得详细的答案，但如果本文能够对以上的问题提供一点思路，则幸莫大焉。

（一）体育法学必须对"体育"给出自己的定义

体育法学首先要回答的问题就是什么是"体育"的问题。什么是体育？看似很简单的问题，实则是最复杂的问题，体育工作者、社会学家、心理学家、教师、医生等不同的专业和职业人群，都可能对体育有不同的定义和理解，甚至在各国的体育立法文件中对体育的概念和定义也是千差万别，在相当多的国家立法中，常把体育和娱乐、文化等同对待，制定统一适用的法律法规，可见，体育在许多方面和其他行业的区别是相对模糊的。因此，体育法学必须对体育有清晰的、有区别性的、可操作性的定义，否则体育法学的整个学科大厦就缺乏统一的概念基础，就无法作为独立学科立足。要对体育给予准确的定义，必须首先注意体育活动的"特殊性"本质。而且由于法律或法学的相对保守性和注重形式化，体育法学对于体育的定义必须是形式上的、外部的、可分辨的和易于识别的，而不能像体育学者或社会学家的定义那样突出体育的功能价值上的特征。因为法律关注的是人类行为的外显特征，而不是行为的内部动机或价值目标，即使涉及对动机或目标的认定，也是根据可识别的行为特征进行的判定。

（二）体育法学必须确定学科的价值目标

体育法学的价值目标问题其实就是体育法学存在的意义问题，即体育法学作为学科存在的价值问题。如果体育法学没有独特的学科价值，它的社会功能或作用完全包含在其他的学科之中，或大部分为其他学科所覆盖，则体育法学就没有作为独立学科存在的必要。因此，对这一问题的回答是至关重要的，涉及体育法学得以存立和发展的根本。本文以为，体育法学最根本的价值在于对体育的价值，体育法学必须首先在体育的存在和发展中找到自身的意义。一方面体育有自身的特征和规律，法律对体育的规制必须尊重体育自身的特征和规律，体育法治的目标和实际作用都不应当限制体育的存在和发展，否则再多的规章制度顶多也是停留在"体育管制"的阶段，体育法和体育法治的第一价值就在于促进体育的发展；另一方面，法律追求社会正义的终极价值确实与体育崇尚竞争和优胜劣汰的"丛林原则"冲突。法律要求体育的发展必须符合法律的普遍原则和终极价值，在形式上可能被视为对体育的限制，但从本质上看，这种限制为体育的可持续发展奠定了基础。如果体育法学能够在促进体育发展的价值目标和符合法律普遍原则和价值之间获得平衡，并相互融合，就能够确立体育法学自身的价值目标，从而确立学科存在和发展的根本。

（三）体育法学必须确定自己的研究对象、内容及其结构

体育法学的研究内容和体系结构，实际上就是体育法学必须对自身给予明确的学科定义。任何学科都会给自身明确的定义。这个定义的主要功能就在于确定学科的研究对象和内容，以区别于其他学科，学科的研究对象和内容必须是独特的，具有区别于任何其他学科的显著特征或本质。目前体育法

学研究内容零散而不成体系，每个研究者根据自己的兴趣研究某一方面的问题，无暇对整个体育法学的研究范围和体系结构进行整体思考，使得整体的研究结论缺乏系统性，不利于学科建设和发展。国外虽有大量的实务研究，并在体系化方面有所起步，但过于强调实务，对体育法学的学科理论方面研究不多。因此，体育法学当务之急是对国外已经相当成熟的实务研究进行整理、归纳和总结，提炼出学科的理论内容。充实体育法学的基本概念、原理和原则，这一部分可作为体育法学的"总论"或理论部分，大量的实务研究进行系统化的归纳整理后，作为"分论"或实务部分。如果这两部分完成，则体育法学作为学科的雏形就基本形成了。

（四）体育法学必须形成自身成熟的研究方法

这里所说的体育法学的研究方法，并不是指具体研究所用的方法，而是指体育法学基本的研究思路和原则，即体育法学的基本方法论问题。目前国内的体育法学研究常常"就事论事、就法论法"，很少分析体育和法律的内在规律及二者之间的关系，限制了研究结果的理论深度和价值。这与本文上述提到的体育法学基本概念、原理和原则的缺乏有关，也是体育法学学科建设不成熟的表现。本文认为，当前体育法学的基本研究思路应当是：首先分析体育的基本特征和规律，然后根据法律或法学的基本原理和观点进行分析，并在实现体育价值和法律价值的双重目标下，提出建议和措施。

参考文献

［1］吕予锋："中美体育法学研究现状比较及对体育法学学科建设的探讨"，载《天津体育学院学报》2006 年第 3 期。

［2］韩勇："中国体育法学研究：从法解释学到法社会学"，载《体育科学》2010 年第 3 期。

［3］李冲、陈书睿："中美体育经纪人法律制度的比较研究"，载《山东体育科技》2016 年第 2 期。

［4］高建新："中美体育法比较研究"，载《体育成人教育学刊》2015 年第 6 期。

中英两国体育安全法律规章比较研究

——以足球为例

李　怡*

摘要： 英国足球希尔斯堡案是英国体育法发展进程中的重要案例。本文主要运用文献资料法，结合专家访谈等质性研究方法去解决两个问题：一是以法律视角详细解读希尔斯堡案的起因，从而纠正研究方向；二是找到两部其他文献资料中不被引用的我国足球赛事安全行政法规，从而明确需要提高行政法规的法律位阶，加强其执行力。

关键词： 体育安全立法　中英比较研究　希尔斯堡惨案　行政法规

　　说到英国体育，不得不提的就是足球运动。在这里，足球几乎就是体育的全部。体育赛事安全立法也是由足球而来。众所周知，在英国的体育历史长河中，在体育法律的发展进程中，有着里程碑式作用的一起案例就是发生在 1989 年 4 月 15 日的希尔斯堡（Hillsborough）案。至今为止，它是英国最严重的体育灾难，发生在 Hillsborough，利物浦队和诺丁汉森林队半决赛期间，96 人在看台上死亡。希尔斯堡案俨然是英国体育法律史上重要事件之一。《足球观众法 1989》（The Football Spectator Act）和《足球法 1991》［Football (Offences) Act］以及相关位于次级位阶的法律，都可以从 Taylor LJ 的报告中追根溯源，它是英国很多体育判例的依据。

---

　　* 李怡，女，副教授；研究方向：体育法学、体育教育与训练学；单位：武汉大学法学院、中国政法大学；项目：2017 年国家留学基金委青年骨干教师海外提升项目。

通过查阅我国文献发现，研究内容与观众暴力和足球反暴力有关的文章，几乎都会以"希尔斯堡案"作为研究案例来支撑自己的研究观点。但是令人遗憾的是，在这些研究当中，几乎没有给希尔斯堡案一个真实的面目。仅有 2015 年一篇湖南师范大学的题为《欧洲足球赛场重大突发事件应急管理及启示》的硕士学位论文，作者罗恒指出希尔斯堡案中，警察控制不力是导致灾难发生的主要原因。对于其他原因没有给出更详细的法律分析。所以对于这个著名案例的描述，多数文献既没有标明出处，也没给出正确全面的解析。这就给后续的研究带来很大困惑，也为这起著名案例蒙上了神秘面纱。更重要的是，案例引用不当、分析不全，会使整个研究内容和结论的真实性、可靠性大打折扣。基于此，本文想给大家所关注的著名的希尔斯堡案一个较为全面的法律分析，以促进该领域后续研究的顺利进行。当然任何研究都有它时间和空间的局限性，这也是客观存在、不可避免的。本文以负责调查该案的 Taylor LJ 的两份报告（临时报告和最终报告）为主要研究内容，报告详细、全面地调查分析了希尔斯堡案之所以会发生的所有原因，对每一个责任相关主体都作了法律责任分析。这些分析与我国现有足球安全政策法规有相互比较的价值，对我国体育安全立法具有促进作用。

一、临时报告

希尔斯堡（Hillsborough）灾难发生在被认为是英国最安全的体育场。也发生在警察将注意力几乎全部集中在人群骚乱和防止足球流氓行为的时候。希尔斯堡灾难过去 23 年以后，希尔斯堡独立小组报告公开发表，小组成立于 2010 年，职责是监督所有有关灾难事件文件的公开处理结果，并监管其披露的过程。报告以几乎与灾难最初发生时相同的影响力，将案发当天的细节及其后果重新带回到公众视野中。

小组审核发表了超过 450 000 页的文件，大多数头条新闻集中在 South Yorkshire 警察试图掩盖他们引发灾难的行为；以及验尸官并未对在 1989 年 4 月 15 日下午 3：15 之前，在这些最终死亡的 96 人当中，近乎一半在那个时候还活着这个事实作出合理解释。整个英国对于该小组公开发表的内容所作出的反应是史无前例的。英国时任首相卡梅伦对国家在司法需求方面的延迟反应道歉。反对党领袖 David Miliband，代表他的政党道歉，称未能在其委托的审查报告公布后采取更恰当的行动。尽管并非所有道歉都能被视为接受指责，但至少表明他们承认，这些管理组织对这次灾难的发生均有着不同程度的责任。更具体的指责集中在其他机构中，特别是谢菲尔德 Wednesday 足球俱乐部、谢菲尔德市议会和综合应急服务机构，因为他们未能实施有效的灾害管理应对措施。当警方复杂巧妙的掩盖被曝光之后，警方试图将灾难归咎于球迷的行为更是遭到强烈谴责。

这是自希尔斯堡事件发生以来，第一次全面承认了球迷在这次灾难中没有错误的事实。主要起因是失职的资深警官和他们对球场的管理。[1]（For the first time, it was generally accepted that the fans were not at fault for the disaster and that primary cause was the incompetence of the senior police officers and their management of the stadium. ）而确认警方是这次灾难的主要原因也是该报告的伟大之处。各组织管理机构过分关注观众骚乱，而对观众安全缺乏足够关注。以及让花钱买票看球赛的观众们使用这样老旧残破的体育场，均是灾难发生的助推剂。

（一）报告中的法律责任分析

1. 足球协会

足协之所以选择希尔斯堡体育场举办这场重要的比赛，缘于上一年度利物浦俱乐部和诺丁汉森林俱乐部之间的半决赛是在这里举行的。但是足协的这次的选择似乎是错了，谴责和反对的声音接踵而至。多数人认为希尔斯堡体育场的地面已经不适合再举办这种重量级别的比赛。显然这些反对的声音并未能改变足协的选择。由于足协缺乏选择球场的依据和标准，所以足协最终成为引发此次灾难的推动者。如果足协对承办比赛的场地有严格明确的标准，并依据标准对场地做了全面细致的检查，那么这项赛事应该不会批准由希尔斯堡体育场承办，从而也就可能避免了一场灾难的发生。

2. 希尔斯堡球场不具备有效的"安全证书"

根据英国的这份"临时报告"所显示，当地政府机构一直以来在履行 SSGA（1975）[2]所要求的，对足球场场地检查和颁发许可证这两项义务方面

---

〔1〕 Mark James, *Sports Law* (Third Edition), UK：PALGRAVE, 2017, p. 218.

〔2〕 SSGA：The Safety at Sports Grounds Act 1975 即《体育场安全法 1975》。

"低效而拖拉"。他们没有依据 SSGA1981 和 SSGA1985 已经作出的修改，履行其检查和修订安全标准的职责，是严重的违反法律义务行为。如果一项检查得以执行，那么会发现很多违反"格林指南"（green guide）的事项，也会发现防撞栏的不当位置和严重腐蚀的状况。安全建议小组不正式的操作遭到指责，该组织有责任确保场地地面足够安全，并依此颁发安全证书。政府机构未能以严谨的态度履行职责。综上所述，从法律的角度来看，希尔斯堡体育场完全没有资格承办该项比赛。

3. 谢菲尔德 Wednesday 足球俱乐部

谢菲尔德 Wednesday 足球俱乐部已经意识到对希尔斯堡体育场要做进一步改变的需要。俱乐部聘请了一位顾问工程师，工程师也提出了一系列关于球场看台改建的非常好的建议。但是基于开支问题，俱乐部将工程师的建议搁置一边，未及时执行这些看台改造建议，导致警方无法实时掌握具体每一个看台"隔断"（pen）当中有多少人，以致造成在非常短的时间内发生大规模过度拥挤。体育场失败的设计，内部混乱的路标指示牌，以及俱乐部没有及时就看台人数状况向警察报告。上述种种，依据英国 Occupiers' Liability Act 1957，[1]俱乐部因没有对购票观众提供合理安全的体育场而负有法律责任。

（二）临时报告的建议

临时报告斥责英国的紧急服务体系，这包括 SYAS（South Yorkshire Ambulance Service）的救护车服务。消防队和 St John's 的救护队（1887 年英国红十字会成立圣约翰救护队）在紧要关头未能及时到达现场进行伤亡救助。明确指出了警方和其他紧急救援机构之间缺乏足够的合作，建议几方进行更有效的重大事件规划。如果 SYAS 能够在建立和实施有效的灾害管理规划方面发挥更积极的作用，应该可以减少死亡人数。

该临时报告建议，要确保提供给观众的设施质量升级；对所有运动场的许可授予程序进行改革；更好地培训警察和活动负责人；明确各种紧急服务之间的协调工作；所有场地围栏必须有清晰明确的紧急出口标志，而且在整个观众使用期间要保持开放。另外也建议，作为紧急事项，立即审查所有安

---

〔1〕《占有者责任法 1957》

全证书，并为每个体育场建立咨询组。该咨询组由议会代表、俱乐部和紧急救援服务三方组成。在审查了已签发出的安全证书后，如有必要，应该实行年检和更新续期制度。因此，SSGA1975 强调的程序问题，最终被强制纳入到确定足球场安全与否的统一框架中。

此外，提供给观众的票面信息以及场地周边的信息需要改进；警察和赛事负责人需要接受人群骚乱安全培训以及如何识别过度拥挤已经发生；大事件规划要确保所有的参与赛事的管理组织都应当知道相关的指挥系统、通信线路以及他们要执行的角色任务。这份临时报告的建议得到了被准予在下一赛季开始之前立即执行的待遇。目的是防止看台上的过度拥挤和冲撞以及全面改进保障足球场安全的执行程序。

二、最终报告摘要

Taylor LJ 最终报告（1990）关注全面改善、提高对观众群的控制力和安全性。同时明确指出，这份最终报告中基本没有新建议，因为几乎所有的建议都能在希尔斯堡灾难发生之前的调查报告中找到。如果要避免其他灾难的发生，要做的是立即执行，而不是无视和拖延。

调查发现，每一个与足球有关的主体在对待观众安全问题上都不够严肃，存有失误。比如政府未能执行前调查委员会的建议；足球主管部门在安全问题上未能发挥出任何领导力；足球俱乐部没有为观众提供足够安全的设施。因为他们将大量资金投入到球员转会和工资方面，而不是投入资金改造球场；警方过度关注少数球迷制造混乱，而对大多数有着良好观赛行为的球迷的安全问题却不够重视；运动员在场上的某些行为会激起观众群的过激反应，引发事端。而球迷又有着喝多酒之后到比赛现场的习惯。不过关于这一点，在 Taylor LJ 走访了英国和国外的场地之后其观点发生了改变，与球迷产生了共鸣，理解了他们为什么想要花尽量少的时间在这样陈旧的和不安全的球场，因为并没有谁为他们提供足够好的设施去改善观赛体验。South Yorkshire（南约克郡）警方在监督希尔斯堡球场场地内外的人群、规划比赛和关闭看台下的通道方面存有错误和疏忽。特别是，警方对比赛中的观众负有注意义务。新的调查发现，导致 96 人迅速死亡的原因是警方错误指挥开启 C 大门。警方的这一行为严重违反了法律赋予警方对观众的注意义务。谢菲尔德市有关政府机构没有对该体育场进行调查，没有更新该场地的安全证书。South Yorkshire 的紧急救援服务未能查明灾难的性质和严重性，延迟启动重大事件预案。

关于增加更多有效检查作为"许可证制度"执行程序的一部分，调查人为 Football Spectator Act 1989 的构架提供了进一步的细节。举例来讲，建议为每一个指定的足球场成立咨询小组。这个小组由地方政府代表、警方、消防和救护服务方、俱乐部的安全官员以及其他所有目前由 SGSA（Sports Grounds Safety Authority）管理的负责足球场地安全相关人员组成。

关于怎样使看台更为安全，关于"隔断"观众人数的监控，特别是每一个部分确切容纳量的设定的详细建议已经制定完成。关于围栏、门和出口也给出了进一步的技术性的建议，确保观众在需要逃脱的时候不再受困于球场。敦促俱乐部全面改善他们的运动场，特别是提供更好的信息给所有使用者。提供更好的管理以确保观众的安全，要求俱乐部要重视"格林指南"，该指南将根据调查结果加以更新。最后，建议对足球比赛中的警务方面进行具体培训，同时还要在各种应急服务机构和俱乐部之间加大合作力度。

尽管这份摘要仅对最终报告的建议提供了简短的回顾，但是它强调了最终报告的目的是确保希尔斯堡这样的灾难不再重演。

英国在 11 份官方报告和百余死伤之后，终于在观众安全问题上出现了改观，至少在足球场方面有了改变。已经实施的立法、政策和程序的修订，最终使得英国足球场跻身全世界最安全球场之列。[1] SGSA/FLA[2] 确保了"格林指南"的建议得以实施，尽管依然不是强制性的，但责令其关闭整个体育场或部分关闭体育场的压力，足以确保"许可证制度"得以遵守。而重大事故和疏散计划将确保任何正在发生的灾难所造成的影响都能降到最低限度。

三、我国现行有效的法律文件解读和建议

从 Taylor LJ 的报告中可以总结出，希尔斯堡灾难的发生，是多方面的原

---

〔1〕 Mark James, *Sports Law* (Third Edition), UK: PALGRAVE, 2017, p. 219.

〔2〕 SGSA: The Sports Grounds Safety Authority; FLA: The Football Licensing Authority.

因造成的。绝不仅仅是观众暴力或者足球流氓这样的单一原因。如果没有看到 Taylor LJ 的全面详细的调查，没有对案情有着透彻的了解，继续将我国体育安全立法研究的重心放在球迷暴力或者足球流氓上，恐怕我们也要犯了同英国在希尔斯堡案之前一样的错误，走了弯路。

通过 Taylor LJ 的调查报告，让我们了解了希尔斯堡案的真实情况。那么对于英国 1989 年发生的著名案件我们是否提前做好了应对？如果只是翻阅以往的研究，答案应该是否定的。因为以往的研究告诉大家，我国目前调整该领域的法律主要有：《中华人民共和国体育法》（以下简称《体育法》）、《中华人民共和国治安管理处罚法》、《中华人民共和国刑法》和一个行业内部规定，即中国足协制定的《全国足球赛区安全秩序规定》。而在本人看来最重要、最具针对性的、现行有效的三部行政法规和一个部门规范性文件却被研究者忽略。它们分别是《大型群众性活动安全管理条例（中华人民共和国国务院令第 505 号）》、《国务院办公厅转发体育总局、公安部做好 2005 足球比赛有关工作意见的通知》[1]、《国务院办公厅关于提倡文明赛风维护足球比赛秩序的通知》[2]和《公安部、国家体育总局关于印发〈加强全国足球比赛安全管理工作的规定（试行）〉的通知》[3]（公通字〔2012〕60 号）。

《大型群众性活动安全管理条例》共五章 26 条，于 2007 年 10 月 1 日起施行。其中第二章是安全责任，第三章是安全管理。内容全面具体，英国有的我们有，英国没有的我们也有。比如第 10 条：公安机关应当履行下列职责：

（一）审核承办者提交的大型群众性活动申请材料，实施安全许可；

（二）制订大型群众性活动安全监督方案和突发事件处置预案；

（三）指导对安全工作人员的教育培训；

（四）在大型群众性活动举办前，对活动场所组织安全检查，发现安全隐患及时责令改正；

（五）在大型群众性活动举办过程中，对安全工作的落实情况实施监督检查，发现安全隐患及时责令改正；

---

〔1〕 http://www.pkulaw.com/chl/90da0431250a5820bdfb.html，最后访问日期：2018 年 11 月 26 日。

〔2〕 http://www.pkulaw.com/chl/b46ebb1b542dcc88bdfb.html，最后访问日期：2018 年 11 月 26 日。

〔3〕 http://www.pkulaw.com/chl/88fe3bf8a26b0a02bdfb.html，最后访问日期：2018 年 11 月 27 日。

（六）依法查处大型群众性活动中的违法犯罪行为，处置危害公共安全的突发事件。

这些"条款"全面覆盖了希尔斯堡案调查报告所建议的有关场地安全许可证书签发和人员培训的内容。对于公安、消防、救护以及观众的行为，比如第9条的"（三）服从安全管理，不得展示侮辱性标语、条幅等物品，不得围攻裁判员、运动员或者其他工作人员，不得投掷杂物"等都作出了详细规定。所以如果只是查阅期刊论文，就会遗漏很多重要法律文件，会被一些草率的结论所误导。

在更有针对性的《国务院办公厅转发体育总局、公安部做好 2005 足球比赛有关工作意见的通知（国办发明电〔2005〕10 号）》中有如下与前文英国希尔斯堡案调查内容相呼应的规定：

（一）加强组织领导

要在分管负责同志领导下，建立体育、公安等相关部门参加的工作协调机制。

（二）加强足球从业人员的监督和管理

体育部门要依法治理足球环境，切实提高足球竞赛的管理水平。

（三）加强赛场安全管理

体育场必须经过有关部门检测合格，方可确定为足球比赛场地。赛事举办单位要在公安机关、体育部门指导下，制定安全保卫工作方案和安全事故应急预案，严格落实各项安全措施，切实保障足球比赛的安全。

《国务院办公厅关于提倡文明赛风维护足球比赛秩序的通知（国办发明电〔2000〕21 号）》这样规定：

（二）要制定防范、处置各种突发事件、恶性事件的预案，做到信息灵通，防范在前。在发生少数球迷闹事时，要依法果断处理、迅速制止。公安机关要加强安全保卫措施。要加强赛场内外的安全监督检查，督促有关部门落实各项安全管理措施，对不安全因素较多的地区和重要场次的比赛要加强警力，防患于未然。维护赛场治安秩序，保护广大人民群众的安全。

《公安部、国家体育总局关于印发〈加强全国足球比赛安全管理工作的规定（试行）〉的通知》是依据上位法《大型群众性活动安全管理条例》制定的，内容基本相同，全文共有 19 条，这里不再赘述。

从这三部行政法规和一个部门规范性文件可以看出，我国现行有效的、内容较为全面的、针对性强的体育单项（足球）行政法规，已经涵盖了希尔斯堡案调查报告中所写的，导致灾难发生的所有原因。但由于其法律位阶不够高，所以执行力还略显薄弱。对于这三部行政法规，在 576 篇地方法规中[1]仅找到两部地方规范性文件，即《西安市人民政府办公厅关于贯彻落实〈国务院办公厅提倡文明赛风维护足球比赛秩序的通知〉的通知（市政办发〔2000〕67 号）》和《重庆市人民政府办公厅关于做好迎接亚洲杯足球赛在我市举行的各项准备工作的通知（渝办发〔2004〕32 号）》。当然，文献搜索以及个人精力都有局限性，不排除有疏漏的可能。这两篇地方规范文件内容全面，将各个部门凝聚在一起共同办赛，包括了公安、外事、接待、民宗、交通、旅游、环保、电力、卫生、商检、海关、民航、铁路等部门。

综上所述，关于我国体育安全立法的问题，本文从法律角度详解了希尔斯堡案的全过程，目的是希望该领域的研究能够客观看待国外与我国体育安全立法的研究内容。另外，对我国已经制定出台的法律法规不能忽略不计，否则该领域的比较法律研究就失去了最本质的研究意义。最终的建议还是要将"体育安全"纳入《体育法》。提高现有政策法规的法律位阶，因为体育安全涉及多部门的协调配合，这些内容很难在一个规范性文件中决定。若要做到依法加强多部门之间的综合协调能力，只能加快体育安全立法进程，从而可以依法明晰各责任主体的权利义务，严格执行法律程序，提高执行力。

对足球赛事安全的研究于其他项目是否具有普适性这个问题的回答，可以参照《国务院办公厅关于提倡文明赛风维护足球比赛秩序的通知（国办发明电〔2000〕21 号）》第 6 条："其他赛事的组织管理要参照本《通知》精神进行"。从该条行政法规可以解读出，足球运动具有体育安全立法研究领域的代表性。毕竟足球赛事的影响力和规模相比其他体育项目略胜一筹，因此对于足球项目的安全立法研究同样适用于其他体育项目。

---

〔1〕 http://www.pkulaw.com/，最后访问日期：2018 年 11 月 27 日。

参考文献

［1］Mark James，*Sports Law*（Third Edition），UK：PALGRAVE，2017.

［2］汪习根："法治中国的道路选择——党的'十九大'全面依法治国思想解读"，载《法学杂志》2018 年第 1 期。

［3］汪习根等：《治国重器：全面依法治国的法理释讲》，湖北人民出版社 2017 年版。

［4］Paul Gilchrist & Guy Osborn，"Risk and benefits in lifestyle sports：parkour, law and social value"，*International Journal of Sport Policy and Politics*，2017，09（1）.

［5］Steve Greenfield & Guy Osborn，*Regulating Football—Commodification, Consumption and the Law*，UK：Pluto Press. 2001.

［6］马宏俊主编：《体育法案例评析》，中国政法大学出版社 2017 年版。

［7］马宏俊："体育侵权中的民事法律责任研究"，载《体育科学》2005 年第 6 期。

［8］舒国滢主编：《中国特色马克思主义法学理论研究》，中国政法大学出版社 2016 年版。

［9］黄进：《依法治国：解读中国法治建设》，外文出版社 2016 年版。

［10］Sean Hamil & Simon Chadwick，*Managing Football*：*An International Perspective*，UK：Elsevier Ltd.，2010.

［11］Linda Trenberth & David Hassan，*Managing Sport Business*，UK：Routledge，2011.

［12］David McArdle，*From Boot Money to Bosman*：*Football*，*Society and the Law*，UK：Cavendish Publishing Limited，2000.

［13］李玄、罗恒、刘亚云："足球暴力应急管理的比较研究——以英意两国为例"，载《体育研究与教育》2014 年第 1 期。

［14］黄世昌："中英足球反暴力安全立法的对比研究"，载《浙江体育科学》2011 年第 3 期。

［15］黄世席："足球暴力法律规制之比较研究——以英意西为例"，载

《体育与科学》2008 年第 1 期。

[16] 石岩："国内外反球场观众暴力的立法"，载《体育学刊》2004 年第 2 期。

[17] 宁伟、谭小勇："国外体育赛事球场观众暴力法律规制评介——以英国相关法案为例"，载《体育科研》2013 年第 6 期。

[18] 朱力宇、张曙光主编：《立法学》，中国人民大学出版社 2006 年版。

[19] 国家体育总局编：《中华人民共和国体育法规汇编》，中国法制出版社 2017 年版。

[20] 国家体育总局编：《中华人民共和国体育法规汇编》，人民体育出版社 2015 年版。

我国高校学生体育权利法律保护研究

李　静

摘要： 学校体育是我国体育事业发展过程中的重要组成部分，学生作为学校体育中的重要主体，其体育权利应该得到法律保护。但是我国当前对学生体育权利进行保护的法律法规尚不完善，加之学校师生普遍存在体育权利意识薄弱问题，导致近年来高校体育侵权现象时常发生，大学生的体育权利亟待加强保护。从立法层面研究当前的法律法规存在的主要问题，并提出针对性的改进建议，有利于相关法律制度的完善，从而使高校学生的体育权利得到更好的法律保护。

关键词： 高校　学生　体育　权利　法律保护

绪　论

随着我国《全民健身条例》等文件的相继出台，体育运动开始得到大众的重视，大力发展体育事业不再只是对竞技体育的全面助推，社会体育和学校体育也成为其中的重要环节。高校作为发展学校教育的重要基地，应该在丰富学生体育活动、增强学生体质等方面积极探索，发挥应有的作用。然而，近年来高校学生体育权利被侵犯的现象屡屡发生，究其原因，除了高校教学管理不到位、学生体育权利意识淡薄、社会宣传教育力度不够之外，我国相

* 李静，中国政法大学2018级体育法学专业研究生。

关法律法规不够健全也是重要因素，本文主要从法律法规层面展开研究。

本文综合运用了文献分析法、文本细读法、综合分析法等分析方法，对我国现有关于学生体育权利的法律规定进行了研究，总结了其中存在的主要问题，并结合我国实际情况，针对性地提出了完善建议。通过以上努力，力求使我国在相关法律法规层面取得进展，促进对学生体育权利的更好保护。

一、体育权利的概念

权利这一概念，往往出现在法律规定中，通常是指法律赋予个体实现自己利益的某种力量。随着社会的发展和法治建设的推进，我国法律对公民权利的保护逐步完善。近年来，在国家全民健身的大力号召下，越来越多的人开始参与到体育运动中来，体育权利的概念开始引发学者关注。虽然学界对体育权利的概念尚没有统一看法，笔者认为，体育权利作为权利的下位概念，可以界定为社会承认和受法律保护的、人们追求和维护与体育相关的各种权益的资格，[1]包括人们参加体育活动和体育竞赛，接受体育教育等。

总体来说，公民的体育权利主要包含以下几个方面：第一，公民可以自主决定做出或者不做出一定的体育行为，如按照自己的意愿参加特定的体育活动等；第二，公民有权要求特定主体做出或者不做出一定的体育行为，如公民有权要求地方政府为其参加社会体育活动提供必要的支持等；第三，当公民的体育权利受到不法侵害时，有权通过各种合法方式寻求相应救济，从而维护其合法的体育权益。[2]如公民在社区利用体育设施进行锻炼时，因设施故障受到伤害，有权要求对相关设施负有检查维修义务的主体为此承担相应的法律责任。

二、高校学生体育权利的内涵

高校学生的体育权利是指法律法规提供保护的、高校大学生在学校各种

---

〔1〕 参见付江平："对高校大学生体育权利问题的探讨"，载《内江科技》2017 年第 11 期。

〔2〕 参见刘毅："学生体育权利及其救济"，河南大学 2006 年硕士学位论文。

体育活动中为了追求和维护自己与体育有关的权益而享有的资格。由于高校学生同时具有普通公民和学生的身份，其体育权利也可以分为以下两大方面：一方面是作为普通公民应该享有的体育权利，另一方面是作为高校学生这一特殊主体应享有的体育权利。[1] 与前者相比，高校学生享有的特殊的体育权利主要是针对高校校园内的体育活动，其特征主要有以下几点：主体限定为高校学生，权利范围限定在学校内，权利内容包括接受体育教育、使用体育设施等多方面。本文研究的内容主要针对后者，即高校学生基于其学生的身份应享有的体育权利。

权利往往伴随着义务，高校学生在享有体育权利的同时也要履行一定的体育义务。[2] 比如不得破坏体育设施、应当接受体育教育、应当遵守学校体育竞赛规则等。所以，高校学生的很多体育权利从另一方面来看也是他们应当履行的义务，比如高校学生有参加体育活动的权利，但通过参加体育活动锻炼身体、增强体质也是国家对高校学生的要求。为了督促高校学生重视体育锻炼、积极参与体育活动，国家和政府希望通过为学生设定体育义务的方式达到这一目的，然而，从现实情况来看，强制义务下的实施效果不容乐观。可见，要想真正推动体育运动在高校学生中的普及，更要在注重对学生体育权利保障的基础上加大宣传力度，培养学生对体育运动的兴趣，让学生真正爱上体育运动，才能达到强身健体、身心健康的目的。

三、我国对高校学生体育权利的法律保护现状及问题

（一）我国涉及学生体育权利的法律法规概况

如上所述，为了推动体育运动在高校学生中的普及、增强学生的体质和培养学生的体育权利意识，需要注重对学生体育权利的保护。更好的保护需要建立在现有的基础上，所以研究我国对学生体育权利的法律保护现状十分必要。

我国现有对学生体育权利的规定分散在诸多法律法规中，且大多都是暗

---

〔1〕 参见毛淑娟："侵害大学生体育权利的归责及其救济"，陕西师范大学 2011 年硕士学位论文。

〔2〕 参见巩庆波："大学生体育权利的保障与义务的履行"，载《体育科研》2015 年第 1 期。

含在条文中、需要加以推定才能适用的。在《中华人民共和国体育法》（以下简称《体育法》）中，专门设有"学校体育"的章节，其中主要是对学校提出的各种体育方面的要求，如"要求学校组织多种形式的课外体育活动……根据条件每学年举行一次全校性的运动会"[1]等。从这些对学校义务的规定中，可以推知学生享有要求学校履行以上法定义务的权利，但《体育法》中基本没有直接规定学生体育权利的条款。《体育法》在规定受教育者的权利时，提到了学生有使用学校教学设施的权利，[2]由于学校体育设施属于教学设施的范围，因此可以理解为这是法律对学生享有的体育设施使用权的明确规定。另外，《学校体育工作条例》和《全民健身条例》也从学校在体育工作中应尽的义务出发侧面规定了学生享有的体育权利。《学校体育工作条例》规定学校在体育行政部门的指导下组织实施学校体育工作，从体育课教学、课外体育活动、课余体育训练与竞赛、体育教师和体育场地设施等方面对学校提出了诸多具体要求，这些要求是为了实现增强学生体质、增进学生身心健康的目的，能够体现出对学生权利一定程度的保护，但也不是对学生体育权利的直接规定。《全民健身条例》中仅在第 21 条、第 22 条、第 23 条涉及学校体育义务，与《体育法》的规定存在部分重复的内容，该条例在法律责任部分规定学校违反条例规定的，由县级以上政府的教育主管部门责令其改正，拒不改正的，可以给予责任人员处分。[3]由此可见，我国当前对学生体育权利的法律规定具有一个普遍的特点，即不从正面直接规定学生的权利，而倾向于通过规定学校应尽的义务来间接保障学生的权利。[4]

（二）现有法律保护存在的问题

根据上文对相关法律法规的概述，可以看出我国现存有关学生体育权利的法律法规存在以下问题：

1. 法律规定分散

我国目前没有专门规定学生体育权利的法律法规，有关规定分散在不同

---

〔1〕《中华人民共和国体育法》第 20 条。

〔2〕参见《中华人民共和国教育法》第 43 条。

〔3〕参见《全民健身条例》第 35 条。

〔4〕参见付江平："对高校大学生体育权利问题的探讨"，载《内江科技》2017 年第 11 期。

的法律法规中，这种分散立法的现状很容易导致法律规定之间的重复甚至矛盾冲突。例如，关于学校运动会的举办频率，我国《体育法》第 20 条规定"学校应当组织多种形式的课外体育活动，开展课外训练和体育竞赛，并根据条件每学年举行一次全校性的体育运动会"；《全民健身条例》第 22 条规定"学校每学年至少举办一次全校性的运动会"；《学校体育工作条例》第 15 条规定"全国中学生运动会每 3 年举行一次，全国大学生运动会每 4 年举行一次。特殊情况下，经国家教育委员会批准可提前或者延期举行"。上述三个不同的法律法规中都规定了学校应该定期举办运动会，但在举办的频率要求上却截然不同，这对法律的实施造成了一定程度的阻碍。

2. 法律规定模糊抽象，可操作性低

法律的目的在于实施，过于模糊和概括的法律规定难以在实践中落实，也就无法达到法律制定的目的。例如，我国《全民健身条例》中规定"学校应当在课余时间和节假日向学生开放体育设施"[1]，但是并没有规定如何开放、是否收费等问题，也没有明确规定违反这一规定后学生如何寻求救济，[2]这就导致实践中各地的不同学校做法不一，有的学校开放时间长，有的开放时间短；有的学校不收费，但有的学校不仅收费还存在价格不合理现象。做法不同导致学生的体育权利未能得到同等保护，面对这种情况，学生也没有有效的维权途径。法律规定过于概括会导致学生的体育权利有受到侵害的危险，而且在受到侵害后无法得到救济。

3. 对学生权利的直接规定太少

上文论述到，我国目前有关学生体育权利的法律法规基本都只从学校应尽的义务方面进行规定，直接规定学生体育权利的条文屈指可数。我国公民的权利意识尚不够强烈，法律法规一味强调义务很容易让学生忽视自己应有的权利。特别是在高校与学生这种具有管理与被管理的关系上，学生本就处于相对弱势的地位，若没有法律对其权利的直接规定，学生难以有勇气和信心向学校主张体育权利。

---

[1] 《全民健身条例》第 28 条。

[2] 参见张雷："我国大学生体育权利保障浅析"，载《天津市工会管理干部学院学报》2012 年第 3 期。

四、立法层面完善建议

从我国对学生体育权利法律保护的现存问题来看，完善相关立法具有必要性和迫切性。针对上述问题，笔者提出以下改进建议：

（一）在《体育法》中统一规定学生的体育权利

目前我国《体育法》中对学校体育部分规定的内容过于抽象和笼统，且未涉及学生的体育权利问题，笔者认为，应该在"学校体育"这一章节中加入对学生体育权利的明确规定。

学生体育权利的立法可以从以下几个方面入手：第一，明确规定学生这一主体享有受法律保护的体育权利。这样规定的意义在于区分一般的公民身份，将学生这一特殊身份的主体纳入体育权利保护的范围内。第二，明确规定体育权利的内容。结合《教育法》等其他法律法规中的规定，可以将学生的体育权利分为受教育权、人身权、财产权和监督权等种类。[1]学生的受教育权具体是指学生享有接受和要求学校提供相应的体育教学服务、自主选择体育项目等权利；人身权主要是指学生有权要求学校对其参加校园内体育活动、体育竞赛的人身安全给予必要的保障，并对其受到的人身伤害采取补救措施等；财产权是指学生享有要求学校对其使用体育设施和通过体育活动获取收益等行为进行保护的权利。监督权是指学生对学校履行体育教学和服务等行为的情况享有监督、举报等权利。通过对学生享有的体育权利进行明确规定有利于提升学生的权利意识，促进对学生权益的更好保护。第三，应该明确规定体育权利保障的条件和方式。体育权利的实现需要一定条件的保障，如高校为了保障学生体育活动的顺利开展，需要配置一定的体育场馆设施、体育教师等资源。因此，《体育法》应该将高校必须具备的体育保障条件以条文的形式规定下来，避免高校以各种理由推卸责任。

（二）在法律中规定明确的救济途径

为了避免侵犯学生体育权利现象的发生，需要加强对体育权利的保护，

---

[1] 参见颜廷锴："大学生体育活动中体育权利的现状调查与发展对策研究"，苏州大学 2018 年硕士学位论文。

但是保护体育权利仅靠法律规定是远远不够的，如果缺少有效的救济途径，权利保护只能是一纸空文，难以奏效。因此，我们需要构建起一套行之有效的救济方法，使侵权者承担应尽的责任，被侵权者得到应有的保护。

对学生体育权利的保护应该贯穿于学校体育活动的始终，救济途径也应如此。首先，为了预防和避免学生在体育活动中受到伤害，学校应该为学生购买人身保险，起到事前防范的作用。建立和不断完善学校体育伤害事故的保险机制有利于使学生的体育权利得到更好的保护，减轻学校和学生在意外事故中的负担。[1] 其次，在学校的体育活动中，为了保护学生各种各样的合法体育权利，使学校在监督下履行职责，应该建立健全学生对学校、老师等履职主体的投诉、举报机制，让学校对其侵权行为承担法律责任；最后，应该保证学生在体育权利受到侵害后有畅通的渠道进行救济。目前，我国《普通高等学校学生管理规定》中规定了学生有向申诉处理委员会提起申诉的权利，[2] 应该将学校的有关体育行为也纳入申诉范围，在这种情况下，学生认为高校的行为不当，可能侵犯其合法体育权利时，就可以向学校提出申诉，维护其正当权益。除此之外，学校对学生实施某些法律法规授权的行为时，其身份已经具有行政主体的性质，学生认为这些行为侵犯其体育权益的，应当允许其通过行政复议和行政诉讼的方式维权。[3] 但是，需要对目前高校的哪些行为可以纳入行政法的审查范围进一步作出具体规定，使学生寻求救济的途径更加通畅。

（三）加快相关部门和学校配套管理规范的制定

法律不可能面面俱到，为了更好地实施法律，需要对法律进行细化和解释，再加之在社会的快速发展和变化中，法律仍要维持自身的稳定性，不能朝令夕改，因此，《体育法》中关于学生体育权利只能规定一些体现原则性和不太容易变动的内容。上文提到需要由《体育法》对学生的体育权利进行统一和明确的规定，并在法律中为学生寻求救济提供有效途径。但是，学校在

---

〔1〕 参见徐娟："我国学生体育权利研究的述评"，载《福建体育科技》2016 年第 4 期。

〔2〕 参见《普通高等学校学生管理规定》第 60 条。

〔3〕 参见刘永凤、何金："从人权视角审视我国的学生体育权利问题"，载《山西师大体育学院学报》2010 年第 6 期。

具体落实对体育权利的保护时，仍需要制定具体的配套规范。为了避免学校通过不作为的方式减轻自己的责任，需要由各地教育主管部门督促学校制定针对性的实施办法，对法律法规的规定加以细化并贯彻落实。[1] 教育主管部门与学校加强合作，制定与相关法律法规配套的实施细则不仅可以细化部分比较抽象的法律规定，还能结合学校的实际情况在法律范围内做出灵活调整，可以弥补法律灵活性不够的缺点，有利于法律法规的贯彻实施，真正实现保护学生体育权利的目的。

结　语

通过对我国关于学生体育权利的法律法规进行分析，笔者发现当前我国相关的法律法规存在许多问题，主要包括法律规定分散、条文模糊抽象、可操作性低和对体育权利的直接规定太少等。为了预防和减少体育侵权现象的发生，更好地保护学生的体育权利，笔者提出了一些立法层面的改进建议。针对现有规定模糊和分散问题，笔者建议在《体育法》中对学生体育权利进行统一明确的规定，同时为学生提供有效的权利救济途径。由于法律具有稳定性，为了更好地适应不同地区不同学校的实际情况，教育主管部门和学校应当加强合作，在法律范围内制定具体的实施办法，为法律的贯彻落实奠定基础。除了法律法规的完善之外，对高校学生体育权利的保护仍面临许多其他障碍，这需要包括教育主管部门、学校、社会等多方主体的共同努力，相信在更加完善的法律框架下，这些问题都能逐渐得到良好的解决。

参考文献

［1］张雷："我国大学生体育权利保障浅析"，载《天津市工会管理干部学院学报》2012 年第 3 期。

［2］刘永风、何金："从人权视角审视我国的学生体育权利问题"，载

---

［1］　参见刘永风、何金："从人权视角审视我国的学生体育权利问题"，载《山西师大体育学院学报》2010 年第 6 期。

《山西师大体育学院学报》2010 年第 6 期。

[3] 吴琼先："从追求体育功利转向保障学生权益——谈高校体育教学改革的新视野"，载《教育观察（上半月）》2015 年第 12 期。

[4] 关进国、陈德松："安徽省大学生体育权利现状与救济路径的研究"，载《价值工程》2013 年第 16 期。

[5] 孙鸿、刘新民："高校体育教学改革的新视野——从追求体育功利转向保障学生体育权益"，载《西安体育学院学报》2015 年第 2 期。

[6] 巩庆波："大学生体育权利的保障与义务的履行"，载《体育科研》2015 年第 1 期。

[7] 孙立涛："大学生体育权利的实现途径"，载《中外企业家》2014 年第 21 期。

[8] 宋军生："大学生体育权利的研究"，载《体育科学》2007 年第 6 期。

[9] 刘明霞："大学生体育权利之实现途径研究"，载《法制与社会》2012 年第 34 期。

[10] 付江平："对高校大学生体育权利问题的探讨"，载《内江科技》2017 年第 11 期。

[11] 徐娟："我国学生体育权利研究的述评"，载《福建体育科技》2016 年第 4 期。

[12] 王越锋："关于现代大学生体育权利保护现状调查"，载《浙江体育科学》2017 年第 2 期。

[13] 徐吉："基于学生体育权益的高校体育教学改革"，载《亚太教育》2016 年第 32 期。

[14] 曹利民："论大学生之体育权"，载《吉林体育学院学报》2006 年第 2 期。

[15] 张震宇："如何保障体育教师合法权益与学生体育活动安全"，载《内蒙古教育》2013 年第 24 期。

[16] 朱二刚、马倩、杜天华："体育权利维护视角下高校体育教学改革的现状与实现路径"，载《体育研究与教育》2016 年第 3 期。

[17] 肖雷、熊冰："论高校学生的体育权利及其保障"，载《体育成人教育学刊》2006 年第 6 期。

［18］阮春新："以《侵权责任法》为视角看高校学生体育权利的保护"，载《北京城市学院学报》2015年第1期。

［19］毛淑娟："侵害大学生体育权利的归责及其救济"，陕西师范大学2011年硕士学位论文。

［20］刘毅："学生体育权利及其救济"，河南大学2006年硕士学位论文。

［21］颜廷锴："大学生体育活动中体育权利的现状调查与发展对策研究"，苏州大学2018年硕士学位论文。

学生体育社团创新发展研究

——以中国政法大学国际法学院为例

刘　瑾* 　王　初**

摘要： 随着国家的发展、社会的进步、人民生活水平的提高，各类体育运动得以在广大人民群众中普及，体育运动逐渐成为一种生活方式。体育强国的建设目标，离不开高校体育工作者的努力，而学生体育社团作为高校体育中不可缺少的一部分，或许能成为高校体育发展的突破口。

本文通过对现有社团进行研究，查阅文献资料、对比国外成功模式，总结出目前学生体育社团在招新、组织、发展上存在困难，在体育氛围、活动质量、教育引导方面有待加强，并提出俱乐部模式借鉴、课程化模式引入等创新发展策略，以改变学生体育社团被边缘化的现状，发挥学生体育社团的真正作用，以社团带动高校体育发展，推动高校体育工作的进程。

关键词： 学生体育社团现状　创新发展

一、研究背景与概念界定

（一）研究背景

习近平总书记在党的十九大报告中指出，要"广泛开展全民健身活动，加快推进体育强国建设"。党的十八届三中全会在《中共中央关于全面深化改

---

　* 刘瑾，中国政法大学国际法学院分团委书记。

** 王初，中国政法大学国际法学院2016级本科生。

革若干重大问题的决定》中，对学校体育工作做出了重要部署，明确提出"强化体育课和课外锻炼，促进青少年身心健康、体魄强健"。

发展学生体育社团是学校体育工作中不可缺少的一部分。据学者研究表明，影响学生体育价值意识形成的主要因素依次为：体育社团活动、电视等新闻媒体、友人、体育课。[1]这足以说明体育社团在学生体育文化形成过程中的重要作用。学生体育社团在我国高校里也较为多见，但其发展现状存在被边缘化、学生参与度低等情况，远未达到人们预期，没有发挥出预期作用。

（二）学生体育社团的概念界定

"体育社团是以体育运动为目的或活动内容的社会团体。"[2]广义上的学生体育社团，既应包括因共同的体育爱好而相聚成立的兴趣社团（如万里车协、各运动队等），也应包括以提升同学运动积极性为宗旨、以举办体育活动为主要服务内容的管理类学生组织（如学生会体育部、各院体委会等）。这些体育社团，以学生自治的形式，围绕体育运动开展活动，为学生提供锻炼和展示自我的平台，丰富学生课余生活、营造学校体育氛围、促进体育事业发展。本文将学生体育社团分为体育类兴趣社团和体育类学生组织，其中体育类兴趣社团以国际法学院运动队（以下简称"运动队"）为例，体育类学生组织以国际法学院体育运动委员会（以下简称"国经体委会"）为例。

本文将针对学生体育社团发展现状梳理所存在的问题，结合对我校学生的问卷调查，了解目前学生的真实看法和需求，借鉴国内外成功发展模式，提出相应的创新发展对策，打破社团原有的发展瓶颈，以社团力量营造更浓厚的高校体育氛围，促进在校大学生身心健康、体魄强健、全面发展。

二、学生体育社团发展现状及原因分析

（一）招新困难

每年的九月末，是我校大部分社团集中招新的时间，因社团众多，竞争

---

〔1〕 参见中岛惠子等："中・高女子生徒にとっての体育の今"，たのしい体育・スポーツ，6（2007），14.

〔2〕 卢元镇："论中国体育社团"，载《北京体育大学学报》1996 年第 1 期。

激烈，故也被称作"百团大战"。近年来，新生对社团的兴趣有所下降，学生社团招新形势愈发严峻，且部分热门学生组织招新规模较大，学生体育社团在百团大战中，无异于"在夹缝中谋生存"。

大学生加入社团多以自我实现为目标，刚入学的新生很难对众多社团有清楚的了解，老牌学生组织靠着迎新时与新生更多的接触以及更广阔的平台，较易拥有更多面试者。而学生体育社团目前则存在被"边缘化"的情况，以国经体委会为例，它成立于 2014 年，作为一个年轻的体育社团，缺乏对新生的吸引力，但根据工作实际情况其招新需求较大，新鲜血液得不到补充，人员不足，必然影响后续的社团工作。运动队也存在招新上的困扰，部分擅长运动的同学由于个人选择未加入运动队，而没有基础的同学又容易在训练中掉队，进而失去热情，影响整体氛围，且现有的运动队成员要负担更大的压力，活动质量、比赛成绩也可能因此下降。

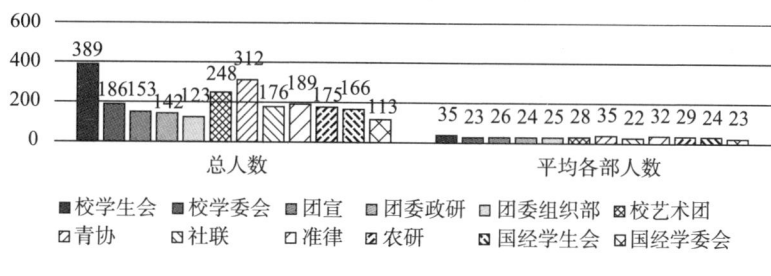

图1　2018 年部分学生组织招新情况表[1]

（二）组织困难

体育类学生组织是以提高学生的运动热情和参与度为工作宗旨的，以国经体委会为例，该社团的主要工作为统筹策划、举办体育类活动、为院运动队提供后勤保障等；体育类兴趣社团，主要工作为开展日常训练、组织参加各类体育比赛等。二者在实际组织工作过程中都存在一些困难。

体育类学生组织一方面因人力、物力、时空、天气等限制，举办的活动规模较小，缺乏足够的吸引力。另一方面，赛事记录、后勤慰问、组织策划等常规工作，本身或难或枯燥，即便工作者拥有一颗热情坚定的服务同学的

---

〔1〕　作为对比，国经体委会平均每部招新人数仅 13 人。

心，也可能因为缺乏积极反馈，工作成果不受重视而受到打击。而兴趣类体育社团开展日常训练工作，也存在很多困难。以运动队为代表的社团，往往以取得比赛成绩作为发展目标。一方面，社团无法强制队员参加训练，管理模式较松散，让社团缺乏集体向心力；另一方面，成员的水平参差不齐，需要更为科学的训练模式，让每个人都在训练中有所收获，但目前社团负责人的水平往往达不到这一要求。

（三）发展困难

学生体育社团发展好了，会对学校体育氛围的增强有长期且高效的作用。但目前，相较于很多老牌学生社团，年轻的学生体育社团往往还未形成一套成熟的体系，缺少经验与传承，只能在摸索中发展。

体育类学生组织中，以国经体委会为例。首先，内部的职责分工不明确。制作推送、管理资金、后勤保障、赛事记录、举办活动等多项工作要由两个部门全部承担，招新困难导致一人往往要身兼多项工作。其次，活动质量亟待提高。在马斯洛需求层次理论中，"自我实现"是人的一种社会需求。[1]但小规模、低参与度的体育活动，参加者无法充分发挥自身潜能，而社团成员也无法收获成就感和满足感。最后，人才流失严重。繁杂的工作会消磨成员的热情，最后不愿继续留任，传承难以保证。在体育类兴趣社团中，以国经田径队为例。首先，成员黏性较低，高年级参与人数较少。其次，队长的专业性有待提高。最后，信心缺乏。很多队员，即便经过刻苦的训练，可能还是无法取得名次，于是就产生消极训练的情绪。这些问题都严重影响学生体育社团的健康发展，部分学生体育社团也因此陷入了一种泥沼。

三、学生体育社团创新发展路径

（一）提供专业指导，增加与外界交流

缺乏经验和传承的问题，可以通过专业指导进行解决。有学者指出，高

---

〔1〕 参见穴田義孝等：こころ・行動そして社会：人間の科学として社会心理学，人間の科学社 2002 年版，第 45 页。

校社团通常缺乏相关专业人士在体育理论层面和训练、竞技技术层面上的指引，学生的整体体育水平、能力不高。学生团体通常只安排一些形式简单的活动，学生参与的热情不高，社团成员大多不能够坚持参与社团活动。[1]我校优秀的体育特长生完全有能力承担起对学生体育社团的指导工作，同龄人之间也具有同理心，赋予体育特长生特邀指导员的身份也为体育特长生提供了宝贵的实践与锻炼机会，增加其工作积极性和热情。

同时，学生体育社团之间也应该有更多交流，实现社团发展经验上的共享。应组织校内外各学生体育社团开展交流研讨。目前学生体育社团发展的困境是普遍的，但也有走在前列、发展较好的学生体育社团，大家应群策群力，互相帮助，一起营造我校良好的体育氛围。

（二）俱乐部模式借鉴

体育俱乐部大约源于 17 世纪、18 世纪的欧罗巴，因着第二次科技革命而流行于全球。在一些西方国家，体育俱乐部则可以说是陪伴孩子成长的重要形式。体育俱乐部早已成为这些国家生活的一部分，成为推动全民运动的一项重要方式。西方浓厚的体育氛围，与体育俱乐部的这一模式存在密切的联系。

分析发达国家体育俱乐部模式，我们发现其氛围好、成员黏性高，与国内大学体育社团高年级比例较小的情况不同，国外大学体育俱乐部人员退出较少，从入学到毕业，基本上都能保持在社团活动，即便以后步入社会，也会对俱乐部集体有强烈的归属感，或回校指导、捐助资金。这一模式，为我国学生体育社团解决目前人员不足、无法形成良好氛围和完整传承的问题提供了思路。体育具有独特的魅力，它能满足人竞争、娱乐、社交等多方面需要，而体育俱乐部模式能较大限度地发挥体育自身具有的功能，将松散的社团凝聚到一起。

从体育俱乐部模式中得到启发，并可以借鉴的措施有：①纳新常态化，不分年级、不分时间地招收对体育事业拥有热情、有服务精神的同学；②取消自动退出机制，干部层正常换届，其余成员无特殊情况仍然保留成员身份，

---

[1] 参见杨左等："对大学生体育社团的发展现状及对策研究"，载《湖北体育科技》2005 年第 4 期。

高年级同学有更多机会将经验传承下去，形成良好的传帮带；③内部进行活动试验，在社团内部开展利于普遍参加的体育活动，增强内部团队建设，提高凝聚力，再逐步将活动扩大，面向全院、全校的师生；④动员社团内部成员自身坚持运动，保持阳光、活力形象，进一步感染、带动身边的同学参加体育活动；⑤宣传社团文化，树立社团自信，将学生体育社团张扬、活泼的特性在全校范围内传播，加强对体育文化、体育人物、体育精神的宣传，播撒终身体育的观念。

（三）打造品牌活动，树立社团形象

活动质量影响社团在同学们心中的形象，决定活动的参与度，再反作用于活动效果。因此，要打破目前学生体育社团举办活动过程中的恶性循环，就应该壮士断腕，不惜抛弃旧的活动，也要下定决心，打造品牌活动。

社团负责人需结合社团人数、成员能力等因素，认真考虑每学期能够办好的活动数量，加强活动前期调研，充分了解同学们需要什么活动，愿意参加什么活动，以及对活动的具体期望。指导老师须与社团成员充分讨论，确定社团年度活动方案，集中力量，打造品牌活动。一味求变求新，也不利于年轻社团的稳定发展，需要坚定方向，努力完善固有问题，树立社团的长远规划和目标。台湾学者钱家慧在其文章中指出：运动发展、自我挑战、亲和放松、成就需求、运动乐趣这五项因素是学生参与学校体育社团的主要动机。黎明则认为，高校体育社团形成的原因有两个方面，一方面是娱乐性，另一方面是目的性。高校体育社团具备的愉悦身心的功能，从学生参与体育运动而感受到的轻松、快乐以及在竞技中获得的成就感中可见一斑。而目的性是指社团的发起人和社团干部在不断追求娱乐感并得到满足的同时以一种社会实践方式而成立的体育社团，其目的是在于有意识地培养和提高自身的组织和管理能力，对于参加体育社团的学生而言参与娱乐、扩大交往、缓解学习的紧张、健身、美容等才是他们的目的。所以说高校体育社团的成因研究观点而多集中在了娱乐性与目的性两个方面。[1]

分析同学们参加体育社团的动机，再反省自身无法满足同学何种需要，

---

〔1〕 参见黎明："大学生体育社团的发展现状及对策研究"，载《安徽工业大学学报（社会科学版）》2005 年第 2 期。

进行针对性改革。增加活动参与度的重点在于使活动为同学所需，真正满足同学们来的目的，适应同学们的需求。

（四）体育社团课程化发展

教育部 2002 年颁布实施的《全国普通高等学校体育课程教学指导纲要》提出，"为实现体育课程目标，应使课堂教学与课外、校外的体育活动有机结合，学校与社会紧密联系。要把有目的、有计划、有组织的课外体育锻炼、校外（社会、野外）活动、运动训练等纳入体育课程，形成课内外、校内外有机联系的课程结构。"[1]

校园体育文化的建设并非易事，必须要从整体课程安排着眼、着手。[2]在我校"课比天大"的氛围下，一旦将体育社团课程化管理，提升对其重视程度，必会极其有力地促进其发展。课程化管理包括为体育社团出台管理规章和奖惩措施，如将体育活动参与度与评优、学分等挂钩，对大学生全面发展的要求本就包括个人体育发展，将体育以更大的权重加入对学生个体的评价体系，既符合教育要求，又促进校园体育文化的形成。

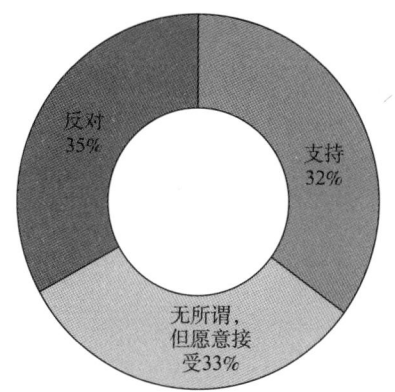

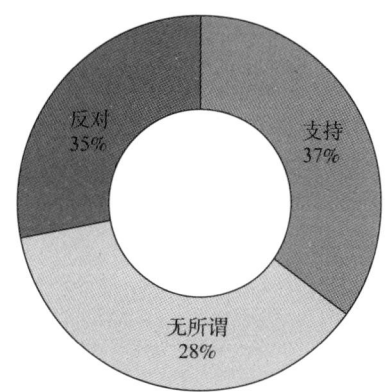

图 2　学生是否愿意接受学校设定　　　图 3　学生是否愿意接受运动目标完

　　　必须完成的运动目标　　　　　　　　　成情况与个人发展挂钩

图 2 和图 3 表明，有接近 2/3 的同学愿意接受学校设定必须完成的运动目

---

〔1〕《全国普通高等学校体育课程教学指导纲要》（教体艺〔2002〕13 号）

〔2〕参见马延伟、马云鹏："课程改革与学校文化重建——一所学校的个案研究"，载《教育研究》2004 年第 3 期。

标，并和个人发展挂钩。实际上，很多同学都认识到了体育活动的重要性，也并不排斥参加体育活动，只是缺少一个助推器。将体育社团课程化，给同学们一个必须去运动的理由，会使全校氛围更具活力，学生获得健康体质，运动习惯得以养成，体育社团的发展困境也将得到好转。

论体育社会组织的主体地位及治理机制的完善

赵　峰* 肖　瑶**

摘要： 体育社会组织是"体育社会化"的关键途径，也是完善和修改《中华人民共和国体育法》（以下简称《体育法》）的重要举措。所以，加强对于体育社会组织的研究，不但有助于充分发扬社会组织在体育事业中的关键作用，更是发展群众体育运动的关键途径。通过梳理，现有的体育社会组织主要包括体育社会团体、体育民办非企业单位和体育类基金会三种形式，由于相关法律规则并不清晰，严重阻碍了实践发展。在《中华人民共和国民法总则》（以下简称《民法总则》）生效的背景下，应当明确体育社会组织的主体地位，赋予其法人资格，准确定性为非营利法人。同时，为确保社会组织功能的发挥，在治理机制方面，应通过限制利润分配、加强监督机制以及设立问责机制构建一套完善的治理体系。

关键词： 体育社会组织　非营利法人　治理机制　《体育法》修订

2013 年，十八届三中全会上中共中央明确提出要"创新社会治理体制，激发社会组织活力。"[1] 由此，"体育社会化"的口号一时间被广泛议论。无疑，通过建立多渠道的筹资机制，促进社会团体和个人参与体育，最大限度地引入增量资源，盘活存量资源，对于促进全民健身、促进体育事业产业化具有

---

* 赵峰，中国政法大学 2017 级硕士研究生，研究方向：民商法学。
** 肖瑶，中国政法大学 2017 级硕士研究生，研究方向：民商法学。
〔1〕《中共中央关于全面深化改革若干重大问题的决定》。

重要意义。在此活动下，体育社会组织也将扮演更加重要的角色。[1]但通过查阅现有的资料，发现理论界对此问题研究得还不深入，涉及范围也不全面，很难回应实践需要。其中对于体育社会组织的主体定位和定性更是众说纷纭，而对于如何完善体育社会组织内部治理的研究更是罕见，关注度极低。因此，在《民法总则》生效的背景下，对体育社会组织的主体进行定位，同时对其治理机制进行完善，无疑具有重要的理论价值和现实意义。

一、体育社会组织的立法与实践

体育社会组织是指以社会服务为目标，以发展群众体育为宗旨，不断发展多种与体育事业有关的公益性活动的非营利性组织。[2]通过实证调研和资料查询，可以发现现阶段我国体育非营利组织的组织形式，主要有体育社会团体、体育民办非企业单位和体育类基金会三种形式。通过民政部官方网站公布的《2018 年社会服务发展统计公报》可以得出，以 2018 年 12 月 31 日为准，全国登记存在的社会组织 76.2 万个，比上年增长 8.4%；全国共有社会团体 35.5 万个，比上年增长 5.6%，其中体育类 3.0 万个；全国共有各类基金会 6307 个，比上年增长 13.5%，其中体育类 1.8 万个；全国共有民办非企业单位 40.0 万个，比上年增长 11.0%，其中，体育类 1.8 万个。下面笔者通过立法现状与实践发展两个方面对体育领域社会组织展开分析。

（一）立法现状

1995 年 8 月 29 日，《体育法》经过反复酝酿正式通过，共计八章 56 个条文。其中，在第五章中专门就"体育社会团体"作出规定，涉及 5 个条文。但是，由于内容相对宽泛，缺乏具体要求和实施细则，导致上述规范并未对体育社会组织的定义、主体地位和治理规范予以明确，实践意义极其有限。不仅《体育法》的规定并不详尽，而且通过检索发现，自此以后在法律和司

---

〔1〕 参见姜熙："比较法视角下的我国体育立法研究——以《体育法》修改为切入点"，上海体育学院 2017 年博士学位论文。

〔2〕 参见夏正清、方雨晴："体育非营利组织的发展现状与对策研究"，载《体育科技文献通报》2018 年第 9 期。

法解释的层面仍没有涉及社会组织的法律规范，这可谓是立法的缺失。

相较于立法的滞后，行政法规则对于体育社会组织的定位与功能有所着墨，在国务院办公厅的文件中明确主要目标中就提到"形成与国际接轨、管理规范、充满生机活力的体育社会组织体系"。[1]后期在《国务院关于印发全民健身计划（2016—2020年）的通知》中对于体育社会组织的改革和发展提供了参考和方向。在最近一次的指导意见中，国务院更是明确指出要"支持体育社会组织加强自身建设，健全内部治理结构，增强服务功能。发挥体育社会组织在营造氛围、组织活动、服务消费者等方面的积极作用。鼓励各类社会组织承接政府公共体育服务职能。"[2]通过对行政法规的梳理可以发现，国务院在对体育社会组织在促进体育事业的作用和功能的重视程度慢慢增强，规范设立也愈发频繁，针对性也逐步加强。

（二）实践发展

相较于立法的艰难推进，体育社会组织在实践中的发展经历了从萌芽到蓬勃壮大的阶段。根据上述民政部的统计公报，可以发现现有体育社会组织主要包括体育社会团体、体育民办非企业单位以及体育基金会三种形式，本文接下来就三种形式分别阐述，概括三者在实践中的发展样态。

1. 体育社会团体

体育社会团体就是以体育运动为目的或活动内容的社会团体。例如实践中广泛存在的体育工会、行业体育协会、具体项目体育协会（乒乓球协会）、大学生体育协会等。通过整合发现，现有的体育社会团体有如下性质：社会性，这也是社会团体的本质属性，社会性的存在也意味着体育社会组织的成立和监管尽量要表现出鼓励的态度，避免政府过度干预；非营利性，体育社会团体不能以盈利为目的，虽然一些体育社会团体可能从事一些营利事业，然而社团所产生的收入不能用于分配，只能继续用于发展体育事业；共益性，在体育社会团体内部中，每个成员或机构都需要在体育活动中受到更好的社会评价，这也是社团成立的出发点；同类相聚性，体育社会团体的这种组合，是通过组织化的手段将志趣相投的成员联系在一起，或进行同一体育项目，

---

〔1〕《关于加快发展体育产业的指导意见》（国办发〔2010〕22号）。
〔2〕《国务院办公厅关于加快发展健身休闲产业的指导意见》（国办发〔2016〕77号）。

或开展联谊交流活动。[1]对此，以北京市为例，体育社会团体的基本功能在于代表群体参与政治活动，协助政府体育部门完成某些政府职能，发展成员在体育运动方面的素质，为成员寻求体育机会，保护成员的个别权益和群体权益。[2]

2. 体育类民办非企业单位

体育民办非企业单位是体育社会化的重要表现形式之一（以下简称"民非"），实践中更是广泛存在。例如民办的一些体育院校、体育活动室、体育俱乐部、体育中心等社会组织。实践中比较常见的就是各类体育俱乐部，这种组织形式不仅影响社会公益的开展，更是群众体育、青少年体育活动必不可少的一部分。

事实上，民非的组织形式在中国实践中广泛存在，且很早就得以产生，但是对于民非的法律概念却一直没有立法予以明确。直到1998年《民办非企业单位登记管理暂行条例》的颁布为其组织架构、法律定位和实践样态等作出相应规定。但是，对于体育类民办非企业单位而言，却着墨不多。随着体育类民非的广泛设立，国家体育总局、民政部结合体育事业的实际情况，于2000年11月10日颁布了《体育类民办非企业单位登记审查与管理暂行办法》。其中对于体育民非的定义、主管单位和职能范围都作出了详细规定，[3]不仅有利于规范实践中体育民非的活动，也有利于促进体育民非的进一步发展。但是，对于体育民非来说，现有的规范还是存在立法层级过低、规定不统一、效力和内容差异化明显等问题，迫切需要规范规则体系来完善和统一体育民非的制度。

不过，虽然立法对体育民非的活动范围予以列举规定，但是通过资料收集，可以发现在实践发展中，体育类民非主要涉及的业务还是比较广泛的。同时，大多组织章程规定还是比较统一的，大多涉及体育娱乐与休闲的组织

---

〔1〕 参见李甜："全民体育视角下城市社会体育组织构建发展研究"，载《赤峰学院学报（自然科学版）》2016年第23期。

〔2〕 参见《北京市体育社会团体管理办法（试行）》。

〔3〕 《体育类民办非企业单位登记审查与管理暂行办法》第2条："本办法所称体育类民办非企业单位，是指由企业事业单位、社会团体、其他社会力量和公民个人利用非国有资产举办的，不以营利为目的的，以开展体育活动为主要内容的民办的中心、院、社、俱乐部、场馆等社会组织。"

服务，体育赛事的技术指导，体育的表演组织，人才的培养训练等。正是由于业务的广泛存在，也反映出现有的规则较为模糊和概括，缺乏针对性的指导，也没有回应现实中国体育民非面对的问题。

3. 体育基金会

作为众多基金会组织形式的一种，体育基金会不仅在慈善性上表现突出，同时，其举办活动相比较体育社会团体和体育民非而言，更加地突出辅助和促进体育公益事业的发展的特点。一般而言，体育基金会在实践中也存在公募和私募之分。前者主要指资金募集对象来自社会公众，即不特定对象。后者主要指资金募集对象来自有限的个人或机构，即向特定对象募集资金。相关数据显示，截至 2018 年 12 月 31 日，我国有公募基金会 6322 家，较上年增长 8.6%，其中拥有公募体育基金会 132 家，占总量的 2.09%。

换个标准来看，对于体育基金会而言，概念上又可以进一步区分为全国性的体育基金会和地方性体育基金会。前者的活动范围和影响范围涵盖全国各地，而后者的活动范围和影响范围仅能辐射特定的地区。同时，在资金来源上，全国性体育基金会可以向全国进行募集，但地方性体育基金会却仅仅在地区内募集资金。但是，实践中，由于地方性体育基金会具有小规模、灵活性、针对性的特点，其发展趋势明显超过全国性体育基金会。相关数据显示，截至 2018 年 12 月 31 日，在 132 家公募体育基金会中，全国性体育基金会有 11 家，比起地方性基金会来说，数量还是比较小的。[1]

私募体育基金会在目前还不常见，完全没有发挥出其灵活多样的特点和公益化组织的特性。通过资料查询，不难发现在 2004 年以前，我国法律和法规上根本没有出现私募基金会的概念，体育私募基金会更是闻所未闻。随着中国奥运会的举办，我国各地行业组织纷纷成立私募体育基金会，并如雨后春笋般蔓延开来，从沿海到内陆，从省会到地方，从城市到乡村。截至 2017 年 12 月 31 日，我国非公募基金会有 9971 家，非公募体育基金会共有 101 家，占 1.01%。在 101 家非公募体育基金会中，全国性体育基金会有 7 家，例如萨马兰奇体育发展基金会、桃源居公益事业发展基金会等，另外 94 家为地方

---

[1] 参见杨团主编：《中国慈善发展报告（2018）》，社会科学文献出版社 2018 年版，第 31 页。

性非公募体育基金会。[1]

与前两种形式相比，体育基金会的实践中样本范围并不广泛。笔者通过调查北京体育基金会的相关内容发现，北京市体育基金会成立于1984年，并于1999年5月重新进行注册登记，性质上属于公募基金会，其募集资金来源于财政拨款和彩票发行的公益金。登记管理机关目前是北京市民政局，业务主管单位则是北京市体育局，宗旨是：动员社会力量，多渠道募集基金，推动和促进北京市体育事业、体育产业的全面发展，业务范围包括募集社会资金，支持北京市体育事业的发展，资助、扶植体育事业优秀人才，促进各类体育交流。[2]

二、体育社会组织的主体地位

对于体育社会组织的主体界定，学术界基本上都承认：体育社会组织的发展需要推动体育社会组织的法治建设，应当通过立法明确体育社会组织的主体地位。[3]但是，根据笔者收集的资料来看，现有的研究中大多涉及的仅是体育社会团体的主体界定，对于体育社会组织的定位还不明确。例如，有学者将体育社会团体定位于法人实体，且为私法主体；[4]其中对于法人实体的具体类型，有观点认为体育社会团体属于非营利性社会组织，[5]也有的认为将体育社会团体限定为社会团体，并认为其仅是社会组织的一部分。[6]但是对于社会团体的具体定位却十分模糊。[7]综上所述，对于现有的研究，一方面没有结合《民法总则》关于民事主体分类的理论进行探讨，另一方面

---

〔1〕 参见杨团主编：《中国慈善发展报告（2018）》，社会科学文献出版社2018年版，第35页。
〔2〕 参见北京市体育基金会官网，http://www.bjtyjjh.org.cn/bjtyjjh/vip_doc/7715579.html，最后访问日期：2018年11月13日。
〔3〕 参见张金桥："我国自发性体育社会组织的合法性及其发展中的政府职责"，载《天津体育学院学报》2013年第3期。
〔4〕 参见马宏俊、袁钢："《中华人民共和国体育法》修订基本理论研究"，载《体育科学》2015年第10期。
〔5〕 参见张恩利："我国现行体育社团立法困惑与反思——兼谈《中华人民共和国体育法》体育社会团体立法修改建议"，载《山东体育学院学报》2013年第1期。
〔6〕 参见董小龙、郭春玲：《体育法学》，法律出版社2013年版，第201~203页。
〔7〕 参见肖宗涛等："对《体育法》赋予体育社会团体处罚权的研究"，载《武汉体育学院学报》2002年第5期。

研究的范围过于狭窄，仅限于体育社会团体的分析，而对于体育基金会这种样态的组织地位未能给予回应，严重阻碍了其进一步发展。虽然大多文献都明确了体育社会组织的主体地位有极强的理论作用和实践作用，但是总体来看学者研究还未为深入。

（一）体育社会组织的整体定位——非营利法人

法人（Juristische Person，Legal Person）是指团体因符合法定条件而被法律赋予的私法主体身份。[1]众所周知，体育社会组织要想以其自己的名义从事民事活动，最重要者便在于应当赋予其法人资格。根据《全国性体育社会团体管理暂行办法》第6条："成立社团应当符合以下条件：（八）应具备法人资格，有独立承担民事责任的能力"，其中明确要求体育社会团体的法人资格。[2]试想，以北京市为例，《北京市体育社会团体管理办法（试行）》中对于体育社会团体关于体育社团的日常管理和监督服务、体育社团的财务管理、体育经营和涉外工作都有着专门规定，[3]若不能使体育社会组织获得主体资格，上述活动如何开展？因为，法人是组织体对外进行活动，享有民事权利并承担民事责任的基础，若体育社会组织本身不具有法人资格，仅能以成员的名义对外进行活动，不仅效率低下，同时成员的流动性将会导致体育社会组织的法律关系的变动。

进一步的问题是，究竟体育社会组织属于何种类型的法人？《民法总则》依据主体所从事行为的目的以及是否向成员分配利润为标准，将法人的类型区别为营利法人和非营利法人。根据《民法总则》第87条规定，对于体育社会组织而言，要想明确体育社会组织属于非营利法人还是营利法人，需要界定体育社会组织营利与否。即使体育社会组织也从事一定的营利活动，但是由于其营利不得向成员分配，因此，在性质上，体育社会组织应当属于非营利法人。因为一方面体育社会组织的目的是为了发展和促进体育事业，该目的反映出体育组织的公益性和非营利性特点，另一方面，非营利法人在税收等方面的优惠也有助于体育社会组织采纳社会力量，享有政策支持，进而实

---

〔1〕 参见王利明：《民法总则研究》，中国人民大学出版社2012年版，第292～298页；江平主编：《法人制度论》，中国政法大学出版社1994年版，第126～132页；朱庆育：《民法总论》，北京大学出版社2013年版，第410页。

〔2〕 体人字〔2001〕473号。

〔3〕 参见北京市体育运动委员会《北京市体育社会团体管理办法（试行）》。

现造福大众的理念。但是为深刻描述非营利法人的具体类型，本文将对不同类型的体育社会组织分别加以分析。

（二）体育社会团体属于社会团体法人

根据《民法总则》第90条的规定，[1]可以看出，"登记"和"公益"是社会团体法人的关键要素，对于体育社会团体也不例外。具体来看，《全国性体育社会团体管理暂行办法》第3条规定则提出了具体规定。[2]其中，对于实践中广泛存在的体育协会、体育学会、体育研究会等组织，《全国性体育社会团体管理暂行办法》关于体育社团的成立一章有着更为细致的规定，[3]由于实践在广泛存在的各种体育协会、体育学会等都要求登记，同时，在章程中明确要求非营利性目的，因此，体育社会团体属于非营利法人中的社会团体法人这一种类型，不仅在性质上符合《民法总则》的规定，也满足实践中地方规定对体育社团的要求。

（三）体育民办非企业单位属于捐助法人

《体育类民办非企业单位登记审查与管理暂行办法》第2条规定了体育民办非企业单位的概念，[4]通过实践分析可以发现，现实中存在的体育民非主要包括法人类和非法人类。但是考虑到体育民非是主体定位中最为复杂的，且在实践中大量存在。对此，笔者分别讨论如下：

1. 取消非法人型体育民办非企业单位

对此，实践中还广泛存在一种非法人型的体育民办非企业单位，笔者认

---

〔1〕《民法总则》第90条："具备法人条件，基于会员共同意愿，为公益目的或者会员共同利益等非营利目的设立的社会团体，经依法登记成立，取得社会团体法人资格；依法不需要办理法人登记的，从成立之日起，具有社会团体法人资格。"

〔2〕《全国性体育社会团体管理暂行办法》第3条："本办法适用于国家体育总局依法负有业务指导和管理职责的社团，包括国家体育总局作为业务主管单位以及由国家体育总局发起成立的全国性体育协会、学会、研究会、联谊会、基金会等非营利性社会组织。"

〔3〕《全国性体育社会团体管理暂行办法》第13条规定："国家体育总局在收到成立社团的申请和全部材料后，对经审查认为符合要求的，应当在30个工作日内予以批复；对不符合要求的，应当予以说明"。第14条还指出："成立社团的申请经国家体育总局审查同意后，由发起单位或发起人向民政部申请成立登记。"

〔4〕《体育类民办非企业单位登记审查与管理暂行办法》第2条："本办法所称体育类民办非企业单位，是指由企业事业单位、社会团体、其他社会力量和公民个人利用非国有资产举办的，不以营利为目的的，以开展体育活动为主要内容的民办的中心、院、社、俱乐部、场馆等社会组织。"

为在《民法总则》的背景下应当予以取消，统一赋予法人资格。

其原因在于对于非法人型体育民办非企业单位而言，正如学者所言，若要求发起人对非法人型体育民办非企业单位承担无限连带责任，这无疑将导致非法人型体育民办非企业单位发展体育类公益事业和公益活动时受到极大的限制。[1]基于《民法总则》第 104 条明确规定非法人组织的出资人或者设立人应当承担无限责任，可以看到，非法人型的体育民办非企业单位与第三人产生的纠纷与争议，都将由单位的成员承担无限责任。然而，由于体育民办非企业单位一般从事体育服务活动，例如体育健身、体育娱乐的技术指导和服务、体育竞赛的发起和组织以及体育人才的培养和培训等。[2]因此，要让成员承担无限责任将极大地阻碍发起人参与公益事业，同时也不遵循公益事业领域中个人财产与公益财产严格区别的惯例。所以，对于实践中如此混乱的非法人型体育民办非企业单位，应当赋予他们独立的主体资格，以彰显法人地位在民事活动中的优越地位。

2. 法人类体育民办非企业单位是捐助法人

正如学者所言："法人型民办非企业单位可以归入财团法人。"[3]本文认为应当将法人类体育民办非企业单位归入捐助法人，其主要理由如下：

一方面，依照《民法总则》第 92 条的规定，可以发现法条所指称捐助法人是概念范畴上归属于非营利法人之下，具体类型上主要有基金会、社会服务机构以及宗教活动场所等。取得捐助法人资格，应当具备《民法总则》第 93 条规定的条件：第一，制定章程；第二，设置决策机构、执行机构和监督机构，并确定法定代表人。对此，《体育类民办非企业单位登记审查与管理暂行办法》第 5 条作出了更加具体的要求。[4]对比不难看出，现有的体育民办

---

〔1〕 法人与非法人组织的重要区别是其民事责任能力的不同。法人能够独立承担民事责任，具有完全的民事责任能力，而非法人组织的民事责任能力不完全，应当由其设立人、开办人或者成员承担无限连带责任。杨立新：《民法总则》，法律出版社 2013 年版，第 300 页。

〔2〕 《体育类民办非企业单位登记审查与管理暂行办法》第 6 条。

〔3〕 参见葛云松："中国的财团法人制度展望"，载《北大法律评论》2002 年第 1 期。

〔4〕 《体育类民办非企业单位登记审查与管理暂行办法》第 5 条："申请设立体育类民办非企业单位应当具备以下条件：（一）业务和活动范围必须符合发展体育事业的相关政策、法规，并遵守国家规定的行业标准；（二）有与业务范围和业务量相当的体育专业技术人员，关键业务岗位的主要负责人应由体育专业技术人员担任；（三）有与所从事的业务范围相适应的体育场所和条件；（四）法律、法规规定的其他条件。"

非企业单位设立条件上虽然没有明确组织机构设置，但是"法律、法规规定的其他条件"也暗合了《民法总则》的要求，同时，也为体育民办非企业单位今后的规范化运作提供了方向。

另一方面，《体育类民办非企业单位登记审查与管理暂行办法》第15条涉及体育类民办非企业单位获得发展资金的来源，[1]从中不难看出，对于体育民办非企业单位而言，其资金主要来自于外部捐助，活动目的也主要涉及公益体育项目，赋予捐助法人的资金来源的捐助化和组织活动的公益化特征。甚至《中华人民共和国公益事业捐赠法》第3条规定了："本法所称公益事业是指非营利的下列事项：（二）教育、科学、文化、卫生、体育事业"，其中明确体育事业为公益事业。故将法人类体育民办非企业单位纳入捐助法人也有目的上的一致性。

（四）体育基金会属于基金会法人

《民法总则》第87条第2款规定"非营利法人包括事业单位、社会团体、基金会、社会服务机构等。"可以看到，对于非营利法人而言，其种类尚有事业单位、社会团体、基金会、社会服务机构等形式，而面对如此广泛的类型，如何认定体育基金会的性质成为难题。《基金会管理条例》第2条明确对基金会的概念进行定义，[2]而以中华全国体育基金会（简称"体育基金会"）为例，根据其官网显示信息，该体育基金会性质上按前文分类标准属于公募基金会，即资金募集的来源是全国境内的所有地区，在登记管理机关方面，主要是民政部负责管理，而业务主管单位则是国家体育总局。基金会旨在弘扬中华体育精神，致力于中国竞技体育水平和全民族身体素质的提高，促进中国体育事业和谐发展。[3]而在《中华全国体育基金会章程》中，详细规定了基金会的组织机构、业务范围、目的和资金使用等事项，不仅表面上符合

---

〔1〕《体育类民办非企业单位登记审查与管理暂行办法》第15条："体育类民办非企业单位可以依法通过以下方式获得发展资金：（一）接受捐赠、资助；（二）接受政府、企事业单位、社会团体、其他社会组织和个人的委托项目资金；（三）为社会提供与业务相关的有偿服务所获得的报酬；（四）其他合法收入。"

〔2〕《基金会管理条例》第2条："本法所称基金会，是指利用自然人、法人或者其他组织捐赠的财产，以从事公益事业为目的，按照本条例的规定成立的非营利性法人。"

〔3〕参见中华全国体育基金会官网，http://tyjjh.sports.cn/，最后访问日期：2018年11月14日。

《民法总则》《基金会管理条例》的规定，同时又结合体育活动和体育事业，进一步细化其活动范围和业务领域。加之该体育基金会已经登记，有着明确的业务单位和主管单位。因此，将其定性为基金会法人不仅符合法律规定，同时符合其本身性质的要求。

三、体育社会组织治理机制的完善

正如学者所言"全民健身国家战略与体育治理现代化的不断推进，体育社会组织的社会主体地位日益凸显，体育社会组织的培育及功能健全已成为我国体育治理领域的重要研究内容。"[1]前文的讨论已经明确了体育社会组织系属非营利法人的主体定位，其次要解决的问题是如何完善体育社会组织的治理机制实现"体育社会化"目的。对于现有研究来看，还未有学者深入体育组织内部，从组织治理机制和治理结构的角度进行研究，而本文尝试从限制利润分配、加强监督机制以及设立问责机制三方面展开讨论。

（一）限制利润分配

在《民法总则》颁布之前，非营利法人的定义并不明确，因此非营利组织是否可以从事营利活动也存在极大争议。对于组织是否可以分配利润，更是争议不断。但是《民法总则》第87条解决了上述争议，符合法理，值得肯定。对于基金会的组织形式来说，由于没有成员的日常参与，捐助人捐助行为结束后，便失去对财产的控制力，但基金会使用必须按照目的，其成员的缺失导致财产无法进行利润分配。但主要问题在于民办非企业单位和其他社会团体法人，尤其是民办非企业单位。根据《民办非企业单位登记管理暂行条例》第4条第2款："民办非企业单位不得从事营利性经营活动"，从中可以看到，对于民非企业来说，不能将组织的利润进行分红。随后，民政部等就该问题进一步制定规章也肯定了非营利组织不得分配利润这一要求。

然而，《中华人民共和国民办教育促进法》（以下简称《民办教育促进法》）为了保护和反映投资者的利益，促进教育事业的发展，因此规定民非单

---

〔1〕 周生旺等："体育社会组织的复杂性治理模式与路径选择"，载《天津体育学院学报》2017年第2期。

位可以从事教育事业，进而获得合理回报，但是不得通过教育事业获得利润。但是让人产生疑问的是，获得合理回报本身难道不意味着获得利润吗？进一步看，在 2016 年修改的《民办教育促进法》第 19 条重新对该问题提供了一种新思路，该法认为教育是公益事业，但并不妨碍营利目的的实现。除义务教育外，举办者拥有自主设立教育机构模式的选择权。若其选择公司制民办学校，则可以按照法律规定进行分红；若其选择设立民办非企业学校，则依据非营利性特点，不得分配利润。从中可以看出，依据各种层级的规范性文件，非营利法人是不能分配盈余的。[1]但是现实中很多非营利法人举办者的真实意思仅仅在于营利，获得利润分配，而根本无意从事慈善事业，实现公益目标。这也导致了实践中很多非营利法人"以公益之名，行营利之实"。该类企业一方面通过非营利组织的名义获取政策、社会和资金募集等优惠条件，另一方面却通过利润分配活动满足自身利益的需要。

对非营利法人的标准定位就体现在：非营利法人的概念本身并不在于杜绝主体从事营利活动，而在于禁止其向成员分配利润，这样才能满足其非营利宗旨。[2]该理解的好处就在于，非营利法人的日常运行如果导入商业判断，不但可以借鉴营利组织的监管和治理模式，扩张治理水平，更重要的还在于使组织脱离对国家和政府的过度依靠，成为相对独立的组织体，进而不断履行公益职能。[3]《民法总则》第 87 条也将禁止向出资人、设立人或者会员分配利润，作为非营利法人的核心之所在。因此，对于体育社会组织而言，一旦注册成为非营利法人，就必须禁止其向成员分配利润。一方面，对于体育社会组织而言，其可以获得捐助、资助以及税收等各方面优惠政策，因此必须满足公益性活动的目的，从事体育公益事业，而另一方面，体育社会组织要想进行利润分配，完全可以由工商行政管理部门进行登记，出资人成为股东，进行分配利润，不应当公示为社会组织这一非营利法人，误导社会公众而进行利润分配活动。

---

〔1〕 参见谢鸿飞："非营利法人的类型定位与盈余分配——兼评游道国诉蚌埠现代妇科医院、陈建森、吴建文公司盈余分配纠纷案"，载《人民司法（案例）》2017 年第 20 期。

〔2〕 参见税兵："非营利法人解释"，载《法学研究》2007 年第 5 期。

〔3〕 参见〔美〕格雷戈里·迪斯：《非营利组织的商业化经营》，中国人民大学出版社 2000 年版，第 133 页。

（二）加强监督机制

众所周知，体育社会组织的发展无法仅仅依靠组织内部的协调与约束。[1]换言之，如果不加强监督机制的运作将阻碍体育社会组织的发展，只有借助监督评估机制的构建，才能完全地发挥体育社会组织的有效性。同时，在这个过程中，外部的监管、法律的完善、制度的支撑等环节都必不可少。可是，对于非营利法人的治理来说，《民法总则》虽然在第91条规定"社会团体法人应当设会员大会或者会员代表大会等权力机构"，但是并没有像第93条规定"捐助法人应当设理事会、民主管理组织等决策机构，并设执行机构。……捐助法人应当设监事会等监督机构。"即对于公司治理来说，监督机构至关重要，可是《民法总则》仅对于捐助法人设立了监事会进行了规定，对于体育社会团体却没有明确要求，《全国性体育社会团体管理暂行办法》第4章关于"组织机构"的内容中也没有关于监督机制的相关规范，可谓为立法缺失。

对营利组织来说，监督机制的设立都是十分必要的。可以想象，对于一个非营利性的体育社会组织来说，加强监督机制的设立更是必不可少。通过加强监督机制明确各类体育非营利组织的运转，不仅可以加强体育社会组织非营利目的实现和持续，同时也有助于体育社会组织的规范运作。对此，本文建议要加强体育社会组织的监督机制，通过对内和对外分别实现。在对内监督上，需要设立明确的监督机构，如监事会，来监督组织的日常事务和财务管理，同时，赋予监事会参与组织决策和管理，对重大事项的表决和质询的权利，借鉴营利法人中监事会的职能来构建体育非营利组织的监督会制度；在对外监督上，应建立透明公开化的财务管理制度，通过信息的及时披露（尤其是公益方面的信息披露）以保证相关的管理、服务、运营更加公开有效。此举不仅可以使得捐助者明确资金的流向，也可以使得广泛的体育参与者来参与到组织的监督机制上来，实现社会监督。正如学者所言"根据新的治理理论，利益报告做法可以帮助社会组织发展和维持良好的组织治理。社会性组织（公司）章程中的利益报告要求为记录、分享和完善组织治理模式

---

〔1〕　参见夏正清、方雨晴："体育非营利组织的发展现状与对策研究"，载《体育科技文献通报》2018年第9期。

提供了一种机制，而这些模式对于这些公司的长期成功是必不可少的"。[1]

（三）设立问责机制

公众参与体育社会组织治理是社会治理的重要途径，更表现着体育社会组织在协同治理方面的重要作用。所以，在问责机制上，也是需要加强制度设计的重要方面。换言之，规范体育社会组织的"权、利、责"的设立，是完善体育社会组织协同参与复杂性治理，梳理政府与体育社会组织关系的重要方面。[2]对此，可以从如下几方面加以构建：

首先，完善市场监管评价制度，探索公众参与体育社会组织的治理的方式，保障社会人士能够享有治理的合法利益。对于体育社会组织而言，由于其功能在于依据章程和各项制度开展体育业务活动，实施行业管理、规范体育行业行为，因此必须和众多体育参与者构建利益关系，故应当通过众多体育参与者来评价组织的活动是否满足公益性的要求。

其次，建构公众参与的多元主体评估体系，并完善评估流程、方法、内容体系。对体育社会组织的治理来说，多元化评估机制必不可少。评估因素更是重中之重。由于体育社会组织是公众参与并最终受益，因此评价因素的设立必须反应和回应社会公众的需求。因此，需通过评估体系的立法，保障与立法相匹配的多元主体参与评估的路径完善。同时，对于评估出有问题的组织应当予以批评、警告，甚至取缔其资格。不难发现，科学合理的评估手段，完善的评估程序，对于规范体育社会组织的活动和日常治理，将起到极大的促进作用。

最后，强化组织管理者的责任意识。虽然《全国性体育社会团体管理暂行办法》第18条对此作出规定。[3]但是其中并未涉及对于组织者和管理者的责任制度，对此，应通过组织法的层面对体育社会组织的管理者进行相应的问责，必要时可以适用民事赔偿责任制度。只有通过责任机制的设立，才能担保体育组织的管理人谨慎地履行职责，为了实现体育社会组织的功能来行

---

〔1〕 Alina S. Ball, *Social Enterprise Governance*, 18 U. Pa. J. Bus. L. 919（2016）.

〔2〕 参见周生旺等："体育社会组织的复杂性治理模式与路径选择"，载《天津体育学院学报》2017年第2期。

〔3〕《全国性体育社会团体管理暂行办法》第18条第1款："社团各项活动应当维护国家统一和民族团结，不得损害社会公众利益，不得从事与社团章程和宗旨不符的活动。"

事，而不是利用职权谋私利。

结　论

在《民法总则》生效的背景下，《体育法》关于体育社会组织的规定并不能很好地容纳体育民办非企业单位和体育基金会两种体育社会组织的样态。需要看到，体育社会组织在主体定性上，应坚守非营利法人的标准，禁止其利润向成员分配。同时，结合三种不同的组织形式，需在非营利法人范畴下进一步具体化。对于体育民办非企业单位来说，取消非法人设立的空间，统一为捐助法人是未来规范的重心，而体育社会团体和基金会法人则继续保持社会团体法人和基金会法人的主体定位。

更进一步而言，规范体育社会组织的治理机制是对其非营利法人定位的核心回应。具体方式包括对体育社会组织限制利润分配、加强监督机制以及设立问责机制等方面做出尝试。一方面，通过禁止利润分配突出非营利法人的特征；另一方面，通过监督机制和问责机制来规范体育社会组织的日常运作，保证其体育公益事业的实现。

由于现有关于体育社会组织的立法完全跟不上实践发展的步伐，因此，未来《体育法》在坚持体育社会组织专章规定的基础上，应就各类不同体育社会组织作出更具体的规定，并通过制定相应单行条例或者部门规章的方式，在完善治理机制上做出相应的制度设计。

高校工会在发展高校大众体育中的作用

——以中国政法大学为例

孟庆超*

摘要：推动高校大众体育的发展，离不开高校工会推动高校教职工大众体育的发展。高校工会作为高校教职工体育运动的具体组织部门，承担着充分调动教职工积极性、主动性，增强教职工身心健康，培养教职工积极进取、相互信任、团结协作精神的职责。本文将从大众体育的概念界定及高校工会的性质与特点出发，论述高校工会在高校大众体育的发展中发挥着搭建平台、完善制度、提供物质人力支持及促进和谐校园、和谐社会构建的作用。

关键词：高校工会　大众体育　作用

随着国家的富强、经济的发展、人民生活水平的不断提高，我国社会主要矛盾已然转变，人们对于美好生活的需求日益增强，而为"满足人民过上美好生活的新期待，必须提供丰富的精神食粮"。[1]发展大众体育作为人民"精神食粮"的重要组成部分，是习近平总书记强调的"广泛开展全民健身活动，加快推进体育强国建设"的具体举措；是响应国家"为祖国健康工作五十年"号召、贯彻落实国家政策方针的实际措施；同时也是新时代赋予我们的历史使命。

---

* 孟庆超，中国政法大学校工会教师。

〔1〕习近平："决胜全面建成小康社会 夺取新时代中国特色社会主义伟大胜利——在中国共产党第十九次全国代表大会上的报告"，载《人民日报》2017年10月28日，第1版。

大众体育又被称为社会体育或群众体育，是指普通民众自愿参加的，以强身、健体、娱乐、休闲、社交等为目的，一般不追求达到高水平的运动成绩，内容广泛、形式多样的体育活动。[1]具体来说，是指以社会全体成员为对象，以增强体质、丰富余暇生活、调节社会情感为目的，形式多样的体育运动。它与竞技体育属同一层次，为体育的主要组成部分，是体育的基本环节之一。在我国，大众体育通常是与竞技体育相对而言的，是除竞技体育之外的包括学校体育在内的整个体育运动。高校大众体育是大众体育的重要组成部分，高校大众体育的主体为大学生及高校教职工。广义的高校大众体育包括大学生大众体育与教职工大众体育。在这之中，往往被忽视的是教职工体育的发展。高校工会作为高校教职工体育运动的具体组织部门，承担着充分调动教职工积极性、主动性，增强教职工身心健康，培养教职工积极进取、相互信任、团结协作精神的职责。高校工会在高校大众体育的发展中发挥着搭建平台、完善制度、提供物质人力支持及促进和谐校园、和谐社会构建的功能。

一、高校工会可以为高校大众体育的发展搭建形式多样的平台

高校教职工体育活动主要由高校工会组织开展。以中国政法大学为例，工会作为连接学校与广大教职工的桥梁，其中一项重要的职能就是组织形式多样的教职工体育活动，为高校大众体育的发展搭建平台。主要包括大型体育活动、品牌传统活动、日常社团体育活动以及其他学校鼓励开展的小型体育活动。

在中国政法大学中，教职工体育的大型体育活动是一年一届的教职工运动会。教职工运动会一般由工会联合学校体育教学部共同举办。与专业性较强的竞技体育或学校学生运动会不同，教职工运动会充分考虑到教职工的身体状况、年龄层次及比赛项目难度、强度等问题，调整项目、赛制，制定具有可行性、保障参与度的赛事计划，以此调动教职工的积极性和主动性，来保障广大教职工能够积极参与到运动会中。

---

〔1〕 参见体育概论编写组：《体育概论》，北京体育大学出版社 2018 年版。

其次，中国政法大学的品牌传统活动与学校文化、学校发展紧密结合，在以增强教职工体质为目的的同时，丰富广大教职工的文化生活。主要有一年两届的春秋季健步走活动、趣味运动会、元旦游园会以及法大人马拉松长跑活动等。

最后，中国政法大学虽为文科院校，但也注重发展日常社团体育活动。目前，学校成立了羽毛球协会、篮球协会、乒乓球协会等5个球类协会；登山徒步协会、钓鱼协会、自行车协会3个户外协会。通过这些社团协会的发展，拓宽了教职工参加体育活动的平台，同时也充分调动了教职工们的参与积极性。一方面，帮助教职工在体育活动中培养兴趣，让教职工们在忙碌的工作、生活中找到一项爱好；另一方面，也有利于帮助教职工增强身心健康，加强交流，培养相互信任、团结协作的意识及能力。

此外，工会还为教职工提供校内及校外的小型体育交流比赛活动。如校工会组织学院之间、部门之间开展篮球赛、乒乓球赛、羽毛球赛等活动。同时我校工会与中国石油大学工会长期合作，每年也组织多场篮球赛、乒乓球赛等，以此来调动教职工们参加体育活动的积极性，增强教职工对体育运动的兴趣及向往，同时也加强了学院与学院之间、部门与部门之间甚至学校与学校之间的交流，有利于促进共同发展。

二、高校工会可以为高校大众体育的发展完善制度，建立考核机制

如上文所述，高校大众体育与竞技体育不同。竞技体育的主体是专业运动员，对于专业性要求比较高，规则上要求严格。而高校大众体育的主体是大学生与教职工，除极少数体育特长生外，大部分参与高校大众体育的大学生及教职工并没有很强的专业性，也不具备很强的专业技能，这就导致并不能够用运动员的标准去要求大学生及教职工。因此，在教职工体育中，高校工会的作用除了搭建多种多样的平台，还应当制定"规则"，并"担任法官"。

高校工会为高校大众体育的发展完善制度。高校工会不仅是教职工体育工作的组织者，也是教职工体育活动的管理者。为保障教职工体育工作的稳步发展及有序、有效运转，应当为教职工体育的各项活动制定政策，为各个

社团协会建立规章制度。中国政法大学工会为所有的体育社团协会设立章程。对社团协会的设立目的、设立条件、权利义务、经费管理、换届变更终止及监督管理等问题都进行了明确规定，以确保所有的社团协会"有法可依"。同时，工会组织的大小体育活动中，工会都出台了相关政策、规划及规则以明确活动目标，保障活动的有序实施，并根据活动特点、强度、适合群体等编写活动指南及注意事项。

高校工会可以为高校大众体育工作的开展建立考核机制。高校工会不应当只注重开展体育活动、建立体育社团协会的数量而不顾质量；同时也不应当只注重鼓励开展体育活动、建立体育社团协会而不问发展。与竞技体育相比，高校大众体育对成绩并没有极高的要求，更多地在于提高高校大学生及教职工身心健康水平，促进高校大众体育事业的稳步发展。基于此，高校工会应当更注重考查一项体育活动、一个体育社团协会的开展是否能够达成该目标。因此，应当建立考核机制。一方面，通过明确的考核办法对开展好的活动或社团协会进行表彰或物质奖励；另一方面，对于在实践中并没有达到积极效果的活动或社团协会进行积极干预。通过这种方法，以促进工会工作的顺利进行，促进高校大众体育的实践及发展。

三、高校工会可以为高校大众体育的发展提供物质支持及人力保障

高校工会作为非营利组织，其经费来源主要是行政拨款和教职工按照国家规定缴纳的工会会员费用，行政拨款用途是维持办公经费的支出。[1]因此，如何充分运用各项经费举办广大教职工喜闻乐见的体育活动就成为高校工会需要充分思考的问题。

中国政法大学工会为教职工体育活动提供的物质支持主要体现在场地支持及经费和奖励支持两方面。其中，场地支持主要是由工会为教职工争取到的校内体育场地、校外体育场地及建设教工之家等。首先，工会与体育教学部沟通，每天中午11：30～13：30开放体育馆，为教职工进行乒乓球、羽毛

---

〔1〕 参见李明利、张帆："高校工会在开展群众性体育活动中的思考"，载《当代体育科技》2015年第29期。

球、篮球等球类运动提供场地。其次，工会积极促成学校与中国石油大学、首都体育学院的合作，使我校教职工与其本校教职工享有同等使用体育馆、游泳馆、羽毛球场、舞蹈室及足球场等场馆的待遇。同时，工会还与学校周边健身房达成协议，为教职工们争取到免费体验、办卡优惠等政策。最后，工会大力建设教工之家，通过完善相关健身设备，延长开放时间等措施鼓励教职工充分利用教工之家进行相关体育活动。

除了场地支持，中国政法大学工会还积极为各项体育活动及社团协会提供经费和奖励支持。如上文所述，高校工会应当建立考核机制，对于开展好的活动或社团协会进行表彰或物质奖励，以此来鼓励教职工们积极参与工会组织的各项体育活动。当然，奖励并不能成为教职工参与体育活动的唯一目的。奖励机制始终是激励机制，通过奖励，让做得好的体育活动及协会继续发光发热；让不尽人意的活动及协会看到榜样和目标，从而能够有好的发展。

高校工会对于高校大众体育的发展不仅仅要提供物质支持，还应当提供人力保障。人力保障也体现在两方面：一是日常工作人力保障，二是专业人才保障。工会作为学校的一个行政机构，有专门的教职工进行工会的日常工作，组织工会的基本活动。工会的专职教职工把握高校大众体育的日常工作，组织高校大众体育活动，同时也为社团协会提供服务。

每一项大众体育活动及社团协会还需要有专业人才的指导。一方面，高校大众体育活动主要依赖热爱运动的教职工支持，虽然教职工们对于体育活动的热爱极大地促进了活动的成功，但是专业人才的指导会让活动更加成功。中国政法大学工会为每一个社团协会聘请一位专业教师作为指导老师，对于社团协会的活动规划、发展方向及日常训练等总体把控，极大地满足了社团协会的需求，也调动了教职工们的积极性。另一方面，在大型体育活动中，安全问题不得不考虑。专业人才具有较高的专业素养和扎实的体育功底，能够为运动会、长跑、健步走等活动的策划、规则设置、难度考量等问题献言献策，同时也能够对在这些活动中出现的各种问题进行快速有效的现场指导。

四、高校工会可以促进高校大众体育的发展，有利于和谐校园及和谐社会的构建

高校工会的工作具有润滑剂的作用，通过组织举办高校大众体育活动，建设相关体育社团协会，能够在潜移默化中增强教职工对于学校、对于社会的归属感与幸福感。一方面，教职工参与到体育活动中、参与到社团协会中，能够调节身心、释放工作压力、加深教职工之间的交流与合作，团结一心，增进教职工之间的凝聚力与向心力，从而加强了教职工对学校的信任与热爱，有利于构建和谐校园。另一方面，通过积极的体育活动，能够促进教职工身心健康、增强体魄，是对"精神食粮"的摄取，是响应"为祖国健康工作五十年"号召的有力举措，是构建和谐社会的必经之路。

综上，高校工会对于高校大众体育的发展举足轻重。在今后的发展中，高校工会应当与时俱进、深化改革，更加注重制度建设，加大人力物力投入，完善考核机制，以此来激励广大教职工更积极地参与到高校大众体育活动中，丰富教职工的文化生活，促进身心健康，构建和谐校园及和谐社会；同时，促进高校工会在高校大众体育中发挥更大作用，从而促进高校大众体育的蓬勃发展。

参考文献

[1] 习近平："决胜全面建成小康社会 夺取新时代中国特色社会主义伟大胜利——在中国共产党第十九次全国代表大会上的报告"，载《人民日报》2017年10月28日，第1版。

[2] 体育概论编写组：《体育概论》，北京体育大学出版社2018年版。

[3] 李明利、张帆："高校工会在开展群众性体育活动中的思考"，载《当代体育科技》2015年第29期。

学校体育场所对外开放新模式探析

——以政府购买公共体育服务为视角

马宏俊* 丁燚荧**

摘要：国务院办公厅于 2013 年 9 月 26 日发布《关于政府向社会力量购买服务的指导意见》，其中在政府购买服务内容的规定中明确将体育服务纳入到基本公共服务领域，在教育部、国家体育总局发布的《关于推进学校体育场馆向社会开放的实施意见》中，也开始鼓励探索采用这种政府购买的新模式来运营学校体育场所。对此，可以从目前在委托管理模式中运行较为成功的"慈溪模式"和"桃浦模式"切入，分析其对学校体育场所对外开放模式探索的积极意义。然后在此基础上对其存在的相关法律问题提出思考分析，进而提出进一步完善我国学校体育场所对外开放问题的相关建议。

关键词：政府购买 公共体育服务 法律问题 学校对外开放 体育场所

一、学校体育场所对外开放之新探索

目前，随着我国社会经济的高速发展、人民健身理念的转变，群众在日常生活中越来越注重体育锻炼，与此同时"全面健身"也被上升到了国家战略的高度。但在实际生活中我们不难看到，随着现代社会的城市化发展，越来越多的场地被用作商业用途，群众日益增长的体育锻炼需求与可供使用的

---

* 马宏俊，男，北京人，教授，主要研究方向为体育法学、法律文书学、公证法学。

** 丁燚荧，女，中国政法大学 2018 级体育法硕士研究生。

体育场地之间的矛盾是不容忽视的。对此各地政府为回应民众期待，缓解这一矛盾，同时有效贯彻落实国家发展战略要求，履行自身的服务职能，开始积极提供各类公共体育服务，包括建设全民健身路径、发展体育公共事业、组织开展各类体育赛事以及为民众参与体育锻炼提供保障和条件等。这些举措都取得了一定的积极效果，但根据我国第六次全国体育场地普查显示，目前我国人均体育场地面积为 1.46 平方米，在全国体育场地中由教育系统管理的场地面积占比 53.01%。因此，为进一步提升政府提供公共体育服务的质量以惠及更多民众，各地政府都开始鼓励学校对外开放其体育场所。

但是学校通常会囿于开放过程中的各种现实问题，而难以满足群众的锻炼需求，为此政府从消极被动地鼓励学校对外开放转变为开始探索另一种方式，即通过引入市场第三方等力量的参与，来形成由政府主导、多方主体共同参与的新模式。对此，在教育部、国家体育总局发布的《关于推进学校体育场馆向社会开放的实施意见》中关于"形成稳定的运营模式"部分也特别提到，为建立起更适合学校所在地实际情况的开放模式，政府和学校可以积极探索由政府出资购买来委托第三方企业运营的新模式，从而构建起更为完善的公共体育服务体系的政府购买公共体育服务模式。

二、学校开放模式成功案例分析

（一）"慈溪模式"和"桃浦模式"

自 2013 年开始，慈溪市政府对学校体育场馆的对外开放模式开始采用委托管理模式，从而代替了之前的学校自主管理模式。慈溪市人民政府为深入贯彻实施《全民健身条例》《全民健身计划（2011—2015 年）》，于 2013 年 12 月印发《慈溪市学校体育场馆向社会开放的实施意见》[1]，在管理模式部分明确指出"城区市属学校体育场馆向社会开放委托第三方公司运行管理"，将其学校体育场所的运营管理权交由宁波文化广场华体体育发展有限公司慈

---

[1] "慈溪市人民政府办公室关于印发慈溪市学校体育场馆向社会开放实施意见的通知"，载慈溪市人民政府网站，http://www.cixi.gov.cn/art/2013/12/26/art_136035_7954229.html，最后访问时间：2018 年 11 月 26 日。

溪分公司负责。与此同时，还成立了由市体育局、市教育局、市财政局、市公安局等相关部门和镇（街道）分管负责人组成的学校体育场馆向社会开放工作领导小组，并在市体育局下设办公室，明确各部门职责，协同各部门共同保障学校体育场所对外开放的有效运作。

"慈溪模式"的成功为其他地区的学校体育场所开放改革提供了有利的经验，就在 2014 年，上海市普陀区的桃浦镇也进行了与之类似的学校体育场所对外开放委托管理模式，与"慈溪模式"不同的是，"桃浦模式"不仅仅只是将学校体育场所的管理权交由上海市华体西可体育发展有限公司负责，还更进一步地利用了互联网技术，由第三方来开发互联网管理系统，当地居民用个人身份证来实名制办理健身卡，通过刷卡入校园来实施人员监控。同时，为保障居民健身安全问题，第三方企业还为每一位办理了健身卡的居民提供了意外伤害保险，为学校解决了因担心开放体育场所造成人身伤害而要承担相应责任的后顾之忧。除此之外，第三方企业还可以利用互联网技术，将其通过对居民健身卡管理所收集的居民健身次数、频率、质量等数据与体质监测结果相结合，从而为居民科学健身提供依据和建议，也为相关部门提供科学数据。[1]在这过程中政府以健身人次为标准，每人次向第三方支付 1.5 元（第一年上限为 25 万人次），并主动为学校购置照明灯等设备来实现其财政支持，并同时设定了年度总人次、群众满意度等考核指标来进行监管。

（二）委托管理模式效益分析

"慈溪模式"和"桃浦模式"的成功让我们看到了这类委托管理模式对比以往的学校体育场所开放模式而言有更大的优势以及更多可供借鉴之处。

1. 转换政府职能，由主导转为指导

为有效利用学校的体育资源，满足居民健身的日常需要，早在 1999 年教育部办公厅就曾印发了《关于假期、公休日学校体育场地向学生开放的通知》（以下简称《通知》），[2]该《通知》全文不足 500 字，并且也只是规定在节假日

---

〔1〕 新华网："上海学校体育场馆开放'桃浦模式'调研"，载人民网，http://sports.people.com.cn/n/2015/0923/c22176-27624486.html，最后访问时间：2018 年 11 月 26 日。

〔2〕 "教育部办公厅关于假期、公休日学校体育场地向学生开放的通知"，载法律教育网，http://www.chinalawedu.com/falvfagui/fg22598/30222.shtml，最后访问时间：2018 年 11 月 26 日。

对学生开放，但这从一个方面体现出了公众体育锻炼场所的缺乏以及政府为群众提供公共体育服务的职能要求。自此之后，国家也逐步出台了系列的政策要求，其中由国务院颁布的《关于加快发展体育产业促进体育消费的若干意见》中更是将全民健身提升为国家战略。对此，为响应国家号召，各地政府也积极出台了各项政策以期解决群众日益增长的体育锻炼需求与可供使用的公共体育设施不足之间的矛盾。因此除投入资金建设全民健身路径和合理利用社会体育场馆外，政府更多地将目光投入到了对学校体育场所的对外开放中来，在此过程中政府通常处于主导地位，过多地限制了学校对其体育场所的管理权，也无形中加重了学校的负担，甚至可能侵占本应属于学校师生的体育锻炼资源。此外政府对学校的财政补贴也主要是用于其教学科研，其中用于体育活动的资金本就有限，若对外开放则势必会更进一步地加剧体育设施的损耗，使得经费更为紧张。在委托管理模式中，政府则主要通过购买公共体育服务来选择合适的第三方企业，作为学校和群众利益的代表来与其签订契约并实施监管，从而实现职能转变，起到指导作用，使得学校和政府都能从繁杂的管理活动中抽身出来，在实现居民健身需要的同时也能更好地专注于其本职教育工作。

2. 由第三方管理，减轻学校之顾虑

目前大部分学校不愿积极对外开放其体育场所的主要原因在于存在校园安全隐患、难以对校外人员进行有效管理、体育场所设施的维护费用紧张以及管理人员不足等问题，而政府的介入则主要是发布相关政策文件和提供有限的经费支持，在具体实施过程中仍难以解决这些现实问题。

在较为成功的"慈溪模式"和"桃浦模式"中我们可以看到，其所委托的两家企业都是以体育场馆管理、健身管理、体育赛事活动策划、物业管理等为经营范围的与体育产业相关的公司，[1]有着丰富的体育场馆管理经验以及在长期实践中形成的较高的专业化水平，同时第三方企业在管理过程中还利用了互联网技术以及为健身居民实名制办理健身卡并购买保险等手段，有效解决了学校的后顾之忧，使得学校得以专心于其教学任务，学校的体育场所也得到了最大化的高效利用。

---

〔1〕 笔者通过百度"企业信用"搜索系统查询所得的企业经营范围。

3. 系统化的制度，为群众提供便利

在以往的学校体育场所开放管理模式中，由于缺少能与群众有效沟通的途径，使得校方作为体育场所提供者难以直接了解群众的体育锻炼诉求，而群众作为体育锻炼的直接参与者也难以及时了解学校体育场所的实际设施条件及其开放情况，因而时常发生民众乘兴而来败兴而归的情况，久而久之便容易挫败群众的体育锻炼热情。在委托管理模式中，第三方企业通过引入互联网技术，可以及时地通过其网络平台来向群众发布最新最准确的学校体育场所使用信息，同时还可以提供场馆预约、评价、分享等便民功能，使得居民可以提前根据第三方企业公布的网络信息来合理安排自己的锻炼计划，有利于控制、疏导固定时间段进入校园锻炼的人员数量，在实现学校体育资源有效利用的同时也更便于管理。

三、现有模式中的法律问题

在上述分析的"慈溪模式"和"桃浦模式"这类委托管理模式中，虽然有许多可供借鉴之处，也在实践中取得了良好的反响，但是这其中仍然存在着许多值得进一步讨论的法律问题。首先从主体来看，在委托管理模式中，由于第三方企业的介入，形成了一个包括参与锻炼的群众在内的四方关系，在这之中各方主体的法律地位如何界定？其次，从法律行为的性质来看，由于是政府来出资购买第三方企业的管理服务，那么这一行为是构成行政行为还是属于普通民事交易行为，可否将其纳入政府采购行为？最后，从法律责任分配的角度来看，由于存在多方主体，在发生体育伤害事故时，该责任又应如何分配？

（一）多方参与主体的法律地位

在委托管理模式中包含着购买公共体育服务的政府、提供体育运动场所的学校、管理学校场所运营的第三方企业和参与体育锻炼的群众这四方主体，在这之中政府为实现其为群众提供公共体育服务的职能，选择最大化利用学校体育场所的途径保障群众的日常锻炼需求得到满足。因此政府是基于履行其为群众提供公共体育服务的职能，来与第三方企业合作签订委托管理协议，

是一种政府事业性业务委托外包行为。这一委托管理协议的主体是政府和第三方企业，也即政府通过与第三方企业签订协议而与其一起完成向群众提供公共体育服务的职能。在这之中学校则是作为体育场所的提供者参与到政府为群众提供服务中来，学校通过响应政府关于体育场所对外开放的相关政策规定，来与第三方企业一同协作从而实现政府的服务职能。而群众则作为公共服务利益的受益者，通过利用学校的体育设施来实现其日常体育锻炼的需要。

概括而言，在政府、学校、企业和群众这四方主体之中，由于政府需要履行其为公民提供公共体育服务的职责，因此政府与群众之间首先形成了公共服务提供者和公共服务享有者这一公法关系，在此基础之上，作为公共服务提供者的政府为了更好地履行其职能，而选择通过发布相关政策和签订协议的方式来与学校和第三方企业合作，采用委托管理的模式来共同作为公共体育服务提供者，实现群众的体育锻炼需求。

（二）政府购买公共体育服务的法律性质

在明确了各方主体的法律地位后，需要进一步讨论的是政府与第三方企业签订委托管理协议的行为性质问题。目前随着服务型政府建设的不断推进，政府除了行使管理公共事务的公权力外，也越来越注重其为公民提供公共服务的职能。但是在这过程中政府的供给能力有限，难以满足群众日益增长的各类生活需求，因此政府越来越多地引入社会力量，由政府财政出资来与第三方企业签订协议，由第三方企业来协同政府实现其为公民提供公共服务的职能。有学者将政府的这一行为定义为政府业务委托外包，并根据对外委托的事项性质不同而将其分为行政性业务委托、事业性业务委托和经营性业务委托，[1]其中政府购买公共体育服务的行为就属于事业性业务委托外包，从而认为这一政府出资购买第三方服务的行为属于政府采购行为。还有学者提出了"二阶段定性理论"，[2]认为应将政府购买公共服务的行为划分为两个阶段，即政府与第三方签订合同前和签订后合同履行管理两个阶段。其中第一个阶段由于政府的行政自由裁量权突出，应属于政府行使其行政权的公法行

---

〔1〕 参见王克稳："政府业务委托外包的行政法认识"，载《中国法学》2011 年第 4 期。

〔2〕 参见谭朴珍："政府购买公共服务的行政法治化研究"，华东政法大学 2014 年博士学位论文。

为；而第二个阶段则属于着重于行政性的混合契约。对此，笔者更倾向于将此类委托管理协议认定为行政合同。

就政府购买公共服务这一行为而言，其本质是政府履行其对公民的给付义务，实现其为公民提供公共服务的职能，具有公益性。但政府采购通常是为满足政府日常办公的需要而向第三方购买后勤性的服务，第三方也仅仅是履行其合同义务并不体现政府的公共职能，通常都属于民事合同，因此不宜将政府购买公共服务认定为政府采购行为。对于"二阶段定性理论"强行将一个行为拆分为两个行为来进行性质认定的做法，在理论分析上有一定的合理性但不具有现实意义，当发生合同争议时也无法解决到底适用民事诉讼还是行政诉讼的问题。

政府在以提供公共体育服务为目的来与第三方企业签订契约时，虽然在签订合同的过程中有双方协商达成合意的阶段，但其不同于民事合同签订过程中的合意。民事合同强调的是在双方地位平等的基础上来协商一致达成对双方都有利的结果，而在政府以行政主体的身份参与的合同中，其首先考虑的是公共利益而非合同另一方的私人利益，因此这个过程中双方所达成的仍然是以公共利益为主，私人利益在必要时做出一定程度牺牲的"合意"，其最终欲实现的是公共利益的最大化，而非通常民事合同中双方私人利益的最大化。此外，就政府与第三方企业签订合同这一行为本身，就可以看作是政府站在行政主体的地位上行使其公共权力的一种方式或途径，为保障最终公共利益的实现，政府在合同履行过程中仍然享有行政优益权。因此，政府与第三方企业签订的购买公共体育服务的契约应属于行政合同。

（三）体育伤害事故的责任分配

在以往的学校体育场所对外开放模式中，由于学校是锻炼场所的直接提供者，学校对于其所提供的体育设施有管理义务，也即其对前往锻炼的居民负有安全保障义务。因此，民众在体育锻炼过程中若由于学校未尽到其对体育设施的管理维修义务而受伤的，学校需要对此承担一定的责任。但是在委托管理模式中，第三方的企业的加入使得这一问题变得更为复杂。通常情况下学校之所以要为体育伤害事故承担责任是来源于其对体育设施的管理权，既然有管理义务，那么在未尽到义务要求时就需要承担相应的责任，但是在委托管理模式下，学校对其体育场所的所有权和管理权发生了分离，此时是由第三方企业来负责校内体育场所的管理和日常运营。既然这一管理义务由学校转移到了第三方企业，那么相应的责任也应随之转移到第三方企业身上。因此，在学校体育场所对外开放过程中，一旦前往锻炼的居民因体育设施问题而发生体育伤害事故，则应由第三方企业承担相应的侵权责任。在这过程中，政府由于通过购买公共体育服务的形式减轻了由其直接为民众提供服务的压力，但这并不意味着政府就此完成了其提供公共服务的职能，在供给压力得以减轻的同时政府的监管义务应得到加强。为了更完善地保障社会民众的利益，有学者提出在政府购买公共服务的情况下，还应建立起政府担保责任，[1]也即在第三方企业无法或者难以完全承担赔偿责任时，为保障当事人权益应由政府来承担相应的补充责任。

四、进一步完善之建议

（一）健全群众诉求表达机制，加强政府监督

在政府购买公共体育服务的委托管理模式下，政府从以往的公共服务直接提供者转换为间接提供者，为公众提供服务的直接主体转换为了第三方企业。政府履行其公共服务职能的给付压力得以缓解，但这不意味着政府将应由其承担的公共服务责任转移给了第三方企业，相反，在此过程中，政府的监督管理责任还需相应地得以强化，以保障第三方企业切实合理地履行其为民众提供公共体育服务的要求。对此，群众作为通过这一行政合同提供公共体育服务的权益最终享有者，其对于公共体育服务的相关要求，以及在接受这类服务过程中对各方主体的意见和建议都应有相应的渠道来得以表达。因此在防止政府向市场推卸责任从而加强其监管义务之外，还应健全针对群众的诉求表达机制，将群众对公共体育服务的回馈纳入到政府对行政合同履行的考核评价制度之中，从而全方位地对第三方企业提供公共体育服务的过程、结果以及质量进行监管考核，确保政府履行公共体育服务的职能得以有效实

---

〔1〕　参见杨桦、刘权："政府公共服务外包：价值、风险及其法律规制"，载《学术研究》2011年第4期。

现、群众的体育锻炼诉求能得到全面的满足。

（二）建立二元化救济途径来解决相关争议

如前所述，政府通过向第三方企业购买公共服务，以实现其向群众提供公共服务的职能，由于这一过程中政府的公共权力行使以及其欲实现的公益性目的，因而应将此类协议认定为行政合同。就行政合同而言，由于其既具有公法色彩的行政性，同时也有私法色彩的合同性，因此一旦在合同履行过程中发生纠纷，其司法救济途径是采用民事诉讼还是行政诉讼一直都有争议。相比较民事诉讼而言，行政诉讼更能对行政主体的公权力行使进行有效制约，但由于行政诉讼是一种"民告官"的单向救济模式，也使得行政主体的诉权受到限制；与此同时，民事诉讼最大的制度优势在于其完备的法律制度可以平等公正地维护合同各方主体权益，但这同时也是其受局限的地方，民事合同注重平等主体的私益得到维护，而无法有效保障群众的公共利益，可能难以有效确保订立此合同的初衷得以实现。[1] 对此，有学者提出建立基于合同性质主导的二元化救济途径。[2] 也即通过比较具体合同中行政目的性和手段私法性的关系和比重，由其中占主导地位的性质来决定采用何种救济途径，而对于难以具体判断的合同则直接推定为行政行为。

（三）有条件地来推广委托管理模式

目前为有效解决群众日益增长的体育锻炼需求与现今体育场所缺乏之间的矛盾，响应国家号召，贯彻落实《全民健身条例》中第28条对"公办学校应当积极创造条件向公众开放体育设施"的要求，地方政府都开始积极地采取各种方式来对群众开放学校的体育场所，其中以"慈溪模式"和"桃浦模式"为代表的委托管理模式最受好评。因此政府可通过具体的实地调研归纳总结这类委托管理模式在实际运用中的情况，继而向其他地方政府进行推广。但在推广过程中需要注意的是，各地政府应结合本地学校的实际情况来适用，不可完全照搬。主要是因为各地的经济发展情况以及教育政策都有差别，对于部分经济较为落后的地区，可能难以找到合适的合作企业，倘若直接照搬

---

〔1〕 郑秀丽：《行政合同过程研究》，法律出版社2016年版，第174～176页。

〔2〕 参见王太高、邹焕聪："论给付行政中行政私法行为的法律约束"，载《南京大学法律评论》2008年第Z1期。

此类委托管理模式，将学校体育场所的管理权交至不专业的、没有相关管理经验的企业手中，可能不但没能解决问题，反倒引发更多的棘手问题。因此对于这部分学校仍应适用符合当地实际情况的开放管理模式，同时有选择地借鉴委托管理模式中的管理方法，以期结合实际来最大化、最高效地利用当地学校体育场所。

（四）吸纳退役运动员实现其再就业

目前我国许多专业运动员在为祖国的体育事业奉献青春甚至身体健康而退役后，由于其少年时期将大部分时间都用于专业训练，文化课程学习不足，也有运动员由于在高强度的训练过程中身体负伤，在退役后难以融入社会，也难以在竞争激烈的招聘中找到得以维持生计的工作。而在学校体育场所对外开放的管理模式中，无论是采用哪种管理模式，都需要专业的人员来对体育设施进行及时的检查维护，同时对来参加体育锻炼的普通居民进行指导，以防止其不当的使用对自身安全造成威胁以及对体育设施造成不必要的损耗。退役的运动员依靠其多年来训练所得的专业技能完全能胜任这一职位，因此，在学校体育场所对外开放管理中，政府可以通过聘用这类退役运动员来同时解决管理人员不足和退役运动员的再就业问题。在委托管理模式中，政府也可以在与企业进行合作协商的过程中，通过颁布相应优惠政策来鼓励企业聘用这类退役运动员，也能使得企业的管理队伍更加专业化。

（五）引入互联网管理方式提升效率

在前述所提到的"桃浦模式"中，第三方企业所采用的互联网管理模式极高地提升了管理效率，其通过为居民办理实名制的健身卡，要求入校居民刷卡锻炼，可有效地实现责任追究机制，便于对入校人员的管理。此外通过对居民刷卡锻炼的数据追踪以及与其个人健康检测状况相对比，可利用大数据分析出个性化的锻炼方案，使得居民在有指导的情况下科学地健身锻炼，同时政府通过收集这些数据也有利于实时地掌控区域内居民的健康状况。对于不采用委托管理模式的其他开放管理模式的学校而言，自主开发或向内引入这类互联网管理技术也是很有必要的，具体而言可通过政府来向相关互联网公司购买这类服务，或者由政府提供一定财政支持，鼓励互联网公司与高校的相关专业师生合作开发此类软件来应用到学校体育场所的对外开放管理中来。

（六）建立保险制度来完善安全责任

　　学校在保障其本校学生的体育锻炼安全方面负有重要的责任，而在学校体育场所对外开放的情况下，学校是否也要对这些不特定的入校锻炼民众的安全负起安全保障义务，当发生体育伤害事故时学校是否需要为此承担责任，目前法律并没有对此的具体规定，学界也多有讨论。笔者看来学校固然应该对其所提供的体育锻炼设施尽到维护义务，但也不应对其苛以过重的义务要求。毕竟大部分学校都是无偿或者以远低于市场的价格来对群众开放其体育场所，若要求其保障所有校外人员入校锻炼时的人身安全必然会挫败其对外开放的积极性，同时这一要求也是难以实现的。如前文所述，笔者认为对于这类体育伤害事故，由于体育场所管理权的转移，相应的安保义务也随之转移到第三方企业肩上，既然风险总是不可避免的，可以通过建立保险制度来转移风险。例如上海市民政局等五部门于 2006 年颁发的《关于本市体育、文化、教育设施资源向社区开放的指导意见》中在安全保障部分明确指出：政府应积极为参与共享设施的民众办理意外伤害保险，管理组织也可为居民集体购买意外伤害保险。[1] 因此，在对外开放过程中，既可以借鉴委托管理模式中由第三方企业来为群众购买保险的方式，也可以通过政府的财政支持和体育彩票公益金的经费支持来为民众购买保险，还可以由学校来主动购买责任险，通过多种途径建立起完善的保险制度，从而实现风险的转移和分散。

---

　　〔1〕 上海市民政局、市财政局等五部门联合发布《关于本市体育、文化、教育设施资源向社区开放的指导意见》中第五部分"安全保障"第（一）项规定："以街道（乡镇）为主体，积极组织为参与开放共享设施活动人员办理意外伤害保险。对开展活动时段发生的因设施和管理等原因引发的人身伤害事故，由保险公司赔偿经济损失。由区县政府采取招标方式确定承保的保险公司，保险费用主要由政府承担。同时，管理组织也可为参加活动的社区居民集体购买意外伤害保险。"

论竞技体育中操纵比赛的表现形式

马素芝*　马建川**

摘要：操纵比赛是体育比赛的"毒瘤"，是长期以来困扰足球赛等体育赛事的丑恶行为，对体育运动危害极大。我国对操纵比赛的研究还处于初始阶段，缺乏成熟的理论指导，因此，系统地梳理和探讨操纵比赛的内涵和表现形式，对提高体育界和公众对操纵比赛的认知能力，建构操纵比赛理论，防范和治理操纵比赛有着重要的应用价值。论文运用文献分析和实证分析、案例研究等方法，系统梳理了操纵比赛现象，剖析了操纵比赛的概念、主体表现形式与行为表现形式。论文认为特殊的"身份"是实施操纵比赛行为的前提，提出了运动员、裁判员、教练员、体育官员、掮客、赌场、俱乐部、经纪人与体育公司等构成了操纵比赛的主体表现形式；行为是操纵比赛的实施方式，本文提出了腐败、赌球、为获得不正当利益控制比赛、教唆、其他形式等行为构成了操纵比赛的行为表现形式。

关键词：操纵比赛　主体表现形式　行为表现形式

操纵比赛可能存在于竞技体育的各种赛事，我国对操纵比赛的关注与研究始于足球领域的"假、赌、黑"等现象的产生与泛滥。但国内对操纵比赛的研究和问责活动还处在探索阶段，既没有形成较为成熟的理论，也没有在竞技体育的规则、纪律条款、问责规制等方面加以科学的界定和践行，也导

---

　　* 马素芝，中国政法大学副研究员。
　** 马建川，中国政法大学教授。

致了操纵比赛责任认定的困难和问责的低效。因此，研究操纵比赛的表现形式对操纵比赛理论的建构以及有针对性地进行治理，都有着重要的价值。

一、操纵比赛的概念界定

我国对操纵比赛概念的认识还在初创阶段，还没有形成有共识性质的概念，因此，科学界定操纵比赛的概念是研究操纵比赛的基础。

韩勇认为"控制比赛是指行为人为了不正当的利益，采取不正当的手段支配、操纵体育比赛的结果、损害体育各方利益的行为"。[1]杨未然认为"操纵我国职业足球联赛比赛结果的行为是指行为人为了获取不正当的利益，故意采取不正当的手段支配、控制职业足球联赛中的比赛结果，损害与比赛相关各方利益的行为"。[2]崔成敏认为"操纵比赛行为是指在竞技体育中单位或者个人为了获取不当利益，违背公平公正竞赛原则、故意采用不正当的手段，损害比赛各方及观众的利益，以达到控制比赛结果的目的的行为"。[3]

笔者认为，操纵比赛是指个人或组织为本人或他人获取不正当利益，违反相关的体育管制法律、体育竞赛规则和纪律规范，而对体育赛事的过程或结果进行非常规改变的安排，或去除同赛事结果相关的全部或部分不确定性因素，产生重大社会危害的行为。

操纵比赛的概念包含下列几层内涵。首先，操纵比赛的主体一般是个人和组织，既包括直接从事赛事活动的运动员和裁判员，也包括可以间接影响比赛过程和结果的相关人员和组织，既可以是体育相关行业"圈内"的人员，也可以是和相关体育行业"圈内"人员相关的人员。其次，操纵比赛的主观方面是一种故意的心理状态，其目的是获取比赛正当利益以外的不正当利益。欲获取的不正当利益既包括经济利益，也包括非经济利益。再次，操纵比赛的客观方面主要表现为行为人从事了对体育赛事的过程或结果进行非常规改变的安排，或去除同赛事结果相关的全部或部分不确定性因素的行为。非常

〔1〕 韩勇：《体育法的理论与实践》，北京体育大学出版社 2009 年版，第 327 页。
〔2〕 杨未然："刑法干预操纵我国职业足球联赛比赛结果行为的探讨"，中国政法大学 2006 年硕士学位论文。
〔3〕 崔成敏："我国足坛操纵比赛行为的成因分析"，载《商情》2012 年第 35 期。

规改变的安排指的是不符合比赛规则、竞赛规程、纪律规范要求，对体育比赛的过程或结果进行不正当的干预、支配、控制。去除同赛事结果相关的全部或部分不确定性因素是指不同程度地去除同赛事结果相关的不确定性因素，使比赛结果失去胜、平、负以及具体比分等悬念，朝向单一结果或确定因素、确定结果发展。复次，操纵比赛具有严重的社会危害性。操纵比赛是体育竞赛的"毒瘤"，其损害的利益比较广泛，既损害了公平竞赛的体育精神、公平竞争的市场秩序、相关俱乐部和运动员的利益、广大消费者的利益、甚至国家的声誉，也可能导致谋杀、绑架、威胁、高利贷、贪污、贿赂、洗钱、非法赌博等其他违法犯罪行为。最后，操纵比赛是一种严重违反体育竞赛管制规范和体育伦理的行为。操纵比赛的行为，可能违反特定主权国家的刑事法律和体育法等法律，也可能违反国际与国内相关体育竞赛的规则、规程和纪律规范，还可能违反体育竞赛公平、公正、平等、自由的体育精神和公平竞赛的伦理要求。

与以往的概念相比，以往的概念主要是从词源出发，进行词义的解释，虽然强调了支配、控制手段的使用，但都只关注了对比赛结果的操纵，没有关注其他范围，使得其概念不能覆盖操纵比赛的所有表现形式。除了操纵比赛结果以外，操纵比赛还存在对比赛过程的支配、控制，特别是操纵比赛对体育赛事的过程或结果进行了非常规改变的安排，或去除了同赛事结果相关的全部或部分不确定性因素。体育比赛存在各种各样的不确定性，如谁先开球、谁先进球，等等，在赌球的盘口有多样性的下注方法，只要操控了这些内容，就可以获利。因此，本概念既可以涵盖操控比赛过程和结果，也可以涵盖去除同赛事相关的全部或部分不确定性因素的操纵比赛行为，具有更为准确全面的解释能力。

二、操纵比赛的主体表现形式

我国对操纵比赛表现形式的认识，传统上主要分为假球、赌球、黑哨即"假、赌、黑"三类，概念过大、较为笼统。系统分析操纵比赛的表现形式，有助于建构操纵比赛理论，提高对操纵比赛的认定能力与防范和治理能力。

由于特定的主体具有某种途径，能够获得运动员和裁判员的信任，得以实施操纵比赛行为，实现操纵比赛的目的，所以，特殊的"身份"是实施操纵比赛行为的前提。分析操纵比赛的表现形式，首先就应该以主体身份为视角，对操纵比赛的主体表现形式进行深刻的剖析。

1. 运动员操纵比赛

运动员是操纵比赛的直接行为者和主要行为者，其参与比赛的行为直接决定了比赛的过程与结果。根据各种比赛项目不同的需要，往往有一名以上的运动员进行操纵比赛活动，就可以决定性地影响比赛的过程与结果。比如，在网球、羽毛球、乒乓球、台球等项目的单人比赛时，一名选手参与操纵比赛就可以决定比赛的结果。集体项目中一名选手参与操纵比赛也可以决定比赛的结果，如足球项目中的后卫、守门员等。在一些案例中，为了确保实现操纵比赛的结果，往往会联系多名球员一起参与操纵比赛，位置可能包括前中后场的球员和守门员。

2. 裁判员操纵比赛

在比赛中，裁判员也可以通过吹"黑哨"来直接干预、支配、控制比赛的过程和结果，所以，裁判员也是操纵比赛的直接行为者和主要行为者。2006 年意大利爆发了"电话门事件"，意甲尤文图斯、佛罗伦萨、拉齐奥、AC 米兰等俱乐部通过控制裁判打假球，操纵了多场比赛结果。在我国足坛的反腐打黑风暴中，有 4 名裁判多次收受黑金，参与干预、支配、控制相关比赛，被法院判决入狱。

3. 教练员操纵比赛

从国际国内体育竞赛的实践来看，在体育比赛中，主教练、教练、训练员、领队等教练人员也有可能因为追求名次或有利排位、接受贿赂、赌球等原因参与操纵比赛。无论是高级别的俱乐部还是其他级别联赛俱乐部，其教练员为得到足协、裁判负责人、裁判的照顾，还可能向足协领导、足协官员、裁判等送礼品、礼金、奖金、贿金等，以得到对其本人或所在俱乐部进行照顾、指定裁判等好处。

4. 体育官员操纵比赛

不同体育行业的某些体育官员可能参与操纵比赛，通过其影响力，干预、支配、控制体育比赛过程和结果。在我国，足坛打黑风暴显示，中国足协和地方足协的一些官员涉案，特别是前后两任国家体育总局足球管理中心主任的落马，显示出我国足球竞赛的生态环境十分恶劣，这在国际足坛也非常少见。谢亚龙、南勇、杨一民、蔚少辉、张建强、李冬生、范广鸣等中国足协官员严重腐败，影响极为恶劣。除了接受贿赂，还指定裁判执法吹"官哨"，或指示当值裁判吹"偏哨"等，严重地破坏了竞赛秩序。

5. 掮客操纵比赛

掮客的角色就是中介人，起一个牵线搭桥的作用。体育领域也需要掮客，体育领域的掮客可以是取得球员信任的局外人，也可以是退役球员、前教练员，甚至可能是裁判员或体育官员。连接权钱交易买卖双方的"权力掮客"正是操纵比赛得以展开的一个重要支柱。大量事实表明，诸如此类的"权力掮客"受到行贿、受贿双方的信任，双方都依赖这个中间人的身份，从而在打假球中牵线搭桥，实现黑金交易。掮客成功地降低了行贿受贿的风险成本，为操纵比赛开辟了一条较为隐蔽、可靠的途径。

6. 赌场操纵比赛

从世界范围看，博彩业规模十分庞大，且玩法多样。玩家参与的主要形式由过去的赛前下注已经转变为赛中下注，现在有60%～80%是赛中下注。随着网络的发展，下注的方法渠道日益繁多。其中以足球为例，包括全场胜平负、上/下半场胜平负、全场比分、半场比分、大小球、下一个进球、进球奇/偶数、第一个进球、最后一个进球、一方是否失球、双方是否都得分、具体进球队员、红黄牌数量、角球总数、谁先达到第5/6/7/8/9个角球、边线球数量、谁先开球、上半场落后下半场反超等诸多玩法。欧洲、亚洲的博彩业都很发达，各国内部还有博彩公司的代理人，甚至黑赌场在吸筹、组织赌球。赌球的低成本、高盈利，使得赌场或者利用赌博赢得巨额利益的黑帮团伙可能通过收买、甚至威胁球员和裁判，以及其他可以影响比赛过程或结果的人的方式，去除同赛事结果相关的全部或部分不确定性因素来操纵比赛。

7. 俱乐部操纵比赛

俱乐部为了争冠、保级、升级等利益，甚至卖球、买球、赌球等目的，可能贿赂足协官员、裁判委员会负责人、裁判员和对方俱乐部与球员等人，以期操纵比赛过程和结果。俱乐部操纵比赛的情况在各国时有发生，以意大利联赛为例，其联赛历史上就经常发生俱乐部操纵比赛的丑闻。以我国足坛的反腐打黑风暴为例，中国足坛有3个俱乐部或单位因操纵比赛被以相应的罪名追究了刑事责任。

8. 经纪人、体育公司等操纵比赛

从国际上看，经纪人为了球员高额转会、突出明星地位、得到巨额赞助、获得不菲的佣金、甚至赌球等目的，可能会贿赂和教唆球员参与操纵比赛。相关的体育公司，如赞助公司、广告公司、体育用品公司、体育产业运营公司等，也会为了巨额利益而参与操纵比赛或体育腐败。

三、操纵比赛的行为表现形式

除了主体身份视角以外，完整准确地认定操纵比赛，还需要以行动为视角，分析具有操纵比赛身份的主体是如何实施操纵比赛行为的。

1. 腐败

腐败是操纵比赛的温床，会催生和催化操纵比赛的发展和蔓延，严重恶化竞赛秩序，毒害竞赛环境。所以，腐败是操纵比赛的重要形式。多数行贿受贿行为的直接目的就是请求体育官员、裁判委员会负责人、裁判、对方俱乐部或球员，为自己的发展提供条件，对己方比赛给予照顾，安排有利于自己的裁判，卖球给己方等。从足坛的打黑风暴来看，19 份刑事判决书中，被作出刑事判决的被告人共 59 人，犯罪法人 3 个，罪名基本是行贿罪、受贿罪、对非国家工作人员行贿罪、非国家工作人员受贿罪等腐败犯罪。此外，还涉及多个俱乐部、地方协会和涉案个人。

2. 为获得不正当利益控制比赛

操纵比赛是一种故意的心理状态，其目的是获取比赛正当利益以外的不正当利益，因而故意去影响比赛的过程或结果。欲获取的不正当利益既包括收取贿金、物品（如名表等）、赌博收入等经济利益，也包括追求比赛名次、为"投桃报李"而帮助他人、换取有利于自己的赛事安排或其他好处等非经济利益。从 2012 年的反腐打黑风暴来看，足协副主席、足协官员、裁判负责人、裁判、俱乐部官员、教练员、球员、圈外人士等，通过指定裁判，交代裁判关照某队、吹官哨和黑哨、故意输掉比赛，甚至往自己球门里吊门等方式，去除同赛事结果相关的全部或部分不确定性因素，安排或控制对比赛的过程或结果进行非常规改变。控制比赛过程或结果的行为，决定着特定范围内获得冠军、争取好的名次、升降级等方面的最终结果，产生了群情激愤的虚假比赛。

3. 赌球

赌球也是操纵比赛的重要形式。赌博是以钱或物下注来获取输赢结果的利益的行为，赌球则是以足球等赛事的比赛结果等要素作为输赢的评判手段，以进行赌博的行为。赌球会影响和控制比赛的过程和结果，消除与博彩盘口相关的不确定性，使参与赌球的球员、教练、裁判、甚至俱乐部高层管理人员获得高额收益。

以往，赌球事件或重大赛事放水的传闻只是在国外比赛中出现，但近年来随着中国足球产业的职业化和市场化，赌球也进入了我国，经常出现在公众的视野中，成为一种操纵比赛的重要方式。

4. 教唆

教唆一般是指诱导、唆使或怂恿、指使别人做坏事。在操纵比赛中，教唆是一种重要的表现形式。这里的教唆是指以劝说、利诱、授意、怂恿、收买、威胁等方法，将自己的操纵比赛意图灌输给本来没有操纵比赛意图的人，致使其按教唆人操纵比赛的意图去实施影响、控制比赛过程和结果的行为。教唆是一种故意的行为，即被教唆者因教唆而生操纵比赛之意或实施所教唆的行为，为教唆者所能预见，倘不能预见者，则非故意。至于教唆之行为其方法如何，并不需要加以限制。笔者认为凡是能达到教唆之目的的行为就形成了教唆。举凡以言语、文字或举动，为明示或默示，皆不失为教唆。在操纵比赛中，教唆者可以是体育官员、教练、俱乐部官员、掮客等人，被教唆者一般为运动员、裁判员，但也可以是其他人。至于是既遂还是未遂，不影响教唆的成立。

5. 隐瞒不报

隐瞒不报是指无论是球员、裁判员、教练员、俱乐部官员、甚至协会官员，对其接到的任何向其或他人行贿、教唆、威胁、赌球或支配、控制比赛过程和比赛结果的提议或信息，不向足协等比赛管理当局或纪律部门报告，包庇、掩盖、隐藏、瞒过该操纵比赛提议或信息的行为。对隐瞒不报本身是否构成操纵比赛的方式，可能会有较大的争议。有人认为隐瞒不报本身不会产生操纵比赛的后果，但将隐瞒不报列为操纵比赛的行为方式之一，并进行惩罚是十分必要的。操纵比赛之所以会认定与问责困难，主要在于操纵比赛难以发现、难以取证，故尽管群情激愤、群起质疑，也不易将之奈何。长此以往，操纵比赛会越来越嚣张，毒化赛事环境，破坏赛事发展，且使遏制和治理成为空谈。

6. 其他形式

操纵比赛的其他形式还缺乏规范性的界定，哪些形式可以算作操纵比赛的其他形式、范围的宽窄等，都不易界定。但是，国内外对使用虚假材料、使用内幕消息两种行为，一般认为是操纵比赛的形式。

使用虚假材料主要指虚报运动员个人资料和参赛资格等申报材料。在虚报运动员个人资料和参赛资格方面，主要包括运动员的年龄、身份、姓名、性别、大赛前的资格赛情况和积分等。例如，为了为国争光或尽快出成绩，以获得比赛引起的各种社会利益，以往一些运动队通过修改运动员年龄，在国内与国际赛场形成以大打小的情况。此外，还可能出现更改性别、隐瞒性别参加比赛的现象。

在体育比赛中使用内幕消息是指球员或相关人员为获得财政收入或收益，使用市场不知道的内幕消息或封锁内幕消息。使用内幕消息不但会侵害公平公正的比赛规则和体育精神，而且不公平竞争会影响比赛的过程和结果。例如，为个人利益透露比赛信息、球员信息等。但是，由于体育领域比较缺乏法律规制，我国对操纵比赛的研究也属于初创，对于什么是内幕消息、内幕消息主要包括哪些事项等，还需要进一步研究界定。

综上所述，特定的主体身份是操纵比赛的前提条件，具体的行为形式是操纵比赛的实施方式，系统地梳理与探讨操纵比赛的主体表现形式与行为表现形式，对界定操纵比赛责任，进行有效的责任追究，建构科学规范的治理体系有着重要的参考价值。

参考文献

［1］熊文等："竞技体育不道德现象的表现、特点及危害"，载《浙江体育科学》2007 年第 6 期。

［2］雷选沛、崔成敏："'假球'行为的分析及刑法规制研究"，载《湖

北体育科技》2012 年第 6 期。

[3] 赖焕春：“竞技体育运动员消极比赛成因分析”，载《科技创新导报》2012 年第 33 期。

[4] 汤卫东：“体坛打假扫黑，呼唤司法介入”，载《山东体育学院学报》1999 年第 4 期。

[5] 李贤华：“虚假足球竞技与司法主动介入”，载《福建公安高等专科学校学报·社会公共安全研究》1999 年第 2 期。

[6] 吴先雄：“'假球'问题及相关参与人员刑法定性”，载《江西公安专科学校学报》2010 年第 3 期。

[7] 袁子轩：“论假球案件证据的初步识别”，载《法制与社会》2011 年第 16 期。

[8] 韩新君等：“对奥运会中越轨行为的研究”，载《天津体育学院学报》2013 年第 1 期。

[9] 金晶：“竞技体育'让球'现象透析”，载《南京林业大学学报（人文社会科学版)》2007 年第 4 期。

[10] 刘淑英、王建平：“运动竞赛规则合理性之评价向度”，载《成都体育学院学报》2013 年第 6 期。

[11] 梁汉平、袁古洁：“假球黑哨赌球行为法律分析”，载《体育文化导刊》2011 年第 10 期。

[12] 张磊：“中国足坛'假、赌、黑'三大顽症的主要成因及遏制策略”，载《河北体育学院学报》2010 年第 5 期。

[13] 王利宾：“操纵体育比赛的刑法规制分析”，载《体育文化导刊》2013 年第 1 期。

[14] 王栋：“增设操纵体育比赛罪的初探”，载《体育世界（学术版)》2011 年第 11 期。

[15] 于善旭、李先燕：“中国体育竞赛赛风赛纪的法律规制”，载《西安体育学院学报》2009 年第 3 期。

[16] 崔成敏：“我国足坛操纵比赛行为的成因分析”，载《商情》2012 年第 35 期。

[17] 董华：“消极比赛绿茵场上的毒瘤”，载《足球世界》1999 年第 7 期。

［18］段嘉元："对足球假球问题的研究"，载《中国体育科技》1994 年第 5 期。

［19］康均心等："足坛'假赌黑'如何以法治理"，载《人民检察》2010 年第 6 期。

［20］刘志敏等："对竞技体育'公平竞争'的哲学阐释"，载《体育与科学》2002 年第 1 期。

［21］曾玲华："体育道德失范与人文奥运的冲突及其对策"，载《北京体育大学学报》2007 年第 8 期。

［22］郭玉川："'假球'行为分析及刑法规制"，载《人民论坛》2011 年第 35 期。

［23］韩勇：《体育法的理论与实践》，北京体育大学出版社 2009 年版。

［24］杨未然："刑法干预操纵我国职业足球联赛比赛结果行为的探讨"，中国政法大学 2006 年硕士学位论文。

［25］刘艳琳："我国竞技体育中操纵比赛犯罪及对策研究"，武汉体育学院 2009 年硕士学位论文。

［26］王野："国内足球职业联赛'假球'现象成因的分析"，吉林大学 2010 年硕士学位论文。

学校体育场馆对社会开放的困境与可行性探析

王小平*

摘要：中国改革开放以来，国家经济建设和人民生活水平得到了很大提高，同时也伴随着全民体育健身活动的蓬勃发展和强烈需求。面对公民各类健身活动日益增多的情形，体育公共活动场所需求与我国有限的体育公共资源之间的矛盾日益凸显。而学校体育场馆对社会的开放将有助于这一矛盾的缓解。一方面其可以提升体育场馆的利用率，缓解公民对体育场地设施需求的压力；另一方面对落实国家全民健身计划也具有更加积极的推动作用。但是，这也将带来对学校体育场馆设施的管理、在校生日常教学以及生活秩序安全保障等方面的重大挑战，涉及行政责任和法律责任问题。因此，需要从我国体育场馆的现状与开放的必要性、学校与社会的法律关系、学校体育场馆对社会开放的法律法规规定，对社会开放的困境和存在的问题及国外体育场馆对社会开放的借鉴等方面进行分析探讨，以提出学校体育场馆设施对社会开放可行性的建议。

关键词：学校体育场馆　社会开放　困境　法律　可行性

众所周知，具有重要历史意义的中国共产党第十九次全国代表大会于2017年胜利召开，谋划决策全面建成小康社会，奋力夺取新时代中国特色社会主义建设的伟大胜利。其宗旨是实现人民向往的美好生活，寄托着中国人

---

* 王小平，中国政法大学法学院教授。

民的伟大梦想。人民的美好生活，健康是第一位，习近平总书记早在 2016 年全国卫生与健康大会上指出："没有全民健康，就没有全面小康。"健康中国、美丽中国是我们永久的企盼，充分显示出全民健康、快乐、幸福是中国共产党的使命，也更加明确了体育的地位和重要性。另外，十九大报告中又特别提出，"广泛开展全民健身活动，加快推进体育强国建设，筹办好北京冬奥会、冬残奥会。"党中央为实现体育强国梦吹响了战斗号角。

因此，加快建设体育强国，其目的就是要把体育强国梦与中国梦紧密联系在一起，把体育事业建设发展融入实现国家富强、人民幸福奋斗目标的大战略格局中去谋划，深化体育改革，不断更新体育理念与意识，全面推动群众体育、竞技体育和体育产业协调发展，这其中保障全民健身运动是重中之重。但公共体育场地及设施严重不足，在某种程度上制约和限制了全民健身运动有序开展，且因公民参加或自立举办某些体育活动引发的社会性及法律上的争议较多。如：广场舞扰民问题，近年来，全国各地均发生过广场舞扰民事件，并带来了不和谐的社会影响，尤其是 2017 年 5 月份河南洛阳王诚公园发生了篮球场地之争，爆发了打篮球的青年人与跳舞的大爷大妈们之间的肢体冲突。有人也由此提出公共体育场地使用所应遵循的原则：第一公共场地任何人均有权使用；第二公共场地遵循利用率为上原则，人数多的活动拥有优先使用权；第三应当遵循中华民族向来所持的尊老爱幼之美德。虽然以上三个原则颇具合理性，但是并未解决公共体育场地使用的实际法律冲突问题，即其中关键在于场地所有者是否尽到管理责任。进一步而言，造成公共体育场地使用冲突的最主要原因为广大人民群众日益增长的健身需求与我国体育场地设施不相匹配，且差距较大，而相关法律、法规规定不完善，如《中华人民共和国体育法》（以下简称《体育法》）、《全民健身条例》、《学校体育工作条例》等法律法规以及教育部、国家体育总局、各地方行政规章都对学校体育场馆设施对社会开放只做到了鼓励性的政策规定，而未做硬性规定。主要还是考虑到各方的权益、责任不好确定，影响到学生、教职工及其他公民的人身权、健康权以及校方利益的保障，导致有法难依、学校自身权益不能维护的局面，也更加凸显这一矛盾的冲突性与问题所在。因此，从维护所有涉及主体的合法权益出发，需要对学校体育场馆社会开放的相关现实与法律问题进行梳理分析与应对，以实现学校体育场馆对社会的和谐开放。

一、我国体育场馆资源的现状与学校体育场馆设施对社会开放的必要性

根据《第六次全国体育场地普查数据公报》，截至 2013 年底全国约有 170 万个体育场地，平均每万人拥有体育场地约 12 个，而人均体育场地面积不足两平方米。在全国体育场地中，教育部门管辖的体育场地约 70 万个，占全国总数的 40% 左右；其中高等院校的体育场地大约 5 万个，中小学体育场地约 60 万个。从以上数据可以清晰看出，我国各级学校场地数量占全国体育场地近一半，然而这一半体育场地设施没能充分地利用，未能起到为社会和公民服务的作用，反而产生了人们对国家资源分配不合理、不公平，为少数人服务的认识；也加大了社会与学校这个特定机构的隔绝，不利于学校人才培养和综合发展。学校体育场地资源长期闲置，造成资源浪费，也是一种不积极作为的失职行为，会导致社会与政府、学校之间的各种矛盾冲突。同时，国家推进全民健康快乐，全民中既包括在校的学生、教职工，也同样包括社会每一个公民。把一个体育大国建设成体育强国，实现中国人民的伟大梦想，是每一个公民应尽的责任和义务。因此，从这个角度来讲，学校体育场馆设施向社会开放既应当，也非常有必要性。

二、学校与社会、政府的法律关系

1. 社会的概念

社会就是由许多个体汇集而成的有组织、有规则、有纪律、有职业、有目标的相互合作的生存关系的群体。这个群体主要包括社会政治团体、社会职业群体以及其他相关社会关系群体。由这些社会关系群体形成了必要的社会秩序、社会行为、社会关系、社会竞争，其中社会关系是一个庞杂的社会网络体系，它包括了个体之间的关系，个体与集体之间的关系，个体与政府、国家之间的关系。国家为了维护社会的安全与稳定，以分配社会权力与创设社会治理体系为架构，而推进社会团结、社会平衡、社会道德、社会健康与进步，履行社会义务，建设社会法治文明和良好的社会环境。这些内容都与

学校发展的因素息息相关，无论如何我们要关注整个社会和学校的进步与发展，因为它代表着国家的理念和前进方向。

2. 学校与社会的法律关系

学校是社会的重要组成部分，学校承担着为社会培养人才的职责，涉及学校信誉与诚信，涉及千家万户，更重要的是涉及社会进步与国家的未来。学校地位的特殊性、独特性被社会普遍认可，其与社会的法律关系，主要为民事法律关系，更多体现在管理方面的问题，如政策、法律规定的完善，侵权问题。对社会来讲更多的是监督作用。从上述关系来看，学校是社会特殊的组织机构，它有为社会服务和做贡献的义务，所以，学校的资源为社会所用是理所当然的。

3. 学校与政府的法律关系

学校与政府之间是一种委托代理的行政法律关系，也是一种管理与被管理的关系。政府作为权力委托方以命令决定，通过行政授权的形式将有关教育为主的任务或命令，委托行政相对方的学校代理完成。两者之间只是一般性的民事法律关系，具有相对平等性。但从地位来讲两者之间是不平等的，因为政府具有绝对的公权力，如：审批权、任免权、评估权、标准制定权及经费划拨权，而学校具有内部管理权、建议权。随着我国社会法治建设的推进，政府对学校的管理形式也不断地改变，更多体现为依法依规的管理，充分展示服务的理念与目标。

三、学校体育场馆对社会开放的法律依据

从我国现行法律体系出发，学校体育场馆对社会开放具有相当的法律依据。例如：《中华人民共和国宪法》（以下简称《宪法》）第21条第2款规定："国家发展体育事业，开展群众性的体育活动，增强人民体质。"这是我国最高法律对国家体育事业确定的目标任务，我们的体育事业的目标就是要广泛开展群众性的体育活动，通过各种形式的体育活动，实现人民体质达到健康水平的任务。《体育法》第12条第1款规定："地方各级政府应当为公民参加体育活动创造必要的条件，支持、扶持群众性体育活动的开展"。我国《体育法》依据《宪法》而制定，其立法的目标很明确，发展体育事业，以

人民体质健康为根本。同时，也规定了各级人民政府为开展群众性体育活动创造必要条件的责任和义务。

同时，《中华人民共和国教育法》（以下简称《教育法》）第 49 条规定："学校及其他教育机构在不影响正常教育教学活动的前提下，应当积极参加当地的社会公益活动"。以上教育法律对学校及相关教育机构的性质进行了定位，其既属国家所有，也就是人民所有，其体育场馆设施，人民大众享有使用的权利，学校及相关教育机构在保证正常教育教学任务完成的情况下，必须向社会开放，这是《教育法》明文规定的。

另外，《全民健身条例》第 28 条规定："学校应当在课余时间和节假日向学生开放体育设施，公办学校应当积极创造条件向公众开放体育设施；国家鼓励民办学校向公众开放体育设施，县级人民政府对向公众开放体育设施的学校给予支持，为向公众开放体育设施的学校办理有关责任保险。学校可以根据维持设施运营的需要向使用体育设施的公众收取必要的费用。"《公共文化体育设施条例》第 6 条第 3 款规定："国家鼓励机关、学校等单位内部的文化体育设施向公众开放"。

因此，从制定法角度出发，学校体育场馆设施要对社会开放，具有法定的义务的性质，也是一种政策义务，即预留义务。并且，从确立学校体育场馆公共的性质出发，其开放可以是免费或适当收费的形式。

总之，应当从不同的角度和内容上支持、鼓励、要求学校体育场馆设施对社会开放，这既是促民心的一大进步，也充分体现党和国家对全民健身的重视。但是，能够真正作为支持与落实学校体育场馆全面对社会开放的实定法依据还需要进一步讨论，毕竟，学校对社会开放应具备的条件和管理能力仍需进一步完善和提高。

四、影响学校体育场馆对社会开放的因素及相关法律问题

（一）因素

（1）开放时间与活动内容具有不确定性。正常上课、上班时间，学校本身学生、教职工就多，如对外开放则影响本校人员锻炼身体的效果，同时，

活动内容也是重要的因素，必须科学地、合理地安排开放时间及活动内容。

（2）体育运动的特殊性。体育活动是有风险的，发生伤害事故不可避免，关键是伤害事故责任不易确定，常引发相关法律纠纷，其责任主体是场地管理方、加害人、受害人还是第三方，要根据事实与证据，依据过错责任原则定责。

（3）参加体育锻炼人员素质问题。由于社会结构及范围不确定，其人员流动性较大，人员素质差异性显见，引发冲突也是在预料之中。

（4）社会闲杂人员进校，发生其他安全风险的可能性较大。

（5）安全管理及处理违规违法的成本过高。安全管理除经费之外，还需设施、设备及有资质的安保人员，如处理违规行为，校方权限合法性受到质疑；其违法行为事实和证据难以确定，司法机关介入调查及处理的成本高，也必然引起校内矛盾冲突。

（6）开放后的服务标准缺乏参照性。首先学校体育场馆对社会开放提供的服务内容、范围、质量不好界定，由于提供服务的主体具有非专业性，应达到什么样的服务标准的可参照不多。

（二）涉及相关法律问题

1. 开放的性质

学校体育场馆及设施设备对社会开放是公益性的，还是经营性的，或是两种性质兼而有之，在法律法规尚未予以明确之前，应当以"具体问题具体分析"的原则进行个案确定，以维护相关各主体合法权益。具体来言，一方面，学校体育场馆及设施设备是国家出资建设的，应属国有资产，其主要功能是满足学校相关主体体育教育活动的需求，根据国家相关法律精神和政策，也应当有向社会开放的义务。另一方面，如果学校体育场馆、设施设备对社会开放，其场馆设施、设备维修、灯光、人员配备，管理等高额成本由学校来独自承担显然不合理。即学校作为经营者，与社会消费者之间必然构成了消费合同关系，即经营行为。另外，学校主要职责是教育培养人才，因而其进行经营活动，尤其是其收费的合法性以及收费标准，亟需明确的法定化，既是对各方主体权益的法律保障，更是对学校教育秩序的维护。

2. 合同问题

学校体育场馆对社会开放后，事实中存在管理者经营的状态，便形成一种所谓经营者与消费者的合同关系，即为默示合同。如果消费者或活动者在这些体育场所或使用体育设施发生了伤害事故，可按合同法律关系来寻求法律救济。依据为《中华人民共和国消费者权益保护法》第 7 条规定："消费者在购买、使用商品和接受服务时享有人身、财产安全不受损害的权利。消费者有权要求经营者提供的商品和服务，符合保障人身、财产安全的要求。"因此，无论是有偿开放还是无偿开放，排除不可避免损害的情形，承担赔偿义务都是合同法的基本规范。学校体育场馆设施向社会开放后，其服务质量不到位，人身财产受到损失，受害人有权利寻求法律保护，并向开放学校索赔。

3. 伤害事故责任认定及赔偿问题

伤害事故主体可能是在校学生或相关主体和参加体育锻炼的社会人员。发生伤害的原因分三类：一类是公众在健身活动中由体育设施、设备导致的伤害事故；第二类是第三人加害行为造成的伤害事故；第三类则是意外伤害事故。在责任认定上寻找事实与证据以及法律的依据是很重要的程序。同时，根据行为人主体的状况以及伤害事故类型，伤害责任的认定可适用过错责任原则、过错推定责任原则、公平责任原则以及风险自担原则等，并以行为人过错大小来认定是否承担全部责任、主要责任、平等责任或次要责任。因此，学校体育场馆设施对社会开放与参加活动的主体存在民事法律关系。学校提供合格的体育场所，履行安全保障义务；作为参加体育活动的公民必须严格遵守学校体育场馆管理规定和遵守体育道德精神与诚信原则，依法行使使用学校体育设施的权利。

4. 政府的职责、义务与服务

全面促进学校体育场馆对社会开放的长期稳定发展，维护公民在体育锻炼活动中的合法权益，构建一套多层次、多渠道的公民体育活动服务体系，政府的推动与保驾非常重要，这也是政府职责所在，因此，明确政府责任归属和范围界定很有必要。

（1）职责：第一，完善与健全学校体育法律、法规和制度，保障学校体育的健康、安全、正常有序地开展，保证全面贯彻教育方针的实现。第二，保障学校体育教育的权利和义务。依法依规确认学校内相关主体、行政机关、社会团体、企事业组织、监护人及公民等主体在参与体育活动时享有的权利和应履行的义务。第三，协助协调与处理好学校与社会各界的关系，全力保障学校体育场馆设施向社会开放。第四，消除学校体育场馆对社会开放的其他障碍。

（2）义务：第一，保障学校体育经费和向社会开放中各种经费支出的义务；第二，制定向社会开放服务标准和政策的义务；第三，保障开放学校履行安全注意的义务；第四，检查与监督的义务。

（3）服务：第一，提供法律与政策援助；第二，按照学校建设标准，全面寻求社会支持与资源，为学校教育教学和体育设施建设服务；第三，健全学校体育及体育场馆设施对外开放风险防控机制，努力推进体育伤害事故协商与调解解决；第四，提供行政补偿的服务。

五、借鉴国外经验

学校体育场馆对社会开放，域外国家具有相当多的现实经验。例如：

（1）美国通过法律规定社区公民可以使用学校的设施作为社区体育中心，同时，政府与学校之间达成协议共同制定体育活动计划，推动学校体育场馆合理合法地向社会开放。美国儿童，早在 4～5 岁便开始参与有组织的体育活动，美国大学体育总会是美国大学体育管理机构，现有 1281 所会员学校。以雪城为例：在雪城，商家以雪城大学作为商业体育、职业体育运作的平台，推动了学校周边经济发展，也为学校带来了巨大的经济利益，10 亿经济利益，90% 返回学校，为学校扩大基础建设提供了保证，也反映出社会支持学校的力度，起到了互利互惠的作用。

（2）日本则从 1962 年开始就有了学校体育场馆设施向社会开放的一系列政策、措施和行政规定，在 1976 年还专门颁布了《关于推进学校体育设施开放事业的通知》，并出台了相对应的配套规定，如《开放设施管理细则》和《开放运作方式细则》。另外，从政府落实职权职责、履行应有义务的角度来讲，日本政府专门设立文部科学省体育科管理学校体育设施问题，其主要职责之一就是促进学校体育设施对社会开放。

（3）还有一些国家对学校体育场馆向社会开放持有积极赞同的态度，如法国、德国、意大利等均在本国体育专门法或其他法令中对学校体育场馆设施向社会开放做出了规定。

总之，相关国家对于学校体育设施向社会开放这一难点问题的立法规范实例，为我国完善立法、提高法律效力和执行力度都提供了可行性的良好借鉴。

六、建议

从维护相关各方主体的合法权益以及学校的教育秩序出发，学校体育场馆对社会开放应当以严格开放条件，规范开放程序，遵守开放纪律，履行安全注意义务为主要原则，并应充分发挥政府的职能作用，因为政府的作为与助力是学校体育场馆对社会开放的主要保障。

（1）规范与制度的完善

进一步完善相关法律、法规的规定，对一些过于弹性的规定进行修改，以确保学校体育场馆对社会开放能够执行落地。

（2）完善保险制度

建立体育意外伤害保险、体育场馆和体育设施单项保险。

（3）建立健全开放的各种规章制度

针对校内、校外人员参加活动应履行的具体义务和遵守的相关规定，也包括各类体育设施、设备使用规定。

严格按时、按人数开放，限定活动项目，学校人员与社会人员尽量分开。

（4）安全义务的落实

首先，体育场馆设施管理方要履行安全注意义务，对开放时可能出现的风险要有防控措施和预案，并及时消除安全隐患，体育活动参加人也要履行安全注意义务，自觉遵守场馆开放规定，严禁故意、恶意伤人行为发生，对严重违反规定和涉嫌违法行为的体育活动参加人，依据《中华人民共和国治安管理处罚法》等规定，由执法机关处罚。其次，需要加强安保力量，严格门卫制，维护体育场馆的正常活动秩序与环境，少儿无监护人带领下一律禁止入内。

（5）配备体育辅导员

对一些风险较大的项目，应当配备辅导员，使体育活动人获得技术辅导和安全保障，其辅导员应具有国家认可的资质。

（6）配备专职的体育场地设施管理人员

每天开放前、中、后对场地设施进行检查，发现安全隐患及时处理。特别在游泳池开放时要严格限制人数，同时按规定配备救护人员。

（7）开放的体育场地设施应配备电子监控，每天 24 小时对开放的体育场地设施进行监控。

高校马拉松长跑活动竞技性与大众性
对比分析与发展现状

赵中名* 乔逸如**

摘要： 马拉松长跑起源于雅典历史英雄故事，经历了奥林匹克运动会由纪念性活动向世界性体育赛事的转变，又在近年来的全民化普及中，实现了向大众体育的转变。这一演变过程使得马拉松运动在竞技性领域发展的同时，也拓展了全民性的发展空间，并且校园马拉松也逐渐发展起来。校园竞技类和大众类马拉松运动近年发展状况如何？这对于马拉松运动的意义究竟何在？对于受众的意义何在？本文将利用二者的对比研究进行说明。

关键词： 马拉松 竞技体育 大众体育 校园体育活动

近年来，马拉松运动的普及渐成趋势，除专业性竞技类马拉松外，世界各地还有国际马拉松、城市马拉松、校园马拉松等各种形式的长跑比赛。作为竞技类马拉松的补充，这些比赛丰富了马拉松运动体系，同时也使得马拉松的专业性程度降低，使之能够满足大众的需求。此外马拉松运动在校园中不同的发展，对于校园运动氛围的营造意义重大。下文将对马拉松的发展历程进行回顾，并对两种发展方向的现状进行对比，最后分析各自的意义。

---

 * 赵中名，中国政法大学团委综合公办室主任。
 ** 乔逸如，中国政法大学团委干事。

一、马拉松运动起源与发展

（一）比赛形式

马拉松（Marathon）长跑是国际上非常普及的长跑比赛项目，全程距离 26 英里 385 码，折合为 42.195 公里。它起源于公元前 490 年波斯人和雅典人之间发生的"希波战争"。在这场战争中雅典人最终获得了反侵略的胜利。为了让故乡人民尽快知道胜利的喜讯，统帅米勒狄派一个叫裴里庇第斯的士兵回去报信。裴里庇第斯是个有名的"飞毛腿"，为了让故乡人早知道好消息，他一个劲地快跑，当他跑到雅典时，已上气不接下气，激动地喊道"欢……乐吧，雅典人，我们……胜利了"说完，就倒在地上死了。为了纪念这一事件，人们在 1896 年举行的第一届现代奥林匹克运动会上，设立了马拉松赛跑这个项目。此后，这项运动一直延续至今，并从国际化的马拉松比赛，演变出城市马拉松这一形式。[1]随着其形式的完善、文化背景的补充、赛事服务的提升，城市马拉松逐渐成为马拉松比赛的主要阵地。另外室外的马拉松比赛还产生了长距离竞走比赛。

从室外马拉松比赛中，衍生出各类田径场内长距离跑步竞技比赛。现代最早的正式长跑比赛是 1847 年 4 月 5 日在英国伦敦举行的职业比赛，英国的杰克逊以 32 分 35 秒 0 的成绩夺得 6 英里（折合约为 9656 米）跑冠军。长跑比赛正式进入奥林匹克运动会是在 1912 年，目前男、女组均为 5000 米和 10 000 米，彼时是列入男子 5000 米和 10 000 米两个项目，女子 5000 米跑 1996 年列入，10 000 米跑 1988 年列入。

（二）马拉松意义

马拉松运动自产生以来，由最初的纪念式文化活动，逐渐演变为体系完整的体育项目，其之所以能够存续并实现自身的进步，离不开长跑运动对于人类各方面的重大意义。

---

〔1〕 参见维基百科（Wikipedia）"Marathon"词条，载维基百科网，https://en. wikipedia. org/wi-ki/Marathon，最后访问时间：2018 年 11 月 1 日。

1. 人类自我意识深化

马拉松是人类最简单的健康自救方式之一。奔跑是人类与生俱来的本能，从最早追逐猎物，到现在保持健康生活习惯的日常锻炼。它源自人类对自身机体结构以及身体机能的升华认识，是一个非常科学的渐进过程。人类在对长跑的功能的不断认识过程中，加深了对自己机体的了解。

2. 对身体的益处

健身长跑有利于提高呼吸系统和心血管系统机能、有利于防病治病、有利于心情舒畅精神愉快。长跑锻炼对于培养人们克服困难的品格，磨炼刻苦耐劳的顽强意志具有良好的作用。而长跑本身，有利于思考，有利于思维的健康和思维能力的训练。最主要的是，通过长跑带来的生命的张力、充沛的精力，不是其他活动可以替代的。

3. 社会意义

就其作为体育运动而言，是促进社会稳定功能的体现之一，另外通过举办马拉松活动，活动期间各种宣传广告商业模式的植入，以及活动物资对于周边实体经济的惠及，能够实现对举办地经济的拉动效益。同时，马拉松活动可作为宣传渗透城市文化的载体。马拉松活动的特性是户外，地域开阔，因此线路设计上可以考虑加入城市当地特色元素，如纽约马拉松的线路设计都是围绕着纽约城著名景点，以此实现对城市文化的宣传，更好地展现文化内涵。

二、竞技类马拉松发展现状

竞技类马拉松是正式专业的马拉松的主要形式，而这其中，城市马拉松又最具有代表性。在当今城市马拉松比赛中，主要有全程、半程、四分马拉松三种形式，以全程马拉松为主，兼顾参与性更强的半程、四分马拉松。另外，当前世界公认的六大马拉松系列赛事为：波士顿马拉松、纽约马拉松、柏林马拉松、伦敦马拉松、芝加哥马拉松、东京马拉松。这些都是公认的高规格的专业马拉松赛事。

马拉松运动在我国的发展主要是在 2010 年以后，据资料显示：2010 年中国大陆共举办 13 场马拉松赛事，到 2016 年大陆的相关赛事已超过 159 场。[1]我国

---

〔1〕 参见孙文勇、王林："马拉松在中国的发展现状及分析"，载《运动》2016 年第 23 期。

最为权威的城市马拉松为俗称"四大满贯"的北京马拉松、广州马拉松、重庆国际马拉松和武汉马拉松。

而随着高校体育事业的发展，马拉松运动在高校校园中也逐渐渗透。一般校级运动会中都有长跑比赛项目，另外校园内部的迷你马拉松、竞走等项目也比比皆是。

竞技类马拉松除了在形式上成功将马拉松运动推广到全世界，也对马拉松的精神进行了生动的诠释，在世界范围内形成马拉松文化交流圈，通过这种特殊的方式使得世界在这一特定领域实现团结。同时在社会领域，无论是对于经济的作用还是城市整体宣传作用，都是显而易见的。

但是从另一个角度考虑，要办好专业化竞技类的马拉松，对于主办方的要求也较为严格，首先要保证有足够的经济基础来支撑这样大型的体育活动。其次城市马拉松以户外的公路长跑形式为主，对于交通、安全管理能力也是一大考验。另外，主办的组织机构也需要有优越的组织规划能力，保证比赛的顺利进行，而尽量避免所谓"长跑乱象"的出现。以我国为例，随着竞技类马拉松的蓬勃发展，行业化的趋势逐渐明显，因此需要普适的行业标准、道德准则，以规范竞技马拉松在国内市场的发展。目前的我国马拉松的主要形式是政府主推、企业赞助，这其中商业化倾向是自然发展的规律。但是仍需要政府以正确的价值观对待马拉松活动，明确举办马拉松活动的立场，社会功能与经济功能的平衡是首要原则。

校园竞技类马拉松的兴起，在校园掀起体育竞技精神的浪潮，这对于校园体育的发展至关重要。办好校园竞技马拉松的要求，与面向社会大众的竞技马拉松活动类似，首先要保证组织方有足够的组织和安排能力，保证活动的顺利进行；另外需要注意在校园中举办活动的价值导向，竞技体育着重要强调的是体育精神，活动中也应时刻保持中心不动摇。

三、大众类马拉松发展现状

马拉松运动一开始的发展主要是竞技类型，随着这种运动的普及和推广，越来越多的人参与到其中，而比赛的氛围与标准，随着参与者的门槛逐渐降低开始淡化，基于大众的健身类型马拉松运动开始在生活中占据重要地位。

对于动辄十万人参与的城市马拉松比赛，主办方不论是出于主观因素，还是现实的客观因素，都无法要求每一名参赛选手都能达到专业运动员级别的身体素质，而是退而求其次，要求参赛者在报名时提交证明材料，用以证明自身具有参赛的条件。

大众类马拉松之所以能在大众社会生活中占据要位，原因在于：

1. 运动本身吸引力大。当代社会经济实力逐渐发展，在社会大众的生存需求得到充分满足的情况下，出于提高生活质量以及增强身体健康的考虑，大众体育的诉求强烈。而跑步运动凭借自身方便易操作、适应性强、几乎无限制条件的优势，成为人们体育运动的不二选择。

2. 马拉松活动形式包容性强。马拉松运动主体为跑步，其余部分留出的空间多，因此形式上具有多样性，能够负载丰富的背景，使得活动整体足够具有吸引力。

在高校中，大众类长跑也具有强大的号召力，主办者赋予其各种背景，以此增加受众的黏合度。其中最为突出的一类是"校庆长跑"，这是指各高校以本校成立周年庆为长跑活动的文化背景，参与者通过长跑的形式"为学校庆生"。在活动过程中，参与者更将其视为一个文化活动，而非竞技比赛，这是"校庆长跑"最为突出的优势所在。目前全国范围内，已知的举办"校庆长跑"的高校就有数十所，包括清华大学、复旦大学、苏州大学、华东政法大学、中南财经政法大学等，都在本校的校庆日举办各种形式的长跑活动。

其中以中国政法大学校园马拉松活动为例，目前学校体育活动体系中，有校级运动会上竞技类的长跑比赛，有面向全校教职工、校友的长走竞走活动，也有包含校庆文化背景的校庆长跑活动，还有号召全体法大人一同参与的法大人马拉松比赛。上述四种长跑类活动各自有其特点，校运会的长跑比赛场受限于田径场，内容单纯为竞赛，整体形式较单一，且大众参与度较低；教职工、校友长走活动，参与度较高，但是受众受限于教职工群体和校友群体；法大人马拉松竞赛主要核心在于"竞技"，对于参与者的专业要求较高，活动受众针对性强（针对具有长跑特长或者爱好的人群）；校庆长跑是作为校庆背景的大众活动，对参与者具有极大的包容性，专业要求不高，给参赛者更多留下的是纪念性意义的参赛回忆。此外，就参与人数来看，据不完全统计，中国政法大学 2018 年参与校运会的长跑活动的人数不过 100 人，参与法大人马拉松竞赛的人数在 500 人左右，参与教职工与校友长走活动的人数在 400 人左右，而参与校庆长跑人数远高于前三者，达到了 1500 人左右。这一递变反映出四种活动对受众的包容性区别以及受众对于这四种活动的选择倾向，充分说明赋予大众类马拉松活动以文化背景的汇聚作用。

在此，对校庆长跑这一文化背景做详细解析，同样以中国政法大学为主要实例。校庆这一文化背景其实在各个高校都有各自的活动形式，这已经成为凝聚学校师生、增强整体感和归属感的重要方式。而在法大，关于校庆的全体性活动较少，师生对于学校的情感亟待联结和强化，校庆长跑就在这样的背景下应运而生，成为每年校庆时全体师生共同期待的活动，在一定程度上成为法大校庆的代表性标志。不仅是中国政法大学，几乎全国各大高校都有这样"以长跑为母校庆生"的活动，这类活动已然塑造了师生心目中不可替代的校庆文化，这是单纯的竞技类活动难以匹敌的。

除了文化背景的作用，大众类的健身马拉松运动与高校校园强调的健康体育运动的氛围不谋而合，因此借助高校体育事业发展的东风，大众类马拉松在校园里成为不可或缺的活动组成部分。

四、意义总结

从校园体育发展的角度看，竞技类和大众类马拉松各有其优越性和不可替代性。

竞技类马拉松活动本身与体育活动的本质更贴近，强调的是"更高更快更强"的体育精神，在校园中的发展针对性更强以及更加专业化。这类活动对于高校体育事业发展是必不可少的：它有益于校园体育文化氛围的营造，同时在高校体育优秀人才的发掘与培养上也有重要的作用。

大众类马拉松活动相比于体育活动，更类似于社会文化活动，在包含其文化背景的情况下，面向的受众是更加广泛的人群，活动本身更加具有吸引力，更有号召力和感染力。基于这更大的群众基础，在文化宣传、精神文明衍生的层面，它的作用不可取代。

对于校园体育整体，二者应在共存的基础上，寻找更好的互补模式，以此完善体育活动体系，能达到通过体育活动带动体育发展、追求更健康可持续生活方式的最终目的。

五、小结与展望

马拉松运动源自历史，随着现代生活的发展而衍生出竞技类和大众类两种主要形式，丰富了整个马拉松运动的体系。随着高校体育事业的建设，两种类型的马拉松运动也在学校校园逐渐渗透。在学校中，竞技类马拉松专业性强、以体育精神为主要核心，偏向于单纯的体育运动，因此受众较为专业；大众类马拉松由于包含丰富的文化背景，活动竞技要求较低，因此受众面广，对于大众的吸引力也更强。在校园中，"校庆"作为一种极具吸引力和文化效应的背景，将其与长跑活动结合，对于学校师生来说影响力深远，具有独一无二的魅力。

但目前，大众类的马拉松活动也面临着各种诟病，如商业性过强、活动组织秩序欠佳、缺乏统一规划与质量标准，在学校中则是活动形式过于单一、活动吸引力出现下降趋势的问题。因此大众类马拉松要作为带动大众体育的先锋，还需要不断完善自身，解决当前存在的问题，在未来开拓更广泛的发展空间，实现其真正的带动作用。另外，竞技类马拉松的发展也需要注意与大众类相配合，二者在一定层面上具有相互融合的趋向，因此并非要做到完全的分离，而是找准活动定位，再结合两者的优势，做出真正优质的体育活动，实现体育事业的发展。

浅论高校工会提升教职工运动健身
参与度的举措

——以 Keep 运动软件吸引用户策略为借鉴

李 妍*

摘要： 提高教职工身体素质与健康水平是高校工会的一项长期任务。如何增强教职工的健康意识，帮助他们养成良好、科学的运动习惯，是高校工会需要解决的具体问题。本文在分析高校工会在推进教职工健身运动现状的基础上，借鉴 Keep 运动软件吸引用户的思路和方法，提出新时期高校工会提升教职工运动健身参与度的举措建议。

关键词： 高校工会 运动健身 工作策略

随着我国经济社会的发展与生活水平的提高，近年来大众的体育健身意识有了明显增强，群众性体育健身活动日益活跃，群众对健身的需求也不断提高。但是面对快节奏的生活方式和较大的生活、工作、学习压力，在高校推进全民健身活动也面临一些困难。如何积极引导教职工形成良好的生活和运动习惯，有效提升教职工的身体素质和健康水平，为"双一流"建设提供坚实的保障，成了高校工会面临的重要课题。

---

* 李妍，女，中国政法大学国际教育学院讲师。

一、高校教职工身体素质和健康水平的现实状况

目前，就全国国民身体素质和健康水平整体而言，情况并不乐观。2015年11月，国家体育总局发布了《2014年国民体质监测公报》，公报显示国民体质达标率为89.6%，比2010年增长了0.7%。但在一些关键指标上，却出现了下滑的趋势，比如成年男性的体重增长幅度较大，但握力、背力却下降明显，说明成年男性的肌肉组织欠发达，这也导致人体对许多慢性疾病缺乏抵抗能力。[1]再来看全国国民的健康水平，2017年12月，中国卫生信息与健康医疗大数据学会家庭健康专委会联合新华网、中国家庭报社、微医集团共同发布《中国家庭健康大数据报告（2017）》，该报告显示白领阶层健康状况出现下滑，而不良生活方式直接导致了普遍性"亚健康"状态，一些传统意义上的老年疾病开始向更年轻的群体蔓延。[2]

从高校教职工这一群体来看，身体素质和健康水平更是堪忧。例如，张晓丽在《山西省高校教职工身体健康状况调查研究》一文中指出，山西省高校教职工的体质整体情况非常差，仅有64.45%正常，教职工身体患病情况非常严重，所患疾病主要集中在心血管系统疾病。[3]华翼扬和高顺岭在《江苏省高校教职工身体健康状况调查与对策》一文中指出，教职工中自我感觉身体健康的仅占11%，教职工身体状况让人堪忧。还有许多以某一高校教职工身体健康状况为样本的研究，多数都显示教职工身体素质和健康水平不容乐观。而有关青年教师英年早逝的新闻也屡见不鲜，复旦大学江素华教授，42岁病逝；中国科学院生物物理所研究员赵永芳，39岁病逝；北京师范大学化学学院教授何智，35岁病逝；复旦大学女教师于娟，33岁病逝。据中国科学技术协会2011年的一项调查显示，科技工作者高层次、高学历人才工作时间

〔1〕 国家体育总局：《2014年国民体质监测公报》，载 http://www.sport.gov.cn/n16/n1077/n1227/7328132.html.最后访问时间：2018年10月20日。

〔2〕 "《中国家庭健康大数据报告（2017）》：国人健康状况不容乐观"，载中国网，http://www.china.com.cn/newphoto/2017-12/19/content_42001196.htm.，最后访问时间：2018年10月20日。

〔3〕 参见张晓丽："山西省高校教职工身体健康状况调查研究"，载《河北体育学院学报》2010年第1期。

偏长，睡眠时间较少，体育锻炼时间短、频率低，明显低于全国就业人口平均水平。[1]2016 年，中国科学技术协会又发布了一项针对科技工作者心理状况的调查。调查显示科技工作者的平均工作时长为 8.6 小时，最长工作时间每天 16 小时。工作时间长，导致科技工作者睡眠状况不佳。[2]

通过对以上文献的梳理，不难发现当前高校教职工身体素质较差，健康水平较低。产生这一问题的主要原因是：工作生活学习压力大、不良的生活习惯、健康意识较差、缺乏科学健康的体育锻炼等。

二、高校工会推进教职工健身运动的现状分析

健康是经济社会发展的基础条件，是人民幸福的基本诉求，国家历来重视国民的身体健康。习近平总书记在党的十九大报告中就明确提出实施健康中国战略。2016 年 10 月，中国共产党中央委员会、国务院印发《"健康中国 2030"规划纲要》，对普及健康生活、优化健康服务、完善健康保障、建设健康环境等作出了明确要求。而早在 2010 年，国家体育总局、中华全国总工会就联合发布了《关于进一步加强职工体育工作的意见》，针对"广大职工体育参与程度仍然偏低，体育健身意识有待进一步增强"等问题，从认识重要意义、加强组织领导、广泛开展活动、积极创造条件、营造有利环境等方面提出了具体要求。

根据中共中央、中华全国总工会的要求，各高校工会结合本地区、本校的实际，积极开展教职工运动健身活动。很多研究者运用文献资料、问卷调查、数理统计等方法，对某一地区的高校工会开展教职工体育活动的基本情况进行调查和分析，如张卓林撰写的《北京市高校工会体育工作现状调查研究》，吴岚撰写的《广东高校工会体育工作的现状与改善策略》等；也有以某一高校为例进行个案分析，如樊六东和金晖撰写的《高校教职工的身体健康与体育参与现状研究——以中国矿业大学为例》，杜敏撰写的《创新开展高校

---

〔1〕 参见"科研人员的时间去哪儿了——科技工作者时间利用状况调查"，载《科技日报》2014 年 6 月 15 日，第 2 版。

〔2〕 参见刘莉："中国科协调查显示科技工作者心理健康状况堪忧"，载《科技日报》2016 年 8 月 11 日，第 3 版。

工会文体工作——以大连大学为例》等。

　　通过对以上文献的比对，可以归纳出高校工会开展体育活动的现状和存在的问题。目前，各高校工会比较重视教职工体育活动的开展，活动形式主要是全校性的教职工运动会、趣味运动会等，同时发挥体育俱乐部、社团的作用开展马拉松、徒步、瑜伽、舞蹈、钓鱼等活动。但总体而言，高校工会体育活动的顶层设计不够，缺少长效保障机制；活动形式还比较单一，活动频次较少，各类体育活动之间没有形成有效衔接，教职工参与度低，因此达不到引导教职工形成良好运动习惯的效果。对此，有研究者认为，影响教职工参加体育活动的主要因素是教职工体育锻炼意识不强、时间不充裕、活动内容缺乏创新等。[1]同时，高校工会在开展体育工作时也存在一些问题，组织管理手段单一，基层（部门、教职工体育社团）工会的体育管理的制度比较少，组织管理者指导、组织管理和科研能力欠缺，经费来源途径少，支出分布不合理等。[2]综上所述，高校工会开展体育活动达不到效果的原因，既有主观因素，如领导不重视、工会工作人员能力不足、教职工体育锻炼意识不强等；也有客观因素，如运行机制不完善、活动场地不足、活动经费欠缺等。要破解这些难题，就需要高校工会以创新精神，从活动策划、人员调配、经费使用等各方面进行统筹，努力把教职工的锻炼热情调动起来，帮助广大教职工实现"每天锻炼一小时，健康工作五十年，幸福生活一辈子"的目标。

三、Keep 运动健身软件吸引用户的策略借鉴

　　全民健身运动开展多年，体育健身也成为一大产业，各类运动健身软件应运而生。越来越多的国民通过使用运动健身软件，开始形成良好的体育锻炼习惯，这也为高校工会开展体育运动提供了借鉴。一些研究者对相关运动健身软件的发展运营进行了综合分析，提出运动健身软件得以快速发展的外部原因是：国家对全民健身运动的推广，对体育运动产业的政策扶持，资本

---

　　[1]　参见张玉兰等："影响高校工会开展教职工体育活动的因素分析——以陕西省为例"，载《榆林学院学报》2016 年第 6 期。

　　[2]　参见张卓林等："我国普通高校工会开展教职工体育的管理现状研究"，载《北京体育大学学报》2010 年第 3 期。

对体育运动产业的投入增加，国民健康意识和体育锻炼需求的提高等。在这一良好的发展大环境下，运动健身软件如雨后春笋般成长，但也迅速加剧了该领域的竞争。获取投资者和用户的青睐，成了各运动健身软件首要解决的问题。一些研究者认为在竞争中得以生存并实现良性发展的运动健身软件，都有一些内在的共性特征，即有明确的用户目标、适时的媒体宣传、较为专业的运动指导、多样的成长体系、可拓展的社交网络、较丰富的线上线下活动等。运动健身软件通过在这些方面的综合运用，实现了用户新增、用户留存率提高、用户黏性增加的目标。

因此，本文拟以 Keep 运动健身软件的发展为例，分析其吸引用户的思路和方法。Keep 运动健身软件自 2015 年 2 月上线至今，其用户数量已突破 1.5亿。Keep 用三年时间，从咕咚、小米运动、悦跑圈等众多运动软件中突围，在 APP 月度独立设备数的使用上排名第二[1]。Keep 是如何做到这一点的呢？一是确定目标用户。Keep 瞄准了三类人群，健身初学者，因受时间、场地等限制较难通过户外运动达到健身目的人和无条件去健身房进行科学运动或减肥的人。二是确定用户的需求。这三类人群希望能记录自己的运动情况，希望能得到运动健身方面的指导等。三是针对需求提供服务。在确定目标人群及其需求后，Keep 开始完善用户成长体系，从最初只有训练时长、徽章，到现在的得分记录、坚持指数、成长值、等级、升级报告、运动能力测试等。用户可以了解自己的体测水平，并在每一次锻炼后都得到一定的成长值、勋章、优惠券等，这种正向反馈对促进用户坚持锻炼是比较有效的。同时，Keep 也注重对服务内容的不断充实，对运动数据的记录覆盖了健身、行走、骑行、跑步、瑜伽等多种运动形式，在健身指导方面也制作了一些初级训练的教学视频，从而满足不同用户的需求。四是引导和创新需求。在做好基础服务的前提下，Keep 开始考虑通过提供更多的可选性服务，来引导用户的需求，进而强化使用者的运动健身习惯，增加其对 Keep 健身软件的使用黏性。Keep 把线上线下活动相结合，比如设置在线的月度跑量挑战、"十一" 7 天闭关挑战、跑向团圆（Keep 中秋跑）、每天 1 组俯卧撑挑战等；举办首届 "Hey

---

〔1〕 数据来自艾瑞指数，http://index.iresearch.com.cn/app/detail? id = 209&Tid = 67，最后访问时间：2018 年 10 月 20 日。

Keeper 北京站"活动，对完赛选手发放限量通关认证徽章与奖品；还由各地的 Keep 跑团组织线下活动，开展 5 公里、10 公里、半程马拉松等多种距离的跑步活动等。与此同时，Keep 加强网上社区建设，设置"热门""关注""蜕变""饮食""好物""达人""同城"等栏目，引导用户进行自我展示和互相交流。

Keep 正是通过以上一系列措施引导用户打卡、分享，既方便了用户的自我记录和展示，又同时实现了外部监督，帮助用户坚持体育锻炼，从而养成良好的运动习惯。这些都为高校工会开展体育运动活动提供了可借鉴的思路和方法。

四、高校工会提升教职工运动健身参与度的举措建议

通过以上三个方面的分析，当前高校工会开展教职工运动健身活动既有好的外部环境，又有教职工的内在需求。目前亟需的便是提高活动的精准性、专业性和可持续性。Keep 运动健身软件的发展虽然是商业模式，与高校工会开展体育运动有本质上的差异，但其中的某些思路、流程与做法，都是可以进行有效移植的。

（一）对目标人群的类型分析

要提高教职工对运动健身的参与度，首先就要了解他们对运动健身的内在动力和对外部激励的敏感度。如果用这两个维度来衡量，教职工基本可以分为四种类型。见下表。

表 1

	对外部激励不敏感	对外部激励敏感
内在动力强	A 类　自律型	B 类　自律他律混合型
内在动力弱	D 类　无感型	C 类　他律型

A 类人群，属于自律型，他们有较强的运动健身意识，已形成了良好的运动习惯，无需外部激励，也会坚持日常锻炼。他们更多需要的是专业性指导或是更大难度的身体极限意志挑战。

B 类人群，属于自律他律混合型，他们有一定的运动健身意识和运动习惯，但如果有外部激励，会更愿意进行尝试和挑战。他们更多需要的是通过持续性锻炼获得身体素质的提升，从而进一步强化内在动力；同时如在运动排名、比赛中获得好的位次，更易获得内心的满足感。

C 类人群，属于他律型，他们的运动健身意识不强，没有形成运动习惯，但对于外部激励很敏感，如果外部激励的力度足够大，会愿意参与一些运动健身活动。他们需要的是持续性的外部激励与监督，从而逐步形成运动锻炼习惯。

D 类人群，属于无感型，他们没有运动健身的意识，对外部激励也没有兴趣，可以被称之为体育活动的"绝缘体"。对他们而言，或许只有强制性措施、甚至处罚性措施才能让他们被动地参与到体育活动中来。

从现有文献中的数据分析显示，高校教职工中，C 类人数最多，B 类人数次之，A 类、D 类人数较少。因此，通过有效的外部激励，可以使更多的人参与到运动健身活动中来。

（二）对外部激励的效果分析

在运用外部激励促进运动健身的过程中，对于以上四类人群，其激励效果是不同的。见下图。

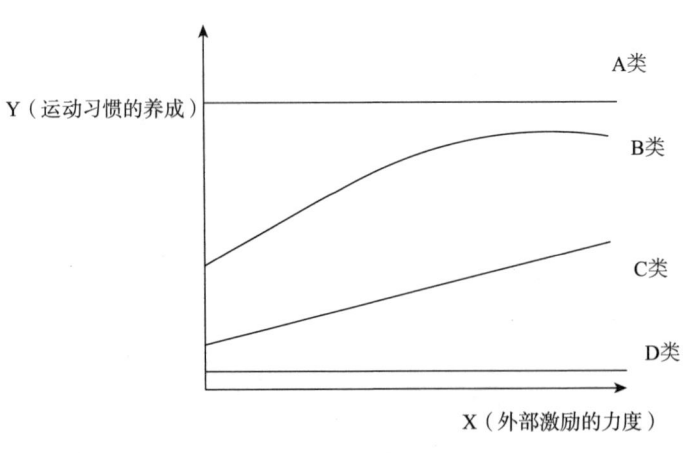

图1

X 轴越向右，表示外部激励的力度越大；Y 轴越向上，表示更加良好、持久的运动习惯。

由此图可以看出，对于 A 类人群，已养成良好的运动习惯，外部激励基本没有效果；对于 B 类人群，外部激励在前期效果比较明显，当运动习惯基本形成后，外部激励的效果就不明显了；对于 C 类人群，外部激励效果的持续性比较明显；对于 D 类人群，外部激励基本没有效果。

外部激励可以分为精神激励和物质激励，对于 B 类人群、C 类人群的影响效果，则基于个体对两种激励的敏感度。有人更希望通过运动获得满足感和愉悦感，而有人则更希望得到物质奖励。总体而言，外部激励对于推进教职工参与运动健身的效果还是比较明显的，关键要看在开展运动健身时，通过何种方式适时融入外部激励。

（三）提升教职工运动健身参与度的举措建议

基于以上对目标人群类型和外部激励效果的分析，拟对高校工会开展体育活动提出一些具体的建议。

1. 针对教职工的特征和需求，进行全面深入的调研和分析

一是了解教职工的身体素质。高校工会可以联合体育教学部门，针对教职工开展体能测试。例如首都医科大学在 2016 年根据《国民体质测定标准手册》，对该校 120 名教职工进行了体质健康测试，并与 2007 年的数据进行比对，从而了解学校教职工的体质状况和变化趋势。[1]

二是掌握教职工的健康水平。高校工会可以联合校医院，对每年教职工的体检结果进行汇总分析，掌握教职工健康水平和变化趋势，形成学校教职工身体健康报告。在全面了解教职工的身体素质和健康水平的基础上，可以制作教职工个人的健康档案。

三是分析教职工的运动需求。高校工会可以通过问卷调查、访谈座谈等形式，了解教职工运动健身的意愿、兴趣和需求等，从而为开展体育活动提供数据支持。

2. 从教职工的需求出发，举办更多形式的运动健身活动

一是做好教职工体育活动的顶层设计和年度规划，在定期做好全校性的教职工运动会、趣味运动会、长走等活动的基础上，既可以策划长跑、骑行等大

---

〔1〕 张茜："高校教职工体质健康状况变化趋势分析——以首都医科大学为例"，载《当代体育科技》2017 年第 1 期。

众能够广泛参与的活动，也可以开发轮滑、滑雪等可以吸引小众参与的活动。

二是高校工会要充分调动教职工体育俱乐部、体育运动社团和二级工会的积极性，可以通过设计各类单项活动的联赛等途径，使孤立的活动变成定期、持续性的活动。并聘请专业人员指导活动，提高参赛人员的积极性和竞技水平。

三是把开展运动健身与保持心理健康、养成良好生活习惯、融洽社会关系等相结合，通过举办健身类知识讲座等方式，为教职工提供更多获得身心健康知识的途径，疏解心理压力，搭建人际交往平台，真正通过运动健身促进教职工身心健康、和谐发展。

3. 结合健身运动，积极开展需求引导与创新工作

一是充分利用运动健身软件。运动健身软件的使用，对促进大众参与体育运动的效果是有目共睹的。对于运动健身软件，学校可以自己研发，但会比较费时费力，同时还需要教职工放弃原来使用的运动健身软件，这会遇到较多的阻力。另一个方法就是利用目前市场上已经成熟的运动健身软件，选择一款教职工使用率较高的软件，同时让新参与者选择该款软件。或者是多款运动健身软件并行，只是在数据统计、分析时，做好权重、比对工作。通过鼓励教职工使用运动健身软件，激发他们的运动热情，实现外部监督，保持运动健身的延续性，促进运动习惯的养成。

二是建立科学合理的激励机制。采取打卡制、积分制、排名制等方式，衡量教职工的运动健身情况，并使用好精神激励与物质激励两种方式。在精神激励方面，可以通过评选月度、学期或年度"运动达人""排名冠军""健身新星"等方式，树立典范和目标；还可以通过开设"运动讲堂"，让教职工分享自己的运动体验和经验。在物质激励方面，可以根据运动锻炼的时长、强度、距离等，制作奖牌、奖杯，还可以用运动装备、健身卡、体育比赛门票等作为奖励。

组织开展教职工体育活动，促进教职工的身心健康，是高校工会工作的基本职能，也是推进健康中国战略的重要工作。因此，高校工会要结合学校各自的特点，不断创新符合教职工需求的运动健身模式，通过合理运用激励方式，提高教职工运动健身的参与度和持久性，促进广大教职工的身心健康，增强教职工群体的凝聚力，继而为高校各项事业的可持续健康发展提供有力保障。

论"法大人马拉松"和"法大校庆长跑"合并举办的可能性

黄瑞宇[*]

摘要：体育锻炼对大学生的身体和心理健康有着至关重要的作用，马拉松则凭借其较高的参与度成为大众喜爱的一项体育运动，更是深受高校学子的欢迎，因此，校园马拉松逐渐在高校中兴起，既丰富了校园体育文化，又培养了大学生挑战自我的精神。除校园马拉松之外，许多高校还会有许多其它的校园长跑活动，如"校庆长跑"。本文以中国政法大学的"法大人马拉松"和"校庆长跑"两项运动为例，探讨我校两项长跑活动优化融合的可行性。

关键词：马拉松　校庆长跑　合并举办

一、长跑运动的校园价值概述

（一）增强学生体质，促进身心发展

如今的快节奏生活使得国民的身体与心理都受到很大的压力，亚健康状态比比皆是，肥胖、低血糖等疾病更是普遍现象。在这种情况下，体育运动则成为当下人们增强体质、调节压力的主要方式。长跑这一运动项目的技术门槛低、经济方便，适合大部分人群，所以有越来越多的人选择跑步来作为

---

[*] 黄瑞宇，中国政法大学学生工作部。

自己锻炼身体的方式。随着锻炼过程中体力的消耗及新陈代谢的加速，可以有效提高抵抗力，减少亚健康及疾病情况的发生。体育活动可以让学生形成克服困难的坚强意志品质，体育活动是磨砺与考验人的意志品质的活动，是体现一个人是否具有坚强意志品质的重要途径。[1]大学生正处在心理发展相对不稳定的阶段，在这个时期，培养他们挑战自我、坚韧不拔的品格是很重要的。长跑不仅可以锻炼大学生的身体素质，还能在锻炼过程中树立自信心，增强意志力和心理承受力，这些都将有助于学生的学习和生活。

（二）促进校园体育文化建设

体育运动的意义在于强身健体和磨炼坚强的意志，这也是校园文化的一种体现。校园文化内涵众说纷纭，概括起来是指除校园师生的教学、科研以外，包括一切文化活动、艺术活动、体育活动等，是校园内涵底蕴的体现。[2]长跑运动能够引导学生树立积极的世界观、人生观、价值观；同时，长跑涉及的人群十分广泛，不同群体在同一项体育运动中相互合作、共同进退，促进了师生、同学之间的交流，增强了凝聚力，推动了和谐校园的建设。

二、"法大人马拉松"和"校庆长跑"介绍及利弊分析

长跑在校园活动中有着广泛的基础，各高校的运动会上都会有 3000 米、5000 米等长跑项目，此外，校园里的长跑爱好者也越来越多。在此基础上，高校逐渐有了自己的"校园马拉松"及其它校园长跑活动。校园长跑活动有自己的独特之处，其规模较小，赛事路线均为校园内部道路，因此安全性、参与性都会很高。

（一）法大人马拉松

城市马拉松赛事在我国成为浪潮，使得许多城市竞相开展城市马拉松赛事，马拉松赛作为城市文化传播的载体，在宣传城市文化方面具有重大的作

---

〔1〕 参见秦军、朱霞："体育活动对学生心理健康的影响"，载《河北职业技术学院学校》2004年第 2 期。

〔2〕 参见史洁等："校园文化的内涵及其结构"，载《中国高教研究》2005 年第 5 期。

用。[1]城市马拉松的兴起逐渐引起了高校学子对于校园马拉松的关注,马拉松逐步走进高校,许多高校开始开展自己的校园马拉松活动。

2018 年,我校举办了首届法大人马拉松赛,这是对习总书记提出的"培养德智体美劳全面发展的社会主义建设者和接班人"这一号召的响应,也体现了我校体育事业的进一步发展。举办此次校园马拉松赛,不仅可以号召同学们"德智体美劳"全面发展,更是彰显了法大人奋勇拼搏、自强不息、勇往直前的精神。"法大人马拉松"比赛以四分马拉松的形式呈现,总赛程约为10 公里,法大在校生、法大教职员工和海内外法大校友均可报名参赛。校园马拉松赛和社会马拉松赛一样,都带有一定的竞技性,参赛人群也较为多样化,不仅在校生可以参加,已经毕业的校友也可以参加,让马拉松精神成为法大人的品质和追求。

(二)校庆长跑

我校的"校庆长跑"活动是为纪念学校的建立而每年都会举行的长跑活动,也是展现青年师生蓬勃朝气、营造校园大众体育文化氛围的一项体育项目,每年都会有全校共 1000 名左右的师生参加比赛,路程大约为 6公里。

迄今为止,"校庆长跑"在我校已举办三届,许多同学表示这是一项令人感到自豪及温暖的活动,每年一次的校庆长跑会让他们为自己是一个法大人而骄傲,也会加深他们对法大的认同感。同时,这样的长跑活动能让同学们丰富课外文体娱乐活动,走出教室,走上操场,促进校园体育文化建设,展现法大人百折不挠、追求卓越、敢为人先的品行。

(三)利弊分析

法大人马拉松的优势:该赛事由学校体育教学部主办,其竞技性更强。有社会资金赞助,活动保障经费充足,赛事安排更加专业。参与人员首先经过学院选拔,因此参赛队员整体身体素质出众。奖金丰厚,加之设立学院竞赛奖,因此比赛竞争更加激烈。

法大人马拉松的劣势:鉴于法大校园较小,加之赛事强调竞技性,导致

---

〔1〕 参见韦霞、张俊斌:"我国城市马拉松赛发展分析",载《体育文化导刊》2014 年第 1 期。

赛事参与人数较少，规模为 500 人左右，故其最大劣势为参与性不够。

校庆长跑的优势：该赛事由校团委和党委宣传部联合主办，其淡化竞技色彩，更强调大众参与性，其规模每年都在 1000 人以上。加之赛事已举办三届，其品牌影响力在学生中更大。以校庆为主题，更容易唤起学生们对学校的认同，更能够找到情感的共鸣。校庆长跑时间为每年的 5 月中旬，天气适合进行长跑活动。

校庆长跑的劣势：校庆长跑的保障经费有限，赛事组织的专业性不够，赛事的竞技性不强。

三、"法大人马拉松"和"校庆长跑"合并举办的优势及具体建议

（一）基于以上分析，如果能将"法大人马拉松"和"校庆长跑"合并举办将取得以下效果

1. 使赛事兼具竞技性和大众参与性。

2. 扩大赛事规模，赛事影响力更大。如果合并举办，从理想效果来看，参赛人数将达到 1200 人左右。

3. 赛事组织更加专业。两个赛事的主办单位力量统筹，使得赛事组织更加专业。

4. 两个活动的经费，合二为一，使得赛事保障更加充分。

（二）"法大人马拉松"和"校庆长跑"合并举办的具体建议

1. 赛事名称确定为"＊＊＊年法大人马拉松暨校庆长跑"。

2. 赛事分为竞技组和大众组，分别确定人数为 300 人和 1200 人。

3. 竞技组和大众组在不同地点出发，合理规划赛道路线，以避免赛道拥挤。

4. 在拥挤赛道地区，划出竞技组运动员专用赛道。

5. 奖励设置方面：重奖竞技组，广奖大众组。

6. 主办单位为校团委、体育部、宣传部。